重塑

数字战略实战

RESHAPING：Practical Implementation of Digital Strategy

崔爱平　吴雪芳　张健生　王　龙◎著

经济管理出版社

ECONOMY & MANAGEMENT PUBLISHING HOUSE

图书在版编目（CIP）数据

重塑：数字战略实战/崔爱平等著 . —北京：经济管理出版社，2023. 10
ISBN 978-7-5096-9415-2

Ⅰ.①重… Ⅱ.①崔… Ⅲ.①数字技术—应用—企业管理 Ⅳ.①F272.7

中国国家版本馆 CIP 数据核字（2023）第 213674 号

组稿编辑：魏晨红
责任编辑：魏晨红
责任印制：黄章平

出版发行：经济管理出版社
　　　　　（北京市海淀区北蜂窝 8 号中雅大厦 A 座 11 层　100038）
网　　址：www. E-mp. com. cn
电　　话：（010）51915602
印　　刷：北京市海淀区唐家岭福利印刷厂
经　　销：新华书店
开　　本：720mm×1000mm/16
印　　张：16
字　　数：269 千字
版　　次：2024 年 1 月第 1 版　　2024 年 1 月第 1 次印刷
书　　号：ISBN 978-7-5096-9415-2
定　　价：68. 00 元

前　言

近年来，随着有关数字化转型的讨论越发热烈，企业开始关注数字化转型，并将其作为企业战略来驱动企业的发展，尽管有的企业还未曾考虑进行数字化转型，但在时代潮流的裹挟之下，任何企业都要面对数字化转型，否则就会被淘汰。在数字化转型过程中，企业只有将其组织结构、价值创造逻辑、管理运营模式与数字战略匹配，才能克服转型困难，顺利完成数字化转型。

本书从以下五个方面探讨企业的数字化转型。

第一，数字战略是企业进行数字化转型、用数字驱动企业运营的指引。企业首先应当将数字化转型上升到企业经营战略的高度，参透数字时代的本质，把握数字时代的发展机遇，并在理解数字化转型意义的基础上，针对数字战略进行一系列布局，从顶层设计、管理机制、过程监督、执行评价和保障体系等多个层面建立完善的企业数字化发展战略体系，从而为企业的数字化转型打下良好的基础。

第二，数字组织变革是数字化战略实施的支撑。技术的发展带来了商业环境的改变，而商业环境的改变驱使企业必须采取行动来适应环境的变化。因此，数字组织成为适应环境改变的必然选择，数字组织变革既是企业生存的需要，也是企业实现高质量发展的催化剂。数字组织变革是组织结构的根本性变化，无论是组织的领导行为还是组织协同、组织实施，都需要达到数字时代的高标准。

第三，数字时代下企业面对的客户不再是上一个时代的普通客户，而是数字客户，客户的消费行为、喜好、需求都发生了微妙的变化，企业价值创造的逻辑也因此发生了变化。这是因为数字客户消费行为本身就会产生多元化的价值，利用数字技术挖掘数字客户消费行为产生的价值、深入研究数字客户的行为特征，成为企业数字化转型的一个重要突破口，能够帮助企业优化数字战略。

第四，企业制定了数字战略，将组织变革升级为数字化组织，同时深入研究数字客户，改变价值创造逻辑，由此企业就具备了顺利进行数字化转型的一切前提条件，此时就应该设计具体的运营管理流程，投身数字实战。数字运营就是改变企业原有的商业模式、运营模式，脱离传统的方法，用新技术和新思维重塑产品各生命周期的不同环节，提高运营效率，用数字化思维赋能商业模式。

第五，数字管理则要求管理者摒弃过去"凭感觉判断"的习惯，改为"用数据判断、用数据管理"，企业的生产、财务、销售等环节会产生大量的数据，判断库存是否合理、财务是否健康、营销活动是否有效开展等，都需要采用数字管理手段，辅助自己作出正确判断，提升企业各项业务的数字能力。

以上就是本书探讨的主要问题。在写作过程中，感谢刘舟文、汪珊珊、胡肖凡、刘昀、伊若文等同学参与本书相关资料的整理工作。本书学习、参考了众多国内外专家学者的书籍文献和研究成果，部分内容引用了网络、报刊的数据和资料，已在参考文献中列出，在此对这些学术成果的作者表示诚挚的感谢，如有遗漏，深表歉意，欢迎批评指正。

笔者

2023 年 5 月 10 日

目／录

CONTENTS

第一章
数字战略 ·· **001**

第一节　数字经济概述 ································· 006

一、从工业时代到数字时代 ························· 006

二、数字经济是国际竞争的关键 ················· 009

三、数字经济的本质 ······························· 011

四、数字经济的前景与机遇 ······················· 014

第二节　数字化转型 ································· 017

一、数字化转型概述 ······························· 018

二、数字化转型的核心要义 ······················· 023

三、数字化转型的驱动力 ························· 026

第三节　数字战略概述 ································· 032

一、数字战略的内涵 ······························· 032

二、企业数字战略的逻辑与路径 ················· 036

三、企业数字战略的方法应用 ··················· 038

第二章
数字组织 •• **049**

第一节 数字组织的内涵 •••••••••••••••••••••••••• 054

一、企业组织演化与动因 ••••••••••••••••••••••••• 054

二、数字战略对组织的要求与匹配 ••••••••••••••• 057

三、数字组织的形态与特征 ••••••••••••••••••••••• 059

四、数字组织的竞争优势 ••••••••••••••••••••••••• 060

五、如何提升数字组织能力 ••••••••••••••••••••••• 064

第二节 领导变革 •••••••••••••••••••••••••••••••••• 066

一、数字认知的升维 ••••••••••••••••••••••••••••• 066

二、数字管理的强化 ••••••••••••••••••••••••••••• 068

三、数字手段的实现 ••••••••••••••••••••••••••••• 072

第三节 组织协同 •••••••••••••••••••••••••••••••••• 074

一、效率本质：从组织分工到组织协同 ••••••••••• 074

二、生态融合：产业组织协同 ••••••••••••••••••••• 076

三、组织效能：业务与流程重构 ••••••••••••••••••• 080

四、实现协同：从制度到文化 ••••••••••••••••••••• 082

第四节 组织实施 •••••••••••••••••••••••••••••••••• 083

一、提高人才数字化技能 ••••••••••••••••••••••••• 083

二、提升部门数字化理念 ••••••••••••••••••••••••• 087

三、实现价值数字化认可 ••••••••••••••••••••••••• 088

四、重塑文化数字化平衡 ••••••••••••••••••••••••• 090

第三章
数字客户 •• **099**

第一节 数字客户定位 •••••••••••••••••••••••••••• 104

一、建立客户画像 ••••••••••••••••••••••••••••••••• 104

二、预测客户行为 ………………………………………… 106

三、管理客户群分 ………………………………………… 108

第二节　数字客户需求 ……………………………………… 111

一、数字生态方案 ………………………………………… 112

二、价值共创方案 ………………………………………… 113

三、客户管理方案 ………………………………………… 116

第三节　数字客户价值 ……………………………………… 119

一、客户体验价值 ………………………………………… 120

二、客户转化价值 ………………………………………… 120

三、客户信任价值 ………………………………………… 122

四、客户忠诚价值 ………………………………………… 123

第四节　数字产品创新 ……………………………………… 126

一、数字技术发掘创新机会 ……………………………… 126

二、供需交互促使产品创新 ……………………………… 126

三、智能制造实现创新成果 ……………………………… 127

第五节　数字产品布局 ……………………………………… 128

一、数字产品架构 ………………………………………… 129

二、数字资产特征 ………………………………………… 131

三、数字资产核算 ………………………………………… 132

四、数字资产管理 ………………………………………… 134

第四章

数字运营 ……………………………………………………… **143**

第一节　数字定位 …………………………………………… 149

一、强化治理能力 ………………………………………… 150

二、加快数字化建设 ……………………………………… 151

三、赋能服务增效 ………………………………………… 152

四、构建精准创新 155

第二节　数字商业 156

一、商业价值发现 157

二、商业价值创造 158

三、商业价值实现 158

第三节　数字财务 161

一、推动财务精细化管理 162

二、实现财务共享化布局 163

三、着力财务智能化发展 165

第四节　数字金融 170

一、技术融合 170

二、业务融合 171

三、数据融合 172

第五节　数字运营管理 174

一、数字运营：前、中、后端的协同 174

二、数据采集：从无到有 175

三、数据可视：从存在到看见 176

四、数据分析：从洞察到复用 178

五、数据应用：从场景到产品 181

第五章
数字管理 **189**

第一节　数字变革 194

一、管理模式变革：从控制到激活 195

二、管理对象变革：从流程到数据 199

三、管理架构变革：从稳定到柔性 202

第二节 数字管理的应用 ……………………………………………… 206

一、数字化人力资源管理：人力资本价值挖掘 ……………… 206

二、数字化财务管理：重构业财一体化 ……………………… 209

三、数字化行政管理：构建价值驱动的内部客户链 …………… 214

第三节 数字实战能力 ………………………………………… 217

一、机会识别能力 …………………………………………… 217

二、组织学习能力 …………………………………………… 220

三、创新成果能力 …………………………………………… 223

四、数字协同能力 …………………………………………… 227

参考文献 …………………………………………………… **236**

第一章

数字战略

　　数字战略是企业进行数字化转型的前提。为了顺应数字化浪潮，企业必须牢牢把握数字产业发展机遇期，并以数字战略为指引，加速融入数字经济布局。对于企业而言，尽快完成数字化建设，实现数字化转型，是一项艰巨的任务，唯有贯彻实施数字战略，将数字化转型上升到企业经营战略的高度，并针对数字战略进行一系列布局，从顶层设计、管理机制、过程监督、执行评价和保障体系等多个层面建立完善的企业数字化体系，才是企业打造数字生态、推行数字化转型的坚实保障。

企业数智化的推进，是企业进步发展的一项工程。它首先要结合企业的发展战略，在发展战略的指引下，以企业的核心业务为中心，结合组织管理变革，从具体的场景切入来推进。这样推进的话，跟公司发展的战略，核心业务的经营发展是一体的，而不是为数智化去数智化。

——用友网络董事长　王文京

▰▰ 学习要点

＊数字时代的客户价值
＊中台战略
＊数字战略的生态架构

▰▰ 开篇案例

环海公司：数字战略引领企业走向世界

一、企业简介

深圳环海供应链管理有限公司（以下简称环海公司）于 2003 年创立，为国内外客户提供专业的、高效的一站式国际物流服务及供应链解决方案。公司总部位于深圳，在美国、墨西哥、越南、马来西亚，以及中国香港、上海、广州、江门等地设立了分支机构。同时环海公司在全球多个城市拥有多种服务类型，涉及海运、空运、电商跨境物流、多式联运、报关报检等专业领域。秉承着"以客户为中心，为客户创造更大价值"的企业价值观，以数字战略作为企业的发展指引，环海公司在多年的企业经营中，逐渐发展成为行业的佼佼者。

二、挖掘数字时代的发展机会

创业之初，环海公司通过简单货物运输代理逐渐积累资源，探索新业务模式，完成了由简单货物运输代理向物流供应链服务商的转型，从更多方面拓展、整合资源，形成了让客户放心的物流供应链网络体系，以标准化、信息化、现代化的服务助力客户货物更高效地运往世界各地。

随着经济全球化的深入发展，各个国家或地区之间的生产流通已经融入一个全球性或地区性的供应链。随着共建"一带一路"倡议的开展，新亚欧大陆桥也将展现出强大的活力，"中欧班列"的开启也将为此带来更大的经济效益。同时，随着我国西部大开发和交通网络的不断完善，多种货物运输模式也已经相继出现。基于货运方式发展的趋势，环海公司已经与"陆运、海运、空运"多家行业龙头企业合作，以大数据分析方式，基于最优化算法，在企业内部的管理系统中构建多式联运模型，能够快速、准确地为客户提供高时效、高性价比的多式联运方案。针对客户的不同要求，环海公司搭配出不同的多式联运组合方式，尤其是对于要开拓共建"一带一路"国家的企业，能更有效地发挥运输在物流中的重要作用，为特定线路需求的客户高效衔接各种联运方式，保证货物的流通供应。

三、完成数字化转型

1. 引入数字技术

环海公司在企业的各个运营和管理环节中引入了多种先进的数字技术，帮助企业优化决策，降本提效。环海公司使用大数据分析技术追踪分析企业的大量客户服务数据。物流服务存在周期性，在物流淡季，物流车辆资源以及仓库资源的闲置会成为企业运营的沉重负担，大数据技术能够分析不同时期的物流成本以及道路运输、税费成本，预测物流资源占用的趋势，帮助企业作出合理决策，优化物流资源；环海公司使用供应链数字孪生技术、物联网技术，将所有货物、库存动态和物流动态进行虚拟展示，向客户实时展示货物位置，告知预计交付时间，便于对物流设备进行状态跟踪和技术维护，降低物流设备损耗；环海公司运用人工智能技术，打通"数据孤岛"，模拟企业整体供应链系统的性能，预测各种风险的概率，对供应链可能出现的漏洞进行预判，提高服务的稳定性。

2. 建设自动化、智能化仓库

环海公司拥有设施一流的现代化物流中转仓库5000平方米，各种仓储作业设备(如拖车、自卸车、叉车、吊车)能够满足客户对不同货品的物流中转、运输和分拣的需求。环海公司使用自动搬运车辆、物流机器人实现了货物的自动化存储和搬运，针对不同类型的货品，仓库管理系统设置了不同的解决方案，无论是一般化学品，还是电子产品、家具等各种货品均可在其仓库中进行安全处理。另外，还可为进出口货物、转关运输提供储存保管服务，货物进出通畅快捷，能够有效地满足客户的物流需求。

3. 构建信息整合平台，为客户提供整体解决方案

环海公司建立了信息整合平台，在平台中可以实现仓储、运输、关务、配送以及各个服务环节信息的互联互通。环海公司为客户提供贸易手续、流程的一条龙服务，节省了客户大量的时间与精力，从而将企业的资源和

精力都投入产品研发与市场运营，实现了客户与物流企业的合作共赢。

四、数字战略——完善跨境电商服务体系

跨境电商是目前非常热门的贸易形式，同时也是数字经济的一种重要形式。作为物流服务供应商，环海公司将企业未来的发展向提供跨境电商配套服务靠拢，提高跨境电商服务的市场规模也就意味着企业抓住了数字经济的发展机会。跨境电商对物流服务的要求较高，唯有具备较强专业实力、拥有丰富物流资源的物流企业才能成为跨境电商供应链的成员。环海公司立足自身特色和资源优势，提出了跨境电商供应链服务解决方案，定制出海加派、空加派和多元化快递三种方案。

环海公司的海加派方案可以将中国大陆地区的多点货物集中于一个货柜，从而提高货柜装载率，降低运输成本，以拼箱运输的方式让客户享受到与整箱运输相同的服务、运输保障和运输时效，跨境电商商家客户可以根据航次时间表合理规划货运时间，加上收费标准透明，同时配合环海公司专业的贸易服务团队和服务系统，能为客户提供运输时效和运输动态的实时追踪以及货运保险的咨询、办理和理赔服务；环海公司的空加派方案可以为全球卖家提供中国通往全球的门到门服务，针对加急货物、需要中转的货物，还能提供多种附加服务的选择，包括上门提货和上门配送服务，借助港澳自由贸易区的优势，可以进行 FOB 中国香港派送、代购保险、实时反馈货物信息，为客户的产品生产、货件运输以及收款环节提供一站式服务；多元化快递也属于环海公司的经营范围，环海公司具备为同行提供完善的国际快件解决方案的能力，可以为德国敦豪国际公司（DHL）、美国联合包裹运送服务公司、美国联邦快递公司等国际知名快递服务商代理，为广大同行提供了安全可靠、快速准确的出货渠道，服务可通达全球通邮的所有地区。

此外，环海公司还建立了境外仓库，适用于解决跨境电商 B2C 和 B2B业务。目前，环海公司已经在中国香港、美国和欧洲建立了境外仓库，境外仓库可以作为中转点，当货物经空运或海运运送至仓库后，卖方可以凭借国外的销售渠道和配送网络，实现产品在国外的本土化销售，订单直接由境外仓库发货至买家或中转中心，缩短了物流时间，降低了物流成本，且客户更倾向于选择本地发货的产品，增强物流时效性，针对长途运输可

能出现的货物受损、错发漏发等现象，境外仓库的存在使售后服务易于实现，强化了客户与跨境电商卖家的互动。

资料来源：

[1] 深圳环海供应链管理有限公司官网，http：//www. sgscm. com。

[2] 崔明阳. 基于货物时间价值的集装箱多式联运方案研究 [D]. 北京：北京交通大学，2017.

第一节　数字经济概述

数字技术正在不断进步，人类社会也因此发生伟大的变革，推动社会褪去工业时代的"旧装"，大踏步地迈向数字时代。数字技术带来的最直观的变化就是数据价值的提升，数据的诸多属性，包括即时交互性、完整性、穿透性、互通互联性等特性都显著增强。数据推动了万物互联、资源的合理配置以及价值的创造，对社会和经济的底层发展逻辑进行重构。于是，人类进入了数字时代。

一、从工业时代到数字时代

1. 人类时代的划分

对人类经历的不同时代进行划分有许多标准，本书以"能量和信息"为依据对人类所处的不同时代进行划分，人类群体的生存与延续依赖新陈代谢和信息遗传，前者需要利用能量，学会获取能量、分配能量、使用能量，只有能量才能帮助人类生存和繁衍；后者需要利用信息，记录每一个时代的历史和每一个个体的学习成果，然后采用不同的方式将信息分类、使用、传递。不同时代有不同的能量与信息特征，当出现了能量获取使用或处理信息方式的突破性变革，就意味着人类进入了新的时代。因此，能量和信息是人类发展史上的里程碑，按此标准，人类时代可以进行以下分类，如图1-1所示。

石器时代 ➡ 陶器时代 ➡ 铁器时代 ➡ 工业时代 ➡ 数字时代

图1-1　人类时代的划分

（1）石器时代。石器时代对应的是蒙昧时代，石器是这一时代的典型生产工具，人类学会使用"火"作为能量，用火做熟食物、用火取暖，大部分人类仍然使用肢体语言和简单的声音传递信息。

（2）陶器时代。人类在陶器时代出现了早期的文明，除了用火作为能量，这一时代的人们还学会了利用太阳，利用阳光种植简单的农作物，发明了陶器作为储存粮食和物品的工具，逐渐学会了数字和文字，用语言交流，用文字记录生活和经验，信息记录和传递的效率发生了质变。

（3）铁器时代。铁器时代对应了农耕革命时期，主要生产工具为铁器和青铜器，人类学会了更高效的能量使用方式，纸张、印刷术的发明使信息传递的效率更高，用"教育"的方式向更多的人传递在漫长历史中积累的经验与知识，这一时代持续了2000多年，同时展示了历史上最完整的封建时代。

（4）工业时代。工业时代对应的是工业革命时期，人们发现了更多高效的能源，从蒸汽到化学燃料再到电能，人们利用这些能量创造出了更多的可能性，社会发生了翻天覆地的变化，各种机械设备催生了工业革命，工业时代长达300余年。

（5）数字时代。本书认为当今时代正处于数字时代，数字时代的能量获取利用以及信息传递的方式都发生了变革，核能的使用以及互联网技术的广泛应用是数字时代的典型特征，各种先进科技开始呈井喷式发展，人类开始向下一个时代前进。

2. 工业时代与数字时代的比较

（1）工业时代：为质量而管理。在工业时代中，对于企业而言，为保持优势竞争地位，"高质量、低成本"是首要原则。工业时代的企业生存和发展逻辑可以概括如下：质量是企业经济的基础，企业的生存、发展依靠的是竞争。为了在竞争中脱颖而出，企业最需关注的是产品或服务的质量和成本，依靠高质量、低成本取得领先地位；企业研发能力的持续创新，能够造就核心竞争力。将资源投入研发创造活动，掌握独有的专利和技术是工业时代企业做大做强的关键。

（2）数字时代：为用户价值而管理。数字时代的趋势不可阻挡，企业处于历史的转折点，面临诸多挑战，数字时代企业的发展原则与工业时代有所不同。数字时代有四大特征，如图1-2所示。第一，万物互联，受万物互联的影响，商业模式以及民众的社交生活方式正在经历翻天覆地的变化；第二，需求多元化、个性化，客户不再满足于基本需求，转而对个性化进行追求，企业需要在此趋势下整合优势，划分客户群体，实现价值共创；第三，快速革新与迭代，数字时代的发展速度远非工业时代可比，技术的迭代革新速度明显加快；第四，企业的产品或服务模式不断改变，工业化的交易重心在于产品或服务所有权的让渡，然而在数字化时代不限于此，最主要的是培养为目标客户创造真正价值的能力。

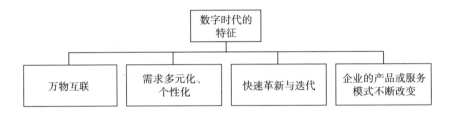

图1-2　数字时代的四大特征

在数字时代下，企业生存和发展的逻辑可以概括为发掘客户、创造需求，企业可以通过创新满足客户日益丰富的需求，实现价值共创；知识和信息资源将作为更关键的生产要素，能够推动技术的创新，从而逐步赋能生产环节；企业能够通过组织、业务和文化的结构调整，提升企业的柔性处理能力，明确价值创造目标；从工业时代到数字时代，企业之间从竞争走向协同互助，共促繁荣的商业生态。

简而言之，企业管理者在对企业进行谋划布局时，侧重对"用户价值"的挖掘，这是数字时代企业全面推进数字化转型的趋势。

3. 数字时代的发展重点

数字时代是一个信息爆炸的时代，信息技术的发展改变了人们的生活，各领域、各行业每时每刻都在产生巨量的信息，数字时代的发展重点主要在于重构信息和价值的创造流程。

对于企业而言，数字时代的要求是以客户为驱动力对企业战略进行规划，而数字化的发展核心是运用数字技术对产业价值链进行重塑，满足客户的体验和需求。在信息膨胀的时代背景下，信息差很可能成为价值创造的出发点和利润点，拥有其他企业没有的信息或从相同的信息中挖掘出更深层次的信息，可以提升企业的优势与竞争力。

应当注意的是，数字化并不简单，不能将其理解为单一的技术概念，数字化及我们熟知的"软件"都属于技术范畴，而硬件属于技术手段范畴，因此不能将其混为一谈。数字化不应以单纯地使用数字技术提高生产效率为重点，而应该在把握信息的基础上，将信息转化为有效信息，依照这些有效信息对业务流程进行重构，打造数字业务的核心竞争力。

数字时代是在工业时代的基础上一步步演变而来的。

工业时代产生了众多影响人类生活的成果，如果只能用一个词作为工业时代的代名词，那么这个词必须是"机械"。工业革命使生产工具不断改良，人类社会获得了更多生产能量，蒸汽机、内燃机、电机就是典型的产物，精密化、高效化机械的出现，改变了人类的生活。

数字时代带来了另一维度的变化，数字化不再是工业革命的续写，数字变革的落脚点也不再是"机械"，而是更高维度的"信息"，也可将其称为"智能"。在工业时代或是其之前的时代，商业领域经常发生利用信息不对称牟利的"倒卖"行为，即使人类在工业时代有更便利的信息交流、社交媒介，但仍然未能解决信息不对称的问题。数字时代的根本特征就是在很大程度上解决了信息不对称的问题，而这一成就是划时代的，也是超越工业时代的标志。

因此，数字时代宣告了生产水平的进步，使人类获取的能量再次提升一个量级。数字化与人工智能相伴相生，人工智能的广泛普及将辅助人脑完成更深刻的思维转变，也为将来更大规模的科技革命打下了基础（徐秀军、林凯文，2022）。

总之，数字经济的规模在世界范围内越来越大，数字经济的帷幕也渐渐打开。相比注重质量的工业时代，数字时代为用户创造价值的理念是一大亮点。对于企业而言，数字化的道路崎岖蜿蜒，是企业发展的命脉。未来，不同规模的企业都将接受数字化的洗礼，这也就要求企业管理层必须具备数字化发展眼光（Faraj & Leonardi，2022）。

二、数字经济是国际竞争的关键

近年来，数字经济发展规模之大、发展速度之快、涉及面之广、影响程度之深前所未有，数字经济正成为整合全球生产要素、重塑世界经济体系、影响全球竞争格局的核心力量和坚实基础。随着各项政策的相继推出，我国的数字经济正在向更高发展阶段（整合深度应用、科学发展和普惠共享的阶段）进军。数字经济是我国未来发展的立足点，是在新一轮国际竞争中赢得战略主动权的核心领域，是构建具有国际竞争优势的数字产业集群的先决条件，同时还是在国际竞争中脱颖而出的重要支撑和战略选择（余南平和冯峻锋，2022）。

1. 数字经济战略价值的深入剖析

面对数字经济，首要任务是明确数字经济的战略价值、未来发展方向和战略重点，并且要重点厘清数字经济与实体经济的关系，坚定重要战略目标——打造国际领先的数字产业集群，逐步推进新型的工业化生态，这对于数字产业化和产业数字化的进程来说至关重要。与此同时，数字经济接下了农业经济和工业经济的接力棒，成为一种极具优势的新兴经济业态，并且得益于数字化技术的创新发展，数字经济的内涵及外延也得到了极大的丰富（窦凯，2020）。

截至目前，数字经济的新业态、新商业模式都需要与实体经济深度融合，并且数字经济具有数据、算法等先进技术领域的显著优势，这对实体经济转型升级具有重大战略价值；数字经济还能够有力支撑"专精特新"企业的生存发展，帮助战略性新兴产业开拓创新，打造融合集群化发展模式；数字经济还能将新一代信息技术、AI、生物技术、新能源、新材料、高端装备、绿色环保等技术进行深度整合，使之成为经济社会发展的新增长引擎。

2. 数字经济与实体经济的融合

在数字时代下，加大力度促进数字产业化和产业数字化进程是首要任务。通过打造数字社会、优化数字基础建设，不断推广普惠性"上云用数赋智"行动，进一步提高数字化治理水平。对于与数据资源相关的流通应用机制，要逐步完善其跨区、跨部门的作用，提升数据安全的切实保障水平，为数据要素的流通提供优质的环境；同时要注重数据资源的开发利用情况，出台配套的制度规范，搭建在国际竞争中具有领先优势的数字产业集群，不断推动各类企业的数字化进程，积极投身于国际数字领域，参与到国际规则和标准制定的活动中（罗茜等，2022）。这也充分印证了数字经济和实体经济相融合的优点，这是我国主动适应科技革命和产业革命的战略举措，同样也是推动传统产业数字化升级，赢得新一轮国际竞争主动权的关键所在，数字经济和实体经济融合发展是推动数据与其他生产要素融合的重要驱动力，是构建国际竞争中领先的数字产业集群的决定性环节。

现阶段，我国促进数字经济和实体经济深度融合，需要处理好以下三种关系：

（1）数字经济与传统产业的关系。数字经济立足于数字化技术，是继农业经济、工业经济之后的又一新兴经济业态。但目前我国仍然是发展中国家，并且处于工业化的攻坚时期，此时需要打造新型工业化态势，推动农业、工业和服务业不断转型升级，尤其是要以技术驱动我国现代化产业体系实现高端化、智能化和绿色化发展（陆岷峰，2022）。

（2）创新与安全的关系。集中力量优化数字产业化和产业数字化布局，实现国家经济社会发展，以创新规模化驱动产品和产业规模化转型。着力形成具有一定规模的数字产业集群，合理运用数字化孪生技术，实现线上与线下经济的高水平融合，并且在推动数字经济和实体经济相结合的进程中，必须充分发挥5G等前沿技术和数据要素的关键作用，专注于传统产业的转型发展，在此基础上打造新产业、新业态、新模式，着力强链补链，依托数字经济的高水平、高质量进步，赋能我国产业体系的构建与强化，使其实现自主可控。

（3）国内规范与国际规则的关系。对于发展数字经济，我国已经形成系统战略部署，数字经济顶层设计逐渐清晰，产业数字化发展进入快车道，数字经济治理体系逐渐走向成熟，数据价值挖掘更加深入，行业与各级政府形成了落实国家战略、法律和政策的合力，我国数字经济发展逐步显现中国独特的制度优势，但未来还需要加强国内法规政策与《区域全面经济伙伴关系协定》（RCEP）、《全面与进步跨太平洋伙伴关系协定》（CPTPP）和《数字经济伙伴关系协定》（DEPA）等国际高标准规则的衔接，依托全球发展理念，尽快形成既能激发活力又能保障安全的数字经济治理体系，广泛参与国际数字经济规则的制定。

三、数字经济的本质

众所周知，数字经济是以计算为核心点，同时数字经济的关键也是利用区块链技术整合产业链和价值链。相较于业务数据化，数字化与其存在明显的区别，不能把数字化简单地理解为通过业务连接自身的数据库、服务器，严格来说，数字化反映的是数据决策过程中的机器执行。那么，何为数字经济？

1. 数字经济的内涵

从整体层面入手，能够发现数字经济是一个广义的概念，理解的切入点不同，数字经济所展示的内涵也不同，以下从三个角度进行分析：

（1）从发展路径来看。数字经济拥有双重发展路径，其中包括数字产业化和产业数字化。凭借数字产业化，数据转变为生产要素的过程更加直观，数字化技术的出现，核心产业的升级，都能够支撑产业完成数据的转化，进而培育新兴服务及应用；产业数字化是传统产业转型的重要手段，生产、生活领域的智能化普及，也促进了数字技术的发展，为传统产业注入了新动能（任保平和何厚聪，2022）。

（2）从构成要素来看。数字经济具备双重要素，即数据和数字技术。数据的渊源颇深，在互联网出现之前就已经出现，随着互联网的诞生，凭借数字技术的发展，通过不断积累，数据逐渐转化为具备快速提取和即时分析功能的大数据。过去几年，大数据的应用渠道开始丰富，其身影出现在社会生产生活的各个领域中，大数据成为新的生产要素。

（3）从新结构经济学的五大产业类型来看。依据新结构经济学理论的分类标准，实体经济产业有追赶型、转阵型、战略型、领先型和换道超车型五大类型。根据特征分析，数字经济产业对应的是其中的换道超车型，在这一类型中，相关产品和技术具备较短的研发周期，新一代技术的产生屡见不鲜。

2. 数字经济的本质

数字经济的本质在于信息化，信息化是互联网变革的产物，信息化体现的是工业经济到信息经济的蜕变，数字经济的发展需要信息技术领域的创新，先进的信息技术为数字经济的发展提供动能。信息技术的创新发展对数字经济的影响路径可以划分为两类：一是产业信息化，信息技术对产业进行改造，将产业涉及的物流、信息流、资金流和业务流重新整合，以达到减少成本、提高风险抵抗能力的效果；二是信息产业化，将信息化过程催生的信息产品、信息服务发展为独立的信息产业。这两个方面的关键点就在于"应用"和"生产"。信息产业的两大路径决定了它的灵活性，信息产业可以巧妙地运用于制造业和服务业中，抑或发展成为二者的结合体（张鹏，2019）。数字经济具备以下几个特点：

（1）数字经济是实体物质支撑的虚拟经济。数字经济不是空中楼阁，物质支撑是其基础所在。计算机作为"辅助人脑"，在很大程度上优化了人脑的有限算力；同时，实体产业助力互联网发展，是以信息通信技术为手段，对人脑算力进行拓展，也就是说，实体物质是数字经济的强力保障。

数字化产品和服务的存在方式都属于物质范围，一是凭借大脑而产生的"无形"存在，二是依靠设计图纸等载体的"有形"存在。

数字经济以"无形"存在于物质世界。要知道数字经济通过智能制造，保持的是无形状态，其数字化产物（数字化产品、数字化服务）同样也不具备一定的实体形态。因此，数字化产物可大可小，大可至宏观设计，小可至灵巧创意，这造就了数字经济的"无重量"特征。

（2）数字经济是超时空经济。从时间的维度上分析，数字经济可以全时段运作。虚拟的数字经济空间不会受限于自然环境等条件，不需要考虑睡眠，全年、全天都能持续运行，这也就使非工作时间和工作时间的界限被磨平；数字经济还可以保证高效运行，数字产品可以通过密集无死角的网络节点实现实时传输，这就带来了异于运输受限的工业经济的优越性。

从空间的维度来看，数字经济与实体经济之间实现了平行发展。互联网就好比大气层，包裹着全球，实现了网络全覆盖。在空间上，两种经济并不完全对立，但数字经济作为虚拟空间的产物，使有形的界限变得模糊；数字经济还与实体经济互补共生。实体经济作为传统领域，能为数字经济带来物质及灵感方面的发展动力，数字经济也就对应地获得了信息和数据的支持，从而给实体经济带来优质的运营方案，并增强了实体经济在市场中的透明程度，使实体市场实现了资源的优化配置。

（3）数字经济是具有外部性的经济。数字经济之所以具备外部性的特点，是因为其数字产品也同样具有外部性。众所周知，数字产品并不私密，且带有一定的公共性和可复制性，因此，这一特征也就体现了外部性。这就好比一项专利产品，如果能够辅助其他专利成果进行研究，那么投入除智力外的其他生产要素同样会给该研究带来可观的效率提高，并且数字产品不会给环境带来一系列负面影响，故而社会经济的良性发展，在一定程度上有赖于数字经济的外部性。

四、数字经济的前景与机遇

1. 数字经济的发展前景

（1）发展速度成为核心竞争点。随着产品和服务的更新速度加快，为满足快速响应和快速适应能力，企业需要建立自己的"数字神经"平台。

（2）跨企业的合作成为必然选择。速度的压力使企业必须通过合作进行资源整合和发挥自己的核心优势。

（3）产业断层、价值链重构、供应链管理。企业积极地使用数字化技术，以实现价值链重构，价值链重构的形式包括重新吸引顾客或者重新组织和优化自己的供应商。

（4）大规模的个性化定制。企业可以通过灵活的生产体系，降低成本，以低成本实现对客户数据的采集和分析。

2. 数字经济的发展机遇

（1）数字经济的普及工作将会进一步提速。数字经济是时代发展的必然产物，数字化转型能够实现各种资源的再分配，同时还能促成生产的智能化、供求的精确匹配，使分工更加专业化，从而降低成本、增加收入，提高企业的经济效益。对于传统企业来说，数字化转型将促进传统企业由"技术驱动"向"数据驱动"加速转变，从而促进企业向全要素、全流程、全链条优化重组升级。这一重大变革会给企业带来资金、人才以及资源的全面优化，扩大企业规模，从而突破地缘限制和技术封锁，并且在资源配置方面摆脱较为单点且局部的状态，向着多面、整体的方向演变（石勇，2022）。对于相关的数据活动，如数据支撑下的生产和决策活动，在数字化转型的驱动下，将保持更低成本且更令顾客满意的状态。

（2）数字经济的渗透将会更加深入。对于传统企业尤其是小微企业而言，客户渠道大幅缩减、供应链运作受到阻碍等因素都使这些企业难以维系，然而在数字化平台的作用下，企业开始从终端发力，转而向线上模式发展，将数字化逐步渗透到全业务流程中。电商平台的有效拓展、移动办公平台的远程协同使可实践性强、赋能面广的新发展路径开始涌现，故而数字化转型对企业的正面影响是有预兆的（郭晗和廉玉妍，2020）。因此，数字经济已经渗透进各个行业，打破行业壁垒也成为一种可能，数字经济的能量也将渗透到产业链的各个环节，进而提高生产效率。

（3）数字经济的服务将会更加广泛。在消费需求持续改变、竞争者层出不穷的情况下，与数字经济相关的产品和服务的更新速度将会加快。这就需要企业能够更迅速地响应市场，以创新的思维来制定和执行企业的战略，并以最佳的方式来调配服务的适用性（何大安，2021）。无论企业采取的是积极还是消极的措施，都会通过数字化技术来重塑服务的价值链；或者是重新赢得顾客的信赖；又或者是对自身的业务进行重组和优化。这些对数字化企业来说，都是其努力的方向。尤其是一些定位为基础应用型的数字化企业，通过数字化技术优化业务，都能够加快企业的发展速度。

（4）数字经济的贸易性将会更加强劲。数字经济逐渐成为推动世界贸易格局转变的重要力量，同时也带来了交易模式、交易主体的变化，促进了世界范围内数字贸易的迅速崛起（范鑫，2020）。贸易数字化、数字贸易化互为表里，正在以联合的方式共促发展，成为国际贸易不可或缺的一部分。数字贸易的诞生，使传统的国际贸易规则迫切需要转变，而国际贸易的运作方式也同样会受到不容忽视的影响，这对于国家在国际市场中的贸易地位是决定性的。

（5）数字经济的规范将会更加优化。数字经济的迅猛发展，给管理和监督带来了新的挑战。互联网技术的普及，使数字经济有了更大的发展空间，但同时也存在诸多风险。目前，我国有关保障数据安全的法律法规还不健全，当务之急是积极倡导数据要素市场化，促进数字经济的快速发展，同时要加强对信息和数据的保护。在此背景下，如何处理好信息保护与数据流通的关系，并在保证数据的安全与规范的基础上，使数据进一步市场化，成为当前亟待解决的问题。

●专栏 1-1● 三一重工：把握机遇，方能领先

一、企业简介

三一重工股份有限公司（以下简称三一重工）隶属三一集团，于 1994 年成立，2003 年登陆中国 A 股市场，2022 年成为世界 500 强品牌。三一重工的经营范围以机械设备为主，三一重工打造了世界知名的混凝土设备品牌，其挖掘机、起重机等产品也处于领先地位。三一重工着力推进数字化转型升级进程，"要么翻身、要么翻船"是三一重工对数字化转型的态度，其认

为只有充分认识数字经济的特点，把握数字经济的机遇，完成业务的数字化转型升级，才能克服传统制造业的困境，形成自身独特的竞争优势。因此，三一重工积极寻找数字时代的发展机遇，在多个数字化项目中取得突破式进展，各项业务均实现了智能在线化和数字化。

二、挖掘数字经济发展机遇

1. 拥抱工业数字化，提升企业核心能力

党的二十大报告指出，要"建设现代化产业体系""推动制造业高端化、智能化、绿色化发展"，并将基本实现新型工业化作为 2035 年基本实现社会主义现代化的一项重要指标，由此，实现工业数字化成为当前工业企业的主要任务。三一重工在工业数字化的道路上别具一格，并且极具前瞻性。三一重工曾采用较为经典的离散制造模式，这一模式的特征是以离线为主、以流程为辅助、以装配为关键，这一模式在实际应用时存在四个弊端：第一，机械设备的稳定性较差，操作者难以掌控实时数据，数据传输过程不够稳定；第二，设备状态不够清晰直观，操作人员在设备开机、空转、作业等状态下，通常不能实现即时的掌控；第三，设备的数据整合不到位，并且设备的工艺流程与设备维护之间未连通，因此难以对整体状况进行优化调整；第四，设备的智能化需要完善，故障分析模型是智能化的优化重点，需要频繁地对设备进行预测性维护。针对传统离散制造模式的弊端，三一重工在业务中投入了焊接机器人，随后启动数字化工厂战略。在数字化工厂战略转向实际应用的过程中，三一重工面临诸多挑战，如较弱的网络能力、项目改造困难、设备互联性不足、制造数据的采集传输流程滞碍、设备的预测维护受"数据孤岛"制约等，而三一重工很快就克服了以上困难，在数字化工厂战略提出不久后，其数字化工厂就建成投产，成为当时工业数字化先锋企业。

2. 钻研 5G 技术应用，赋能智能灯塔工厂

自从 5G 落地并开始商用后，人工智能(Artificial Intelligence，AI)、大数据还有边缘计算等数字技术便迎来机遇，众多前沿技术融为一体，给工业数字化、智能化转型升级带来了"东风"。2021 年，三一重工积极拓宽合作渠道，与中国电信集团有限公司(以下简称中国电信)、中兴通讯股份有限公司(以下简称中兴通讯)加强协作，并于江苏常熟的三一产业园进行业

务布局，同合作伙伴联合打造了 5G 数字化工厂，对工厂内部的设备进行升级，实现了设备数据的互联互通和快速组网，同时还优化了设备数据采集功能的精准度，使产业园内的华威履带有限公司及其旗下子公司的生产效率得到显著提高。

三一重工的常熟灯塔工厂之所以势头强劲，正是因为其 5G 专网的先进性，该网络的雏形是中国电信的"比邻模式"，运用了中兴通讯的高端技术方案——轻量化 NodeEngine 站点级边缘计算解决方案。基于 NodeEngine 方案，仅需要在基站内插入一块单板，1 小时就可以完成网络部署。NodeEngine 的主要功能是在基站侧进行本地分流，实现内网数据一站式直达，满足工业生产在 5G 网络下的低时延、高带宽、高安全性等需求。在此基础上，NodeEngine 还支持本地互通、无线定位、QoS 保障等扩展功能，并可实现算力资源、网络策略以及服务能力的开放，为实际应用提供更广的扩展性。三一重工的常熟灯塔工厂项目取得了傲人的成绩，转型后三一重工的设备作业率实现了翻番上涨，并且在未购入更多设备的情况下，三一重工的产能实现了倍增。

资料来源：

[1] 郭志强 . 三一重工再添灯塔工厂　中国智能制造标准扬帆出海 [J]. 中国经济周刊，2022(21)：70-73.

[2] 周慧，崔祥民，张子煜 . 制造企业数字化转型过程探究：以三一重工为例 [J]. 财会月刊，2022(22)：125-134.

[3] 段芳媛 . 三一重工：数智化与电动化助力公司高速发展 [N]. 中国证券报，2022-08-02(A07).

[4] 和征，李彦妮，杨小红 . 制造企业工业物联网的发展与智能制造转型分析：基于三一重工的案例研究 [J]. 制造技术与机床，2022(7)：69-74.

第二节　数字化转型

数字时代企业的经营密码就是数字化转型，对于企业而言，数字化转型是一项复杂的系统性工程，一方面，数字化转型渗透到企业运营的方方面面，如产品、盈利模式、竞争手段等都会发生数字化变革；另一方面，企业进行数字化转型面临巨大的阻力，需要找到推动数字化转型顺利进行的驱动力。因此，参透数字化转型的本质，深刻理解数字化转型是制定数字战略的重要环节。

一、数字化转型概述

1. 数字化转型的概念

数字化转型是在数字化转换和数字化升级的基础上，旨在达成对企业管理的优化、对商业模式的创新以及对企业核心竞争力的提升，是企业进行管理变革的一个过程，也是在新一轮科技革命和产业变革的背景中，企业发展的大势所趋。

数字化转型的发展历程，直观地展示了"从 0 到 1，再从 1 到 N"的发展变迁，详细可区分为三大阶段：数字转换、数字化、数字化转型，如图 1-3 所示。

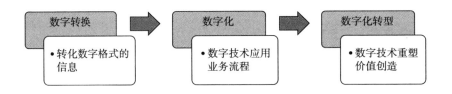

图 1-3　数字化转型的发展历程

具体来说，数字转换和数字化的概念兴起于 20 世纪 50 年代，当时电子数字计算机成功问世，进而促进了数字转换和数字化的发展。数字转换是指合理利用数字技术，以模拟信息为基础，并将其转化为数字格式的信息。数字化指的是将数字技术应用到业务流程中，使企业组织实现管理优化的过程，即以数字技术助力业务流程的集成性优化提升（Jack Smith，2022）。再来看数字化转型的概念，其最早出现于 2012 年，当时它的提出有一大立足点，即利用数字技术的优势，进一步重塑客户的价值主张，加强与客户之间的交互与协作。

截至目前，数字化转型包含的早已不仅是数字技术层面的转型和应用，还包括数字化层面的意识转型、组织结构转型、运营方式转型、商业模式转型等。简而言之，数字化转型就是充分发现和发掘数字世界新价值的创新式思维与高效能实践的整体活动。

2. 政策与发展

数字化转型、数字经济近年来受到国家的关注与政策扶持，具有广阔的发展前景。国务院印发的《"十四五"数字经济发展规划》提到，"十四五"时期要以数据为关键要素，以数字技术与实体经济深度融合为主线，加强数字基础设施建设，完善数字经济治理体系，协同推进数字产业化和产业数字化，赋能传统产业转型升级，培育新产业、新业态、新模式，不断做强做优做大我国数字经济，为构建数字中国提供有力支撑。2025年，数字经济核心产业增加值占国内生产总值比重将达10%，数据要素市场体系初步建立，产业数字化转型迈上新台阶，数字产业化水平显著提升，数字化公共服务更加普惠均等，数字经济治理体系更加完善。展望2035年，力争形成统一公平、竞争有序、成熟完备的数字经济现代市场体系，数字经济发展水平位居世界前列。

3. 数字化转型需求

（1）变化与颠覆。在组织层面，数字化转型常表现为竞争产品和服务的变化、客户期望和行为的变化、数据可用性的变化、竞争业务模式的变化、竞争格局的变化、竞争基础的变化。无论其中哪一项对于特定组织或行业的表现来说最为显著，数字化转型都会使许多现有的价值创造方法、商业模式、竞争手段、业务流程和工作流程变得过时。

（2）组织与行为。面对许多活动和工作流程日益过时的情况，许多组织往往忽略数字化突破的发生。这些组织常会感到：可以接受数字化突破的发生，但不用急于响应它。但是，那些有进取力的组织，会欣然接受数字化颠覆的发生，随后应对数字化颠覆的挑战，并进行数字化转型以重塑自身（曾德麟等，2021）。适应数字颠覆，进而利用数字技术进步，对组织而言将成为竞争优势的源泉，继而强化组织的适应性和敏捷性。因此，该组织便能够重新创建、适应数字化突破、利用数字化优势、达成相应的适应性与敏捷性。这便是数字化转型的真实需求之境。

4. 数字化转型的任务

数字化转型是"从0到1，再从1到N"，具体可分为五个层次的任务，如图1-4所示。

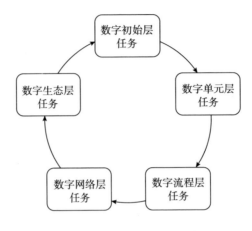

图1-4 数字化转型的任务

（1）数字初始层任务。实现单一职能范围内的数据获取、开发、利用，但主营业务范围、生产经营管理及优化未达成有效支持，数字化业务创新尚未实现。

（2）数字单元层任务。采用新一代信息技术，实现主营业务数据的获取、开发和利用，使组织单元信息透明、业务资源配置效率提高；帮助核心业务实现数字化；保证业务运行模式有新一代信息技术的支持。

（3）数字流程层任务。明晰主营业务的具体流程，保障数据获取和利用的顺利，使数据信息发挥一定的媒介作用；保证在跨界流通过程中各个层面的信息透明；最大限度保障业务流程的集成性，提高业务资源的配置效率；进一步推动纵向的业务管控，优化价值链条，从多维度提升产品或服务的生命周期，实现核心业务线集成融合。

（4）数字网络层任务。保障企业相关数据的获取和利用，使数据信息发挥一定的媒介作用，保证全组织信息透明；依靠数据联通价值网络，激发价值互换；推动互联互通的创造能力，对企业的各种资源进行调配，提升综合利用水平；推动核心业务在线化，促进核心能力达成模块化封装，推动核心能力的共享应用；达成网络化协同，延伸核心业务的服务性，打造常态个性化定制，从而推动业务模式创新。

（5）数字生态层任务。实现数字生态链数据的智能获取和利用，将数据作为信息传递、信用普及和业务创新的媒介，提高数字生态链信息的透明度；在任务实施过程中要根据数据状况实现相应价值，实现智能化在线价值共创；加速数字生态链的智造能力与资源综合利用水平的融合；激发数字业务的核心功能，培育新型业态；将数字业务打造成企业的主营业务，激发数字生态链创新的潜能。

综上所述，成功的数字化转型标志着：第一，整个企业顺利地实现了业务结构的数字化以及产业互联网极具敏捷性的网络化；第二，企业在全要素、全过程中进行托底，实现了动态优化；第三，企业发展方式实现了从"传统职能驱动 + 流程驱动"提升至更为高效的"全域数据驱动"（李雯轩和李晓华，2022）。

●专栏1-2● 博威合金：三位一体推进数字化转型

一、企业简介

宁波博威合金材料股份有限公司（以下简称博威合金）是一家专门从事新材料研发制造的企业，自1993年创办至今已有30年历史，2011年在上海证券交易所主板上市，其主营业务为太阳能电池、组件开发、生产研发以及太阳能电站的运营，客户遍布美国、欧洲等地，为企业拓展了国际新能源板块。作为传统制造型企业转型的范例，博威合金早年间就开始了企业数字化变革，企业始终秉承着以"新材料为主、新能源为辅"的数字化发展战略，在研发、制造、营销、管理等方面均取得了一定的成效。

二、数字化转型历程

博威合金的数字化转型主要从数字化制造、数字化营销和数字化研发三个方面开展。

1. 数字化制造

纵观博威合金的数字化制造历程，能够发展制造数字化是数字化企业建设的基石，而精益化和自动化是数字化的基础。通过制造执行系统（Manufacturing Execution System，MES），博威合金持续提升车间现场管理水平，持续加强员工精益培训，以精益化思维指导生产，并持续完善标准化体系，逐渐构建起精益管理体系，在工艺研发以及生产制造过程中，力求精细化、透明化。同时，博威合金做到了业务流程与数字技术相适配，依托数字化效应激发生产活力，提高生产计划排程效率、生产效率等，实现卓越运营。

截至目前，博威合金的 MES 按照已经制订的计划有序推进，相关配套工作有序展开，因此，将会有更多的人员进行相关数字化培训，快速融入数字化制造。

2. 数字化营销

博威合金以数字技术驱动营销能力快速提升，通过"互联共享、精准计算"，对目标客户的定位把控得十分精准，同时对客户的需求也做足了调查，最终就是为了寻找潜在客户，提高目标市场占有率，并实现为销售赋能，不断提升业务质量，将品牌的价值充分激活。博威合金加大力度不断优化完善客户关系管理（Customer Relationship Management，CRM），积累有价值的数据池。一方面，博威合金致力于加强对潜在客户的商机管理和新产品开发项目的信息追踪管理；另一方面，博威合金还加强与各子公司在合金行业领域的数据交互，获取目标客户的信息和行为数据，作为数字化营销洞察基础，加快数字化营销平台、体系保障、数据保障建设等工作进度。

近年来，博威合金的数字化营销已完成数据采集、清洗、分析等能力建设，实现了营销平台上线试运行；CRM 与营销数字化结合，实现了博威合金营销市场的精准洞察和业务赋能，并通过知鸟为业务提供在线产品知识手册、客户产品应用解决方案、在线商务的洽谈指导等，全力赋能营销业务的高效展开。

3. 数字化研发

博威合金充分运用仿真科学、数字孪生等数字技术加大研发力度，并通过可靠的大数据分析能力以及新兴的云计算能力，持续优化研发效率，以实现快速产业化。博威合金还专注于一体化研发管理平台的建设，达成平台数据的快速交互，同时基于大数据技术，制定合金成分方案，生产出满足生产进步的先进型材料。与此同时，博威合金借助应用研究的平台共享优势，让材料靠近消费端口，为客户创造源源不断的价值。

当前，博威合金已完成大数据分析、高通量模块实施，其他模块也在有序推进，并且还将完成从客户需求到研发需求转化的实施计划、产品工艺研发及客户应用研究的关系预测模型的建立，打造过硬的计划仿真及大数据分析能力，并最终反馈于自动的、集成的、共享的互联网科研生态平台。目前，博威合金的数字资产已粗具规模，达到 200 万条。博威合金借助一体化平台，打破了产学研的信息封锁，实现了新型材料的技术突破。与此同时，博威合金还通过互联共享、精准计算的前沿数字技术，实现了产学研的协同创新。

资料来源：

[1]博威合金 数字研发与制造：引领合金材料新发展[J].浙江人大，2021(5)：2.

[2]博威合金持续研发高端铜焊丝、铝焊丝新材料，解决"卡脖子"关键材料的应用[J].焊接技术，2020，49(12)：88.

[3]陶海飞.基于技术能力成长的企业创新网络演化：以博威合金股份有限公司为例[J].财经论丛，2013(4)：107-112.

二、数字化转型的核心要义

近年来，企业界积极进取、锐意拼搏，不断推动新一代信息技术的普及，形成新的战略布局，并且在生产经营过程中注入数字化新动能，旨在打造数字新业态，为数字化转型工作的开展铺平道路。企业界在数字化相关的研发体系、智造规模、运营新模式等方面成绩突出，同时得益于工业互联网的平台效应以及产业链的进一步优化，企业逐渐掌握了数字化转型的核心要义。

目前，企业界在数字化转型中存在数据分散、数据缺失、数据质量和数据利用率不高等问题，尽管企业的信息化程度越来越高，但是经营效率得不到提高等问题也较为突出，具体表现为：系统协作能力不足；数据分散、"信息孤岛"问题严重；数据缺失、数据质量和数据利用率不高；组织架构难以匹配；数字化人才能力有限，新兴技术难以驾驭；数字战略缺乏远期规划，转型路径不明确；过往经验、模式路径依赖严重，心智模式难以转变。

总的来说，企业进行数字化转型的趋势是必然的，取得的成绩是值得肯定的，但转型过程中存在的问题仍然不少，其建设道路任重而道远，如何做好数字化转型是每个企业面临的时代课题。

那么，企业该如何做好数字化转型？基于以上数字化转型典型困境，结合众多企业特点以及一般数字化转型方法论，本书提出以下几点数字化转型的核心要义。

1. 以系统方法引领数字化转型

数字化转型是一项复杂的系统工作，因此需要体系化、全局化推进，企业应结合自身的发展现状和实际需要，运用科学理论方法，明确结构以及脉络，出台一套具有实际价值的数字化转型方法机制，并且将该机制作为指引，推动企业的全面转型变革，这既是获取稳定成效，又是企业顺利步入新阶段的基本保障（Teng Xiaoyan et al.，2022）。随着数字化发展的普遍推行和纵深实践，该领域中有关数字化转型方面的研究和理论方法也日趋成熟，企业在实施数字化转型时可以将其作为重要理论支持和参考依据。

2. 以战略夯实数字化转型

数字化转型要结合企业的发展实情，系统地规划和设计企业数字化转型战略，分阶段、分步骤地实施，并且数字战略要与企业经营发展战略相对应，数字战略是支撑和实现企业战略的工具和手段，企业战略目标要转换和集成于数字战略。与此同时，数字化转型与管理结构和业务流程密不可分，并主导着结构的重塑和优化，企业战略同样和数字化转型有一定的联系，二者是一个以权变思想为基础的互相适应的关系。因此，脱离企业战略的数字战略谋划将失去落地之根，变得毫无意义。

3. 重视需求的规划和业务蓝图的设计

企业数字化的第一步不是将设备连通，而是要把企业的业务流程、组织架构梳理好，即打造流程化的组织。数字战略最终是否能顺利落地执行，最根本的就是要看数字化需求的规划和业务蓝图的设计是否切实符合企业的运行规律，并且是否具备降本增效的功效。不符合企业运行规律的需求设计，不论外表多么符合科学标准，最终都将无法真正落地，数字化建设反而成为企业运行的负担，导致支撑企业决策所需的数据也无法有效积累。

要做好数字化需求的规划和业务蓝图的设计，可以从以下三个方面入手：第一，企业要从意识形态上充分重视其重要性；第二，企业应根据整体的战略布局，明确业务具体的数字化需求，统筹制定全局的数字战略，按企业战略—数字战略—数字化架构的路线来设计企业数字化转型；第三，引进专业数字化人才设计需求规划，同时让内部业务的关键用户深度参与需求设计。

4. 打造能力适配的数字化组织

任何一个企业要实现数字化转型，最终都需要回到人才和组织层面。

数字化人才储备不足、人才专业性不足，难以支撑效果良好的数字化建设，这也是当下企业在进行数字化转型时经常碰到的困境。打造精干全能的综合型数字化团队，做到懂战略、懂业务、懂技术、懂管理，是精准把握企业的战略方向和业务目标，推动数字化建设全面落地和持续优化的重要保障。如何打造能力适配的数字化组织和团队，其采取的措施如图1-5所示。

图1-5 打造能力适配的数字化组织和团队的措施

一方面，需要从企业内部出发做好数字化人才建设：持续探索灵活多变的流程，提高业务流程的速度和效率；创建多部门团队，由不同部门的不同技能成员组成团队，保障团队的专业性和综合性；让团队充分认识、清晰掌握为什么要进行数字化转型；明确目标，建立激励机制，量化考核标准；注重系统化的制度改革，配合一定的文化建设，将以上活动进行充分整合，打造嵌入性较强的能动型组织；成立数字化相关的训练营，出台人才培养机制，并构建实时的、动态的反馈机制，推动数字化人才的长期培养。

另一方面，需要从企业外部出发打造数字化生态环境：寻找若干领域内拔尖的专业合作伙伴，借助外部所长，吸收外部智慧经验，提升数字化能力水平；提升输出数字化能力，探索创新商业经营模式；建设协同机制，与上下游合作伙伴协同打造创新的数字化生态环境。

5. 打造全维数字化宣贯矩阵

数字化落地推行有一大"拦路虎"，即企业员工对原有熟悉模式在思想上的路径依赖。为了使企业摆脱这一阻碍，敞开怀抱融入数字化变革，企业的首要任务是数字化观念的层级式传递，使整个组织提高数字化转型认识，统一理念和方法的认识，厘清企业进行数字化转型的原因，并逐步落实到团体和个人层面。数字化建设宣贯的途径如图 1-6 所示。

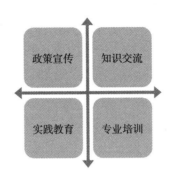

图 1-6　数字化建设宣贯的途径

（1）政策宣传。通过自媒体或者公众号等形式，面向企业全体员工，用直观的文字图片或多样的形式集中开展企业数字化建设政策、战略规划的解读宣贯。

（2）知识交流。依靠搭建数字化转型知识体系的整体框架，邀请专业领域的权威专家同企业员工进行知识分享活动，也可以在企业内部举行座谈会、经验交流会等知识交流活动。

（3）实践教育。对同行业具备参考价值的最佳实践进行归纳总结，宣传易推广的样板，呼吁各方实现对标学习。

（4）专业培训。面向企业员工进行系统性培训，传播数字化转型理念，宣扬相应的方法论，向员工提供数字化建设工作的活动机会，加深其对相关管理规则和制度的认识。

三、数字化转型的驱动力

产业数字化生态链发展正热，再加上政策的支持，使数字化技术开始走向商业化，各个行业的头部企业为了数字化转型，都在进行积极谋划布局。

企业依靠什么动力驱动数字化转型？具体来说还是受商业环境的影响，由此产生了四大转型驱动力，它们起着互相促进的作用，并且互为拉力和推力，如图 1-7 所示。

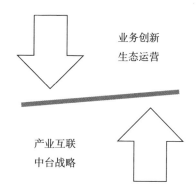

业务创新
生态运营

产业互联
中台战略

图 1-7　数字化转型驱动力的推拉力

1. 驱动力一：业务创新

企业的数字化转型有内部因素和外部因素。内部因素包括企业的市场占有率下降、库存积压、渠道不流通等，外部因素包括客户的个性化需求、行业对手的精确投放、跨产业的逻辑颠覆等。

在数字经济常态化下，产品、服务、技术、业务甚至应用场景的创新都是屡见不鲜的，而基于此发生的"弯道超车"以及转型，对于传统企业或是数字化企业来说，都是取得持续创新能力的结果。这里的创新能力更具体化，更能使企业依托平台实现全方位升级。

曾经，企业的活动策划大多需要开展地推模式，这样的模式会给财力和人力带来不小的负担，而团购、秒杀等活动形式，都是在线上和线下共同赋能下完成的，这一过程既缩短了筹备周期，节约了人力，也能使整个活动过程更加实时透明，这不仅是技术创新带来的转型，更是用户需求所决定的方向。

场景转换体现了三类创新：①组织创新，企业为了顺应发展趋势而突破曾经的界限，实现了协作的高效化、结构的扁平化。②技术创新，为完成这样一个看似简单的活动，相关技术团队需要提供稳定的技术支持，保障活动的安全性、系统的流畅性。③业务创新，市场部门为解决营销痛点，需要加大力度进行精准营销。

对于传统企业来说，自有的技术和平台几乎很难满足业务创新的要求，处理能力的宕机、系统的高负荷都是亟待解决的难题，此时云计算和中台战略的出现，使业务创新模式的重塑成为一种可能，这预示着用已知解决未知的方法可行性，从而重构整个业务模型。

2. 驱动力二：中台战略

企业要想在数字化转型中摆脱劣势，掌握优势，就必须自主解决两大核心问题：一是强硬的平台支持，二是对信息数据全盘运营的实力。那怎样才能攻克这两个难题呢？

综合行业最佳实践经验，能够发现传统企业在数字时代的取胜之道，无非打造自身的中台战略。这一理念也引发了企业界的强烈共鸣，同时也能够指明数字时代的发展方向，展现商业环境的需求变化。

中台是互联网术语，应用对象一般是大型企业，具体含义是指搭建一个快速响应的架构，从而避免重复性的建设，最终目的是提高企业的业务运作效率。在常规意义下，中台的常规分类有三种（见图1-8），即业务中台、数据中台和组织中台。中台的出现能够帮助企业快速切入市场，使业务和技术进行高度融合（刘颖慧等，2020）。中台是信息化的产物，同时还是方法论的总结，从业务、数据、组织等多维度对中台进行评估，能够发现中台具有较强的行业应用性，对个体的发展也大有裨益。

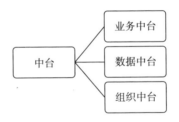

图1-8 中台的常规分类

● 专栏1-3 ● **云徙科技："双中台"独角兽**

一、企业简介

杭州云徙科技有限公司（以下简称云徙科技）是国内领先的"双中台"（见图1-9）全链路营销一体化产品解决方案提供商，以xLightning数字中台为核心技术，通过数舰企业云、数盈SaaS营销应用产品，为食品、家电、连锁零售、汽车等行业提供数字化客户、数字化商品、数字化零售等全链路解决方案与服务，实现数字化经营增长。同时，云徙科技是全国首家践行中台战略的数字化服务商，通过打造数据"双中台"，成为企业数字化转型的核心驱动力。

图 1-9　云徙科技"双中台"模式

二、数字化转型的驱动力

1. 数字化客户解决方案

云徙科技基于全链路营销一体化"双中台"架构的数字基建平台，为品牌企业提供由会员管理、营销自动化、营销分析组成的数字化客户解决方案，帮助客户实现提升私域运营能力，降低客户运营成本，支撑数字化转型和业务增长。

（1）客户自动化营销。在自动化营销场景之下，云徙科技通过对客户行为进行营销策略设计，赋能前端应用实现自动化营销动作，并且按转换漏斗模型，收集营销转化数据，持续迭代营销策略。通过这一举措，云徙科技能够迎合客户营销多样化需求，可灵活设置不同的营销路径。

（2）全域客户数据整合。云徙科技通过对全渠道客户数据整合，精准识别客户，对客户进行精准营销、对会员经营进行流量变现，并且通过运营数据赋能营销策略、渠道经营策略、销售策略、生产策略，迭代运营能力。此次整合能够有效解决客户数据分散导致的数据价值低、难以精准识别客户等痛点，减少运营部门日常业务压力，大力发挥数据赋能效应。

2. 数字化商品解决方案

云徙科技针对品牌企业的订单流、货品流、结算流三大核心领域，提供商品入仓后到送达客户一站式数字化产品服务，赋能品牌商全链路商品流通的运营能力，有效提高了订单履约效率和库存周转率。

（1）同城零售运营场景。云徙科技通过连锁门店品牌商搭建私域的 B2C 商城，为客户提供就近门店的准时达配送服务。因此，品牌商能够通过全渠道零售平台，搭建同城零售的履约平台、基于智能选店的算法平台、基于门店的历史订单数据的智能分析算法，为私域 B2C 商城提供最大化的订单履约能力。

（2）全网库存一盘货。云徙科技通过全网库存一盘货统仓统配运营能力，让 RDC(Regional Distribution Center) 等仓储系统，直接服务于全链路上的各个关联对象，如代理商、经销商乃至终端客户的订单诉求，并且通过货品的一盘货集约化管理，提高订单履约响应服务能力，提供额外的送装一体等服务，提升客户的售后体验。通过这一调配，云徙科技能够优化货品在渠道间的流转效率，提升客户对品牌的形象认知，并提高库存的周转效率。

3. 数字化零售解决方案

云徙科技基于全链路营销一体化"双中台"架构的数字基建平台，为品牌企业提供由流量管理、用户管理、交易管理等组成的数字化零售解决方案，帮助品牌零售端实现效率提高、业绩提升，支撑数字化转型和业务增长。

（1）用户管理。云徙科技通过用户管理，打造了"总部+零售端"协同的会员管理模式，赋能零售端，精准触达营销，提升营销转化，最终实现单客增值，这一措施解决了会员管理比较分散、零售端在会员营销上没有参与度等问题。

（2）流量管理。云徙科技通过线上品宣、云店直播、云店分销、裂变获客等方式打造零售端的引流矩阵，最终沉淀零售端的私域流量池，从而适应线下流量减少的问题，在无私域流量池中降低流量获取成本。

（3）交易管理。云徙科技通过多元的、灵活的交易方式，降低客户交易门槛，提升变现能力，辅之以灵活的价格管控、多元的订单履约方式，提升门店经营自主性，从而解决了交易方式固化、订单履约不灵活等问题，加快了交易转化率，提升了客户体验满意度。

资料来源：

[1] 拨云见日终有时　中国房地产数字化转型研究报告[C].艾瑞咨询系列研究报告，2022.

[2]王仕斌，郑涵."独角兽"快速成长奥秘：专访云徙科技 CEO 包志刚[J].企业家，2021(1)：53-55.

[3]陈新宇."中台"成为构架企业数字营销的主要模式[J].中外管理，2019(12)：132-133.

3. 驱动力三：产业互联

近 10 年来，随着互联网的发展，人们的购物、出行等生活方式发生了根本性的变化。在用户流量红利逐步达到顶峰的同时，消费互联网的市场格局与竞争趋势也趋于平稳、饱和，各大厂商在跨越了消费互联的壁垒之后，都在寻求下一步的互联，即产业互联，以扩大商业领域。

产业互联是促进企业内部的各种生产要素，以及企业间、企业与客户间互联互通、线上线下深度融合、企业资源与生产要素协同的一种崭新的产业发展模式，正逐步重建传统产业的业务合作关系及行业价值模型。

例如，在传统的农业领域，产业互联网将彻底改变传统农业企业与上下游供应商的服务与合作方式，不断改变农产品的价值变现方式，同时也将促进新型农业合作关系的发展。

除此之外，农业领域的产业互联还将运用传感设备及大数据技术，科学化、精细化、规模化地进行农产品的种植与生产，使之在抵达消费端时更加健康、新鲜。产业互联的发展将重构农产品流通形式，拓宽农产品销售渠道。

从发展的角度来看，产业互联网此时还处在从萌芽到成熟的发展阶段，在未来 10 年左右，随着技术的进步及消费互联的饱和，将会有更多企业利用其独特的行业优势及壁垒，快速发展企业自身的产业互联数字化服务。企业管理人员在产业互联转型过程中需要具有如下几种思维：

(1)价值驱动思维。企业管理人员应当思考产业互联是否能从根本上解决原行业生产作业效率低的问题，从而达到节约成本并使其价值链数据流动更高效的目的，并在某个节点创造出互联后的价值溢出。

(2)共享经济思维。在市场推广和知识技能方面，要有社会化共享的思想，并在产业互联网领域将共享经济的价值放大。

(3)大数据思维。产业互联将会利用新一代的技术，从各个环节收集有价值的信息，将原本的零散的信息整合到一起，从而为整个行业的各个价值链提供数据模型和支持。

4. 驱动力四：生态运营

传统的企业经营模式大多建立在专业分工的基础上，追求效率和风险控制，而未来的企业经营将以互联共享为基础，整个组织形态、人员形态都在向开放生态方向发展。未来的商业竞争将建立在一个多向的非线性价值网络之上，顾客处于价值链的核心，要想获得更大的增值，就必须进行开放和分享，而企业必然会朝着共生、共赢的生态策略发展（陈旭等，2022）。

企业生态系统重构的终极目标是在新的经济环境下，于市场竞争中取得优势，实现自身的进化，并通过自身进化来推动整个行业生态系统的完善与发展。

企业生态系统的成员包括从 C 端的个体客户快速成长为 B 端的经销商、供应商、生产设计的 OEM、社会化分销商（合伙人、终端商户、异业合作伙伴）和其他利益相关者。企业拥有的生态系统正在成为一种全新的行业格局，而在此生态系统中，由于行业范围大、用户群体复杂，传统的协作与管理难以取得理想的结果，因此必须借助数字技术，让用户能够进行全方位的互联。

第三节　数字战略概述

位于行业前沿的企业已经意识到，数字战略不仅是抓住未来的科技趋势这么简单，它关系到持续改进优化公司业务以及保持领跑的行业领先地位的竞争。当行业边界逐渐模糊、行业壁垒开始坍塌，伴随着名不见经传的新玩家涌入市场，所有行业都将面临数字化浪潮的冲击，毫不夸张地说，没有数字战略，企业就没有未来。

一、数字战略的内涵

通俗来讲，战略就是定位、方向和目标，企业战略就是回答企业在长期的发展过程中应该做什么、依靠什么去做和如何去做的问题。根据企业的层次划分，企业战略可以划分为经营战略及职能战略（见图 1-10）。经营战略一般包括营销、市场、产品、品牌战略等，职能战略一般包括财务、人才、融资战略等。

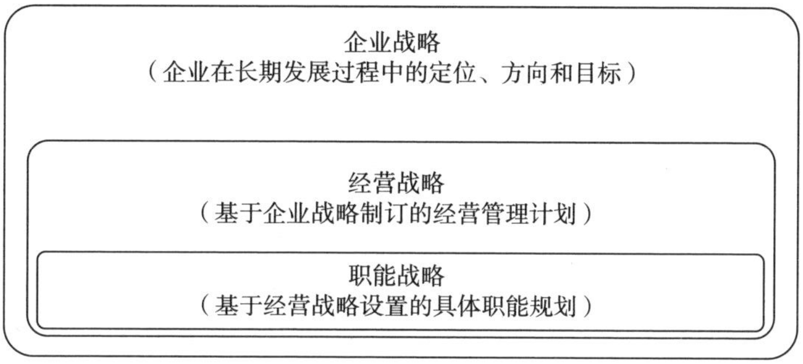

图 1-10　企业战略的分类

1. 数字战略的定义

数字战略并不是在线营销战略，在线营销战略是数字战略的一个子战略。数字战略应该着眼于企业的总体数字资产，考虑全企业的数字化举措，包括收集所有需要的信息，规划、识别风险和机会，实施和维护数字战略，以及创建数字营销等子战略，等等。也就是说，数字战略是企业级战略，位于企业顶层，而子战略可以包括移动战略、互联网战略、客户关系战略等。

因此，数字战略是对数字资产进行综合评估，制定持续改进方案，并积极贡献于业务目标的重大举措，且数字战略可以帮助企业确定未来目标，让新的机会或风险浮出水面，并使之可见、可控（陈岩和吴超楠，2022）。

2. 传统企业数字战略的模式

当前，得益于国家政策的战略部署，信息化与工业化深度融合，同时为了加快制造强国的建设速度，传统产业的变革急需进行方法和工具的革新，即应用新一代的信息技术，逐层、逐行业地打破数据壁垒，保障数据要素的创新驱动能力，优化行业的全局效率，加快数字化转型的进程，为数字经济搭建崭新、牢靠的体系。

（1）以智能制造为重点推动企业的数字战略发展。在我国的产业链中，大多以制造业为主力，因此，加速智造对于企业层面来说是首要任务，也是推动数字化建设进程的前进方向。运用智能机器人解放人力，对产业进行智能改造，倒逼传统制造业进行自动化、智能化的方式变革，提高数字化水平，并且由此催生协同创新的新业态（Alnuaimi Baderk et al.，2022）。

（2）以平台赋能为重点推动行业的数字战略发展。以制造业龙头企业、

ICT领军企业及互联网平台企业为主导，针对不同行业的特征和运营模式，协助平台优化运营机制，推动数据共享，因地制宜地明确工作重心和工作方法，为重点行业引路，助力其数字战略的实施。

（3）以生态建构为重点推动园区的数字战略发展。在园区内实行数字化改造，提升产业平台综合效应，是对传统生产方式、组织管理形式进行变革升级的根本路径，同时还是传统产业有效进行数字化转型的关键保障。加大力度建设园区数字化，将园区管理平台作为基本工具，发挥产业服务平台的核心作用，必要时开设大数据平台进行支撑，最终打造生态化、智慧化的园区，通过这些举措，不仅能使传统企业得到全面的数字化服务，还能激发产业新动能，形成健康绿色的数字化循环生态。

3. 支撑企业数字战略的核心技术

大数据、云计算、物联网、区块链和人工智能五项技术是支撑企业数字战略的核心技术，这五项技术对企业的研发、生产和各项管理经营活动产生了重要的影响。大数据技术是指在海量数据信息的基础上，对有意义的数据进行专业化处理，实现数据价值的增值，应用于客户需求分析与预测、生产设备分析；云计算技术是指基于分布式计算，任务分发后进行计算结果的合并，使企业可以使用计算能力强、安全且个性化的数据服务，为企业增强数据分析能力、数字化能力提供了便利；物联网技术是指通过各种信息传感设备，实时采集各种物体信息和数据，将所有物体与网络相连，应用于企业的生产系统，实现智能化生产；区块链技术是将数据存储在一个又一个区块中，按照各自产生的时间顺序连接成链条，形成分布式的共享账本和数据库，应用于企业的金融和物流环节；人工智能技术是利用计算机和机器模仿人类思维，使机器能够胜任一些通常需要人类智能才能完成的复杂工作，在企业活动中有广泛的应用，能够降低生产成本，提高企业运营效率。

●专栏1-4● **明略科技：数字战略践行者**

一、企业简介

明略科技是一家创立于2006年的人工智能技术和大数据处理公司，成立初期名为明略数据，从事互联网广告的数据分析，随着电商行业的发展，公司将其业务转变为在线智能营销。经过数年的发展，于2018年正式更名为明略科技，主营业务包括中台产品、服务、市场智能平台。明略科技凭借多年在智能数据技术领域的深耕与积累，先后获得了国家及政府部门颁发的有关人工智能及大数据方向重点建设项目等荣誉。

二、数字战略布局

明略科技的数字战略包括数字人才战略、数字经营战略、数字技术战略三个方面。

1. 数字人才战略：布局深远

人才是企业发展的动力，特别是对数字化企业来说，人才更是必不可少的竞争资源优势。在明略科技拥有的 3000 余名在职员工中，有 60% 为技术工程师，20% 为数据分析师，此种员工比例为其"AI+大数据"的商业模式创造了良好的员工基础及智力资本，同时也为数字战略的打造奠定坚实基础，并且公司绝大部分员工拥有名校学历，数字化人才储备充足。专业技术人员的工作年限在 5 年以上，具有丰富的行业实践经验，其中一些高级技术人员在数据挖掘领域有 10 年以上的工作经验，支撑着明略科技的数字化建设。

明略科技的核心技术团队为大数据开源社区不断做出贡献，拥有包括多种奖项的获得者及各种专利技术的创始人等顶尖技术人员。强大的员工构成结构对明略科技的发展起到了不可或缺的推动作用，精干全能的综合型人才队伍，也将保障明略科技数字化转型的顺利进行。

2. 数字经营战略：规模庞大

明略科技经过 10 多年的深耕发展，已从线上商业业务拓展到线下商业业务。此外，明略科技还积极拓展政府业务，为政府提供一站式中台的数字化建设服务。

在数据采集及存储方面，明略科技突破了海量数据采集、存储、计算等相关技术限制，达到了日平均上千亿的数据处理能力；在线下商业业务中，明略科技与上海交大人工智能研究所达成战略合作，推动以感知、认知为核心的人工智能核心技术的应用，同时与世界知名餐饮连锁企业百盛中国开展战略合作，共同开发智能技术"明胜品智"，探索经营管理、供应链等方面的智能化、数字化应用；在与政府合作方面，明略科技先后与上海和长沙等城市进行了智慧城市的合作探索，参与打造了湖南国网电力数据中台，并且以平台赋能为重点，推动数字战略的实施。

3. 数字技术战略：成效显著

明略科技在数字技术战略上也颇有成就，曾获 2019 年度中国人工智能年度十大创新企业的殊荣。明略科技自创立之日起，不断加大数字技术研发力度，已取得 300 多项专利，涵盖了数据收集、人工智能、语义分析等高新研究领域。同时，明略科技凭借其卓越的技术实力，实现了"明智系统"的自主开发，在知识提取、各种图谱的查询与储存及关于知识图谱的自然语言交互技术和大规模网络数据分析方面的数字技术表现得非常突出，进一步深化了公司的数字战略布局。现阶段，明略科技已经为超过 2000 个垂直领域的用户提供了视听与行动相结合的智能机器人技术支持，树立了数字技术战略品牌效应，助力数字战略的全面实施。

资料来源：

[1]曾炜，赵利峰，张蕾．明略科技："新基建"的智能化内核[J]．互联网经济，2020(5)：90-93．

[2]明略科技：智慧服务轨道交通[J]．城市轨道交通，2019(9)：58-59．

二、企业数字战略的逻辑与路径

1. 企业数字战略的逻辑

企业数字战略的目的并非赶时髦，而是能够帮助自身在新时代、新技术的背景下，更好地实现企业经营的目标。企业数字战略是"点线面体"同步进化、量变到质变的结果，企业需要进行全面的数字化改造，改造的过程也需要循序渐进。数字战略的第一步就是要针对企业的具体情况考虑应该采取哪些路径和方法实现数字化，使企业的数字化问题上升到战略高度。企业的数字化转型，并不能简单地依靠单一系统的云化以及网络化来实现，而应该把产业变革、商业模式革新等问题上升到企业战略层次上进行全面综合分析，而数字化这样的全局化发展很可能会左右企业的发展命运。因此，在实际操作过程中，企业要符合阶段性规划，将数字化的应用拓展至全局，专注于各个环节的数字化建设，如图 1-11 所示。

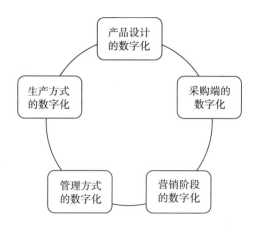

图 1-11　数字化建设的关键环节

在实践中，企业数字化建设的驱动环节是采购。采购决策最终反映的是企业战略，同时采购的具体过程体现的也是企业经营战略的落实程度，若不考虑运营、销售等环节的成本，原材料和服务的采购环节是企业成本的主要来源。采购环节的复杂性也需要将采购管理流程数字化，使整个采购链条的信息更加透明，避免暗箱操作，维护采购队伍的纯洁性。

企业的数字化进程是一个非常复杂的过程。每个企业都有自己的特色，处于不同的数字化阶段，其采用的数字化策略也会有很大的差异，因此，企业要根据自己的发展情况，选择一条符合自己发展特征的数字化道路。

2. 企业数字战略的规划路径

（1）提升数字化认知与思维。企业的数字化转型往往涉及对人的影响，甚至与企业现有的既得利益团队形成冲突。因此，要在企业高层内部形成共识，实现跨企业层级流动、跨业务领域拓展。另外，只有企业全员参与数字化转型才有意义，让各业务小组对转型的认同水平和数字化认知能力保持一致，共同落实业务转型。数字化转型并不能简单地等同于信息化，数字化转型的要求更高，不仅需要企业管理者的决策，还需要拓展员工的数字化思维，改变传统的认知和思维方式，学会用数字化思路解决工作问题。

（2）识别数字机会与风险。数字技术改变了客户的行为，也改变了企业价值创造的逻辑，企业可以挖掘数字技术带来的商业机会，但数字技术也为企业生存增添了难度，没有企业可以在数字变革的背景下长期保持竞争优势。数字战略规划的前提条件是识别数字机会，规避数字风险，挖掘传统经营流程中的数据潜力，寻找有待提高效率或存在风险的环节。

（3）做好战略定位，坚定转型方向。面对复杂多变的市场环境，需要加速调整自身的业务，才能够跟上眼下的商业模式。所以，企业在数字化转型开展的过程中，必须对转型升级进行脉络清晰的战略规划，同时要严格把控数字战略同业务发展的界限，保障二者的独立性，尽可能地避免盲目发展。

数字化的转型之路需要自我审视，明确方向，避免盲目地转变，这就需要对业务的运转流程、财务的实际状况、人员的组织结构、创新研发的具体投入和产出等要素开展整体的摸排，随后对现阶段的数字基建进行状态评估，具体到企业的 IT 架构、软硬件设备、存储数据以及状态等。此外，还要扩大企业数字化转型的覆盖范围，集产品测试、生产制造、营销、采购等环节于一身，明确企业的核心需求，进而给企业的数字化转型开辟道路（李载驰和吕铁，2021）。

（4）执行框架。根据企业各个阶段的核心目标，采取渐进式的数字化转型过程，如在不同阶段设立相应的职能组织，根据各个阶段的核心目标在企业内实行目标管理，扩大企业的品牌知名度，打通更多的连接渠道，增强与客户的触达面。同时，一切以用户为核心，深入了解用户的总体需求。

（5）价值体系重建与投入。数字转型不仅是一个简单的信息化或者 IT 形态的转变，而是一个涉及企业总业务、跨智能的系统性改造工程。因此，一定要依据企业实际情况与部署计划，制定配套性、针对性的评估体系，实现数字化转型进程与价值的评估双管齐下，确保数字化投资的持续性。

三、企业数字战略的方法应用

想要让数字战略获得成功，战略的方法应用是关键，即将宏观的战略思想，细化到日常的业务运行上。推动企业实施数字战略，可以从管理机制、过程监督、执行评估、保障体系四个方面来展开，如图 1-12 所示。

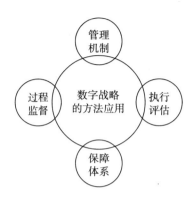

图 1-12　数字战略的方法应用

1. 建立数字战略管理机制

企业的数字化一定要有一套数字战略执行的管理机制来推动数字战略的落地执行。数字战略管理机制一方面可以确保战略的顺利实施，另一方面也可通过管理来推动数字战略的结构性调整或制定新的战略方案。企业可考虑从以下几个方面来建立数字战略管理机制。

（1）建立数字战略管理部门。企业应建立数字战略领导小组，由公司一把手担任组长，各部门、各业务负责人担任成员，全面负责数字战略制定和实施管理工作。

（2）建立数字战略例会制度。由数字战略领导小组每周、每双周或每月定期召开数字战略例会，分析战略制定、战略目标、战略落地执行的具体进度，通过战略例会制度，将数字战略转化成各部门的第一战略实践。

（3）推动数字战略执行和绩效目标融合。企业的绩效管理体系实际上就是企业执行战略管理的手段，企业可以从数字战略出发，针对数字化战略的目标，制定相应的业绩规划，并以绩效规划为核心，实施数字化的企业业绩管理。

（4）建立数字战略执行与业务体系的协同机制。企业应立足数字战略的具体目标内容，从业务场景出发，将数字战略落地实施与常态业务紧密结合，建立协同推进机制，强化转型目标与业务的深度融合，协同创新。

（5）建立企业战略目标的反馈和优化激励机制。数字战略是在实践中不断调整、优化以及试错的过程，最终形成一个适用于企业实际状况的战略。在企业战略体系构建完毕，正式进入实施阶段后，需要建立起数字战略目标反馈与优化工作机制，及时在实践中修正不符合企业实际情况的数字战略目标，优化企业数字战略体系。

2. 强化数字战略过程监督

数字战略的执行是一个综合性极强的过程，涉及繁杂的业务、技术、决策、投资等各类事务，企业只有构建起一个完整的过程监督体系，才能更好地推动数字战略的开展。建立过程监督管控体系是数字战略管理机制的具体内容和价值体现，企业可从以下几个方面开展数字战略的过程监督。

（1）构建贯穿数字战略执行全过程的管控体系。建立覆盖数字战略执行全过程的管控体系，及时指导和纠正企业存在的不合理、错误的策略，避免盲目执行、乱执行、超计划执行的情况发生。

（2）动态监督每个举措或行动计划的执行情况。企业可以在数字战略的实施过程中建立动态的监督体系，以覆盖每个行动计划的执行情况。

（3）动态监督每个岗位或员工参与战略的情况。企业应将数字战略细化，推动全岗、全员的数字工作常态化，形成每个岗位和员工的数字化转变，塑造数字文化。

（4）定期了解相关战略举措或行动计划的实施情况。通过战略例会、战略执行动态监督等多种方式，了解各部门、各业务线的数字战略举措、行动计划，形成部门级、业务条线级的过程监督。

3. 开展数字战略执行评估

数字战略执行评估是企业数字战略实施过程中一项非常复杂的工作，由于太多不确定因素的存在，该评估不一定能证明企业数字战略是最佳的，但作为一道重要防线，数字战略评估又是非常必要的。企业可从以下几个方面开展数字战略评估。

（1）数字战略是否与企业外部环境相一致。企业应在数字战略执行过程中随时了解其所处行业的外部环境变化，及时优化和调整数字战略体系，避免数字战略与企业现实不匹配的情况，给企业转型造成重大损失。

（2）数字战略是否与企业内部条件相一致。企业的数字化涉及诸多组织变革和技术管理，在数字战略实施过程中，应随时评价内部条件，适时调整战略路径和实施计划，以推动数字战略和实际执行的协同匹配。

（3）从资源利用的角度分析企业数字策略的适用性。从企业利用资源的情况出发，正确而有效地开展数字战略目标的评估，能够及时发现和纠正偏差，确保数字战略目标的实施。

（4）数字战略所涉及的风险程度是否可以接受。企业应在执行过程中实时地评价数字战略的执行将会带来的风险与损失，正确评估这些风险是否在可控范围内，或如何避免风险等。

（5）数字战略实施的时间进度是否恰当。对战略实施过程中的时间进度进行准确的评价，将有助于企业及时调整数字化总体战略布局，企业应通过正确的时间进度评价，及时对数字战略进行调整。

4. 构建数字战略保障体系

数字战略保障是企业数字化转型能否成功的关键所在。数字战略涉及的企业资源主要由组织、人才、资金、资源等方面组成。企业可通过以下举措构建数字战略保障体系。

（1）建立强有力的组织保障。企业领导层应统一认识，形成决议，建立专门的数字战略领导小组，在企业上下构建由各部门一把手负责的组织体系，形成从上到下、从下至上、互为驱动的转型组织。

（2）引进高水平的人才队伍。企业应深度挖掘应用型人才以及精通业务的专家，建立企业自身的人才队伍，构建一个内外结合、优势互补、协同共享、高效响应的人才生态体系。

（3）强化数字化转型的资金保障。企业应制订专门的财务计划，将数字战略纳入企业长期的专项财务规划，同时加强资金的使用监管，建立资金服务保障体系，更好地提高资金利用效率，降低数字化转型成本。

（4）提升实施数字战略的资源保障水平。在企业内部，要确保打通部门之间的壁垒，建立企业级的资源共享服务平台，协同外部合作伙伴，为企业的数字化转型建立协作机制，全力支撑数字战略的顺利实施。

章末案例

明源云：行业数字化发展的引路人

一、企业简介

深圳市明源云科技有限公司（以下简称明源云）是2003年创办的不动产数字化解决方案提供商，为不动产生态链的数字化做了先导性的实践探索。

明源云始终勇于承担"深耕数字科技，助力产业升级"的责任，秉承着与客户共同进步的发展理念。明源云独创了属于公司的生态战略——以 PaaS（平台即服务）平台+SaaS（软件即服务）+生态，始终围绕着天际企业级 PaaS 平台持续发力，为客户提供 SaaS 产品及其相关配套的解决方案，截至目前已经服务了 7000 多家从事不动产开发和运营的企业，[①] 为其提供业内领先的数字化产品与服务，成为行业数字化发展的引路人。

二、数字化转型历程

明源云对不动产行业的数字化不断深耕，形成了协同创新、成就用户的价值理念，并明确了引领数字产业升级的使命，为众多关联企业培育了数字化增长新动能，最终为了打造不动产生态链的全面数字化，成为客户极具信任价值的伙伴。

明源云在天际 PaaS 平台搭建前期，广泛吸收借鉴行业实践经验和前瞻性研究精华，实现了天际 PaaS 平台对大数据技术、低代码技术以及物联网的整合，在技术层面上完成了自主可控的突破，随后又将天际 PaaS 平台作为数字化进程的发展底座，将平台效应延伸至 SaaS 应用，搭建起数字化全流程、全产品生态矩阵。为了在不动产行业打造数字化、开放化生态，明源云与华为技术有限公司等合作伙伴加深技术交流，帮助行业构建专业可靠的产业云解决方案，支撑行业实现数字战略核心能力的落地，最终为数字经济的发展注入动能，推动了数字经济的全方位健康发展。

作为不动产行业的一员，明源云也在积极促进"双碳"战略的跟进落实，借助数字化项目管理平台，助力中海宏洋集团有限公司、中交地产股份有限公司等行业成员构建绿色建筑布局，用强劲的数字化转型力量塑造品质，帮助保利发展控股集团股份有限公司、中铁二十局集团公司等综合工业企业优化建筑品质，共建以数字经济为核心的绿色生态之都。

明源云数字资产管理系统的开设，有助于企业实时掌控数字资产，了解数字资产组成结构，在一定程度上能够盘活资产，为明源云的运营实现增值提效；明源云提出的数字采购解决方案，能够帮助改善整个招采环境，形成直观、透明的采购流程；明源云推出的数字物业解决方案更切实际，改善了社区业主的居住体验，赋予了物业公司更加灵活的服务能力，为智

---

① 明源云网，https://www.mingyuanyun.com。

慧型社区的打造奠定了基础，引领人们的美好生活。

三、数字发展战略

1. 明源云数字战略的回顾与展望

明源云深耕数字领域多年，为地产行业提供了数字化参考样本，数字智慧化、标准化的运营决策已经全面部署于 7000 多家地产公司；同时，在线化、智能化的"春风"也吹入了累计 16000 多个售楼处；① 明源云还将数字战略普及到了工地质检、安检等应用场景，以 SaaS+IOT（软件即服务+物联网）的模式推动工地建设的在线化。总的来说，明源云与地产行业共荣共生，为行业树立了数字化标杆。

2."地产到不动产"战略

随着地产行业的发展，行业头部企业都开始进行存量市场的规划布局，市场催生了从事城市及产业运营、生活服务等业务的新型企业，其中的显著特色当属数字产业集群、数字城市运营、美好人居生活等，这些名词的出现也印证了不动产行业的新布局和新未来。对于不动产企业来说，发展战略迫切需要实现多元化革新，数字化营销和决策成为大势所趋，是不动产行业乃至各个行业的发展方向。明源云顺应这一潮流，综合考量了行业的变革，对稍纵即逝的新机遇进行深刻剖析，从而对数字化进行了积极的布局，此时，"深耕数字科技，引领产业升级"的新使命成为公司发展的风向标。明源云始终以天际 PaaS 平台为数字化底座，通过 SaaS 产品和解决方案拓展不动产行业发展的应用场景，携手生态合作方共同布局数字化，提高数字化转型服务的普适性。

明源云住宅开发项目的数字化进程明显加快，而这些也得益于其数字化服务的推广。接下来，明源云业务战略的新发展阶段主要围绕不动产行业进行产业数字化延伸，接洽的客户不限于房屋开发，同样还有不动产行业的数字化运营、数字化物业服务、数字化商业服务等创新型合作伙伴。与此同时，明源云在数字领域的发展计划中也纳入了更多的客户生态伙伴，未来将共同深耕行业的数字化。因此，明源云旨在成为不动产生态链数字化领域的核心环节中最具信任价值的合作伙伴。

---

① 搜狐网，https://www.sohu.com/a/547339213_115362。

3. 明源云数字战略的"深耕"内涵

为了迎接未来发展趋势，明源云对数字战略进行了"深耕"式挖掘，引导产业全面转型。

"深耕"中的"深"对明源云而言意义非凡，它指的是在研发制造产品时保持贯穿性、深刻性。回首过去，明源云在产品研发过程中过多地将注意力集中在产品和应用表层，并未涉及深层次研究，而现如今的明源云已经实现了技术下沉，对技术层面的探索更加深刻、严苛，由此诞生了天际企业级PaaS平台，这样一来，明源云数字化基础设施的效能被进一步激活，同样还能深挖行业的潜能，并且将力量贡献给行业的发展。天际平台在开放初期就快速实现了产能的翻番，而明源云的研发团队也并排孤军奋战，在平台创新方面，明源云联合了共创伙伴以及生态伙伴共同助力平台的运营和维护，为行业的发展贡献力量。

"深耕"中的"耕"也体现了明源云在不动产行业的发展信念，象征着坚定不移的研发投入决心。在数字化浪潮中，短期内的技术变革已是家常便饭，明源云为了在行业内做大做强，始终抱着精益求精的心态，持续加大投入，而明源云的发展目标也很直观，即引领行业共同进步，推动产业升级。

4. 明源云数字战略的落实

在数字战略的指导下，明源云的研究院体系得到了进一步优化，在存量、供应链、数字营销三大板块中，明源云均投入了较大的建设力度。

在存量的相关研究中，明源云开设了三大主题：国企研究、资产管理、物业研究。其中，国企研究板块将成为国有企业发展的智库，同时资产管理还能够助推大体量国有企业资产价值的稳步增长，物业研究则能够作为物业相关的企业战略，提升企业的业务管理水平。关于存量的研究发展得益于明源云数字战略的推广，这也将不断推动行业的创新水平，改善行业的管理现状。

在供应链的相关研究中，明源云开设了四大主题：工程建造、客户服务、采购招标、供方生态。这四大主题都有共同的发展目标，即打造优异的行业品质，引领行业构建数字化、智慧化供应链，赋能供应链上下游，共促全链条协同合作。

在数字营销的相关研究中，明源云不断创新营销技术，预估数字化营销新风向以及新发展模式，并将相关研究结果输出为宝贵的实践经验，成立数字营销发展联盟，保持与同行业在数字化营销方面的紧密沟通，促进房地产企业进行营销变革，做到了知行合一、深挖重点，积极推动不动产行业与数字营销相关的转型升级。

四、数字化业务优势

1. 数字国企

为了加快推进国资监管信息化建设，首先要从管企业向管资本转变，同时为构建逻辑统一的国资监管平台，各大城市纷纷布局"国资云平台"。目前，已经有数百个城市以及区县开展了数字基础设施建设，建立了"国资云平台"，在完成数字基础设施建设之后，国有企业的数字化发生转变，即从"上云"转移到"用云"，这需要在"国资云平台"上运行丰富的开放生态应用。[①]

明源云深刻剖析国资国企数字化转型的诉求与挑战，以不动产行业顶层战略规划体系为切入点，通过与华为云等生态伙伴形成共建共享的生态合力，融汇多年来深耕不动产行业数字化转型的深刻实践，为国有企业打造了可以落实国家政策和自身企业数字战略部署的"国资云平台"。

明源云开发的"国资云平台"是以明源云天际 PaaS 平台为数字新基建，以助力国资监管数字化的监管云为核心，涵盖投资云、建造云、资管云等不动产行业全场景的 SaaS 产品和解决方案。

明源云的天际 PaaS 平台潜力巨大，该平台具备敏捷开发、全域整合、流程驱动、数据分析等功能，为相关国有企业构建了一体化数字基础设施，保障了系统的稳定性、敏捷性双生态，还能够适配双模 IT 混合云架构，从而形成零代码、低代码的开发能力，并在分区治理中得出经验，为数据治理提供最佳实践佐证。此外，明源云还持续保持自主创新能力，以新一代信息技术作为支撑，推动数字战略关键能力落地，助力国资国企实现自主可控与创新。

明源云打造的国资云平台目标明确，旨在通过全面云化、全栈智能等方式，打造横向到边、竖向到底的实时动态监管平台，为国资国企的监管实现了数据共享、业务互通、风险防范。该平台能够凭借投资一体化管理，

---

① 投资界网，https：//news.pedaily.cn/20220729/38951.shtml，2022-07-29。

实现投资流程规范化、投资过程可视化、投资结果可量化，从而实现方向科学、测算严谨、程序规范的数字化投资管理。明源云凭借可视度较高的资产运营，建立起全方位的资产档案，使全局资产一目了然，并且通过进行全周期在线的数字化管理，实现了资产的盘清盘活、保值增值。

2. 智慧园区

作为一家不动产生态链数字化解决方案提供商，明源云做到了国内领先，并且基于对产业园区招商核心需求的深刻洞察，以及多年服务行业标杆园区的经验沉淀，推出了与智慧园区相关的精准招商解决方案，即数智招商解决方案。该方案实现了智能化、全场景化的全面提升，同时还基于大数据、AI、VR等数字孪生技术，从产业分析、招商线索精准挖掘、招商线索智能管理、招商决策等应用场景出发，为产业园区搭建集"专业选客、多渠道拓客、智能判客、高效定客"于一体的招商管理体系，助推阳光招商，不断提高招商效率与效益。

(1)整合线上线下多渠道高效链接。明源云的智慧园区数智招商解决方案，帮助产业园区打造统一AI客户门户，搭建24小时线上招商中心，并且对园区及房源进行数据分析，实现了三维场景的实时渲染，使园区还原了真实场景，满足了全景式漫游等可视化展示。客户可以利用VR技术远程在线逛园区、看房源，实现了即时即地、所见即所得的云端看房新体验。同时，客户还能够一键预约招商经理，随后系统智能分配招商顾问，后者一对一同屏带看讲解，方便获取客户真实需求，更好把控跟进节奏。当客户看中某房源时，招商经理可在线推送给客户。接下来，客户可以通过一键转发的方式，将意向房源直接分享给公司老板。另外，招商经理还能在线发起意向书签订、客户资质审查、落位审批等流程，而客户也能进行在线选房确认、电子签约，从而进一步加速落位成交，实现商机闭环。

(2)360°精准企业画像，识别目标客户。识别目标客户是产业园区招商最为重视的工作之一。除了招商前期需要做好企业和项目背调，还需要保证企业资格审查贯穿前期招商对接到后期项目落地运营的全周期。

明源云的智慧园区数智招商解决方案，以产业链为依托，持续对园区内的各项数据信息进行审核，从多方面探索园区及企业的画像与关系网，帮助产业园区对企业进行背景分析，以及引进价值分析。通过对企业的成长性、发展潜力、产业效应等方面进行多维度测评，智慧园区可深度分析企业引入后对各效益指标的影响，确保企业符合园区战略产业布局，同时，根据园区现有优势产业，发散专业思维，招引目标企业，为已入驻园区的企业补链、强链，进一步优化园区产业链。

（3）强管控降风险，完善产业生态。明源云的智慧园区数智招商解决方案，能够帮助产业园区实现部门间数据壁垒的突破，促进数据的互联共享，实现租售业务一体化高效协同管控，并且在线自动形成项目推进档案，从政策发起、资质审核到企业评分，再到客户签约、园区服务，充分记录推进过程中的诸多信息，实现了招商项目日常动作留痕、关键举措存档，做到了为业绩考核提供数据支撑的同时，最大限度降低业务违规风险。

资料来源：

[1]向炎涛，许林艳. 地产行业拥抱数字化大势所趋 四大转型方向重塑地产企业[N]. 证券日报，2022-08-16（A03）.

[2]陈荣浩. 明源云生态合作与投资总经理吴小华：企业要搭建成体系ESG顶层设计[N]. 每日经济新闻，2022-05-16（004）.

[3]连接创造价值企业微信生态研究报告[C]. 艾瑞咨询系列研究报告，2022.

新技术的发展带来了商业环境的改变，数字组织成为企业适应环境变化的必然选择。数字化技术的广泛应用使部分企业商业模式创新、效率提高、盈利水平提高，不仅影响了所在行业的竞争格局，还对其他行业产生了冲击，导致身处这个时代的企业都必须跟上数字化的脚步，进行数字化转型变革。数字组织既能成为生存的需要，也能成为组织发展的催化剂。数字组织的构建不是口号，而是落实到组织方方面面的行动，虽然在过程中会有阻碍和挫折，但成功的果实是值得期待的。

颠覆性的创新，即使最终证明是完全失败的，对我们公司也是有价值的，因为在失败的过程，也培养出来了一大批人才。

——华为创始人　任正非

学习要点

* 组织演化
* 数字组织的要求
* 数字组织变革实践
* 组织协同

开篇案例

美的：数字化转型标杆是怎样炼成的？

一、企业简介

美的集团股份有限公司（以下简称美的）创建于 1968 年，创始人为何享健，现总部位于广东省佛山市。美的走过了 55 年风风雨雨，历经多次改革转型，从享誉国内外的著名家电企业发展为如今的全球化科技集团。目前，美的主营业务包括四大板块：消费电器、暖通空调、机器人与自动化系统、智能供应链（物流）。美的坚持以"科技尽善、生活尽美"为愿景，深耕创新和研发，致力于为客户提供满意的产品和服务。2016~2020 年，美的连续 5 年位列《财富》世界 500 强；2021 年 9 月，美的荣获第四届中国质量奖；2022 年 8 月，美的入选《2022 世界品牌 500 强》榜单。

二、数字化运营转型

美的作为一家传统的家电制造企业，其过去的市场增长主要依靠家电的规模效应和廉价劳动力，但随着消费升级和数字化时代的到来，这些优势开始慢慢消失。一方面，智能化家电的市场需求越来越大，客户对产品的要求越来越高、越来越个性化；另一方面，国内的劳动力价格不再低廉，传统的渠道资源也受到数字化的冲击。2009~2011 年，美的虽然依旧保持较高的营业收入水平，但利润率不容乐观，甚至出现增收不增利的情况，因此，美的意识到数字化转型势在必行，如果不顺应时代作出改变，就只能面临被淘汰的命运。2012 年，美的正式开始数字化运营转型，至今已经经历了五个阶段。

1. 实现"一个美的，一个体系，一个标准"(2012~2014年)

2012年，美的内部拥有10余个事业部，每个事业部自成一体，高度自治，导致企业内流程不统一、管理方式不统一、数据不统一，运营效率低下。美的为了打破这一困境，定下了"一个美的、一个体系、一个标准"的变革目标。同时，美的实施了"632项目"，即将所有事业部的信息系统进行重新整合，形成6个运营系统、3个管理平台、2个技术平台，实现所有事业部都采用统一的运营系统、管理平台和技术平台，保证企业内流程一致、数据一致、系统一致，为后面的四个阶段奠定了关键基础。

2. "互联网+"时代，推进"双智战略"(2015年)

2015年，"互联网+"成为国家战略，在此情形下，美的推出了"双智战略"，即智慧家居和智能制造，将互联网技术和家居产品融合，创新家居产品的功能，为客户提供更便捷、更人性化的体验；将互联网技术和生产相结合，建设智能制造的工厂和大数据平台，实现生产自动化、标准化、智能化。

3. 以销定产，全面推行C2M模式(2016~2017年)

2016年，美的应用数字化改造了企业的生产制造和供应链，从以往的以产定销模式转变为以销定产模式，在企业内部全面推行C2M模式，根据客户的需求确定企业的生产和供应，极大地提高了企业生产制造以及供应链的柔性和效率。美的内部将这种模式落地为"T+3"模式。"T+3"模式要求先有订单，将下单周期定为T0，再让工厂进行备料(T1)、生产(T2)和物流(T3)。该模式缩短了交付周期，极大地减少了库存，提高了生产效率，实现了柔性化制造。

4. 工业互联网(2018~2019年)

2018年，美的首先在南沙基地进行工业互联网的尝试，借助智能网关技术将40余类近200台设备连接起来，实现了生产设备数字化管理，这属于硬件升级。此外，美的还进行了软件能力的积累，再加上其在制造业的多年经验，形成了一个"硬件、软件、制造业"三位一体的工业互联网平台。工业互联网体系的引入使美的价值链上的各环节有效连接、精准匹配，有利于降低成本、提高效率、减少库存、缩短交付周期、提高周转率。

5. 全面数字化和智能化(2020年至今)

基于前四个阶段的积累和铺垫，美的对工业互联网进行了升级，实现了全面数字化和智能化，其通过公司旗下的美云智数平台对外输出数字化解决方案，根据自身的实践经验帮助其他企业进行数字化转型，实现协同、共生、共赢。

数字化运营转型是一个循序渐进的过程，从管理和业务的规范性做起，打好企业内管理标准化、数据和系统统一化、流程一致化的基础；再引入各种数字化技术赋能企业的生产、运营等环节，以用户为中心转变产销模式，实现成本降低、效率提高、盈利增加的积极效果；最终为其他企业的数字化转型提供解决方案和服务，实现商业模式创新，促进协同、共赢。

三、数字组织变革

美的数字化运营转型的背后离不开数字组织变革的支撑，美的数字组织变革包括构建一个敏捷、高效的组织结构，全员数字化思维的转变以及数字化人才的引进和培养。

1. 组织结构

美的从 1997 年开始实行事业部制，为现代化管理组织架构奠定了基础；2015 年，美的进行了平台化改造，使组织变得扁平化，取得了降本增效的积极效果；2020 年，美的已经从一家单纯的家电制造企业转变为泛制造业的科技集团，形成了四大业务板块，以用户为中心，各大经营主体提供产品或服务，集团职能负责纵向一致，相关平台实现横向协同，组织呈现平台化、赋能化和敏捷化的特点。

2. 数字化思维

变革的根源在于转变人的思维，思维不变，应用再多的数字化技术和工具也只能流于表面。美的数字化变革是自上而下进行的，集团董事长和高层管理团队对数字化的认知不断升级，不断提升数字化能力，思考数字化未来，带领员工理解数字化转型，适应数字化变革，培养用户导向、数据驱动业务的组织文化，实现了全员数字化思维的转变。企业变革是一把手工程，美的时任董事长方洪波在企业的数字化变革中展现了坚决推动数字化的决心和精力，担任了战略决策、冲突管理、带领变革等角色。一把手必须对数字化变革有更深刻的认识，从战略层面决定组织变革的方向以及如何进行变革，应对变革中的重重困难，坚定数字化之路的正确性，带领组织不断前进，影响员工认可数字化、全心全意参与数字化。

3. 数字化人才

数字化人才是数字组织变革的重要保障。美的高层管理团队引进了一批年轻的领导者，他们具有创新思维，能够与时俱进，接替老的领导者，带领组织转型、变革。美的一方面在内部通过培训提升员工数字化能力；另一方面在外部招募懂数字化技术、具备数字化思维，并且懂业务的复合型人才。

美的经历了 10 余年的数字化变革历程，投入了大量的时间、精力和金钱，最终成功变革，获得了新一轮的成长，成为中国制造业企业变革升级的一个标杆。数字化让美的在新时代更好地应对客户的个性化需求和未来的不确定性，全面提高组织效率和用户体验度，增强价值创造能力。美的数字化变革还没到终点，只要时代在前进，美的的步履就不停。变化是这个时代不变的主题，主动拥抱变化、拥抱数字化是现代企业成长的必经之路。

资料来源：

[1]陈雪频. 美的数字化转型"三级跳"：9 年 120 亿[J]. 国企, 2021(19)：70-72.

[2]梁新怡, 钟俊鹏, 罗锋. 家电制造企业数字化转型的现状和策略研究：以美的集团为例[J]. 当代经济, 2021(6)：68-71.

第一节　数字组织的内涵

数字经济时代，数据要素促进生产效率大幅提高，使企业的内外部环境发生巨变，与之匹配的是数字组织的演化和构建。数字组织以客户价值为中心，以数字化运营能力为支撑，具备敏捷性和灵活性的特点，能够快速响应市场变化，借助数字化技术提高协同效率，提高价值创造能力。

一、企业组织演化与动因

由于时代的演变以及科学技术的不断创新，导致企业组织的内外部环境不断变化，人类活动和企业经营变得更加复杂多样，企业组织处于不断演化的过程中。目前，不存在一种组织形式可以应对所有的环境，因此，组织需要根据客观环境的变化进行改进和创新，保障组织效率能够完成组织目标，只有这样，企业组织才能获得生存和发展。总的来说，企业组织与其生存环境是相辅相成的，环境变化，组织也必须进行相应的改变，组织演化体现的就是组织对环境的动态适应性变化。

1. 组织演化的轨迹

企业组织的演化大致经历了三个时代（见图2-1）：18世纪中叶以前的农业经济时代，18世纪中叶到20世纪中叶的工业经济时代，20世纪中叶至今的知识经济时代，在不同的时代背景下，组织演化的方向不同。

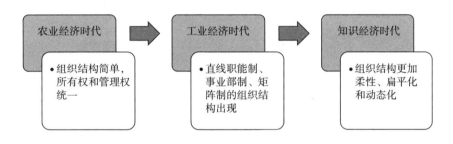

图2-1 组织演化轨迹

16世纪中叶，出现了以简单的横向和纵向一体化为特征的组织形式，成为组织结构演化的起点。农业经济时代的经济活动限制较大，市场规模、企业规模较小，组织结构简单。通常，企业的经营活动只限定在某一地区，经营的产品种类十分单一，员工数量非常有限，管理人员基本是企业主自己，即资本所有权和经营管理权是合一的。

在工业经济时代，工业革命的发生导致世界产业结构发生变化，经济学奠基人亚当·斯密、科学管理之父弗雷德里克·温斯洛·泰勒等提出了创新理论，促进了企业组织的变革。例如，亚当·斯密提出社会分工能够提高效率，于是工厂主招收更多工人进行分工合作，逐渐形成了直线制组织形式；弗雷德里克·温斯洛·泰勒提出的科学管理理论突出了科学的管理在工厂生产时的作用，由此出现了组织的职能人员，促进了职能制组织形式的发展。但是，由于直线制和职能制都存在明显的缺陷，此后又出现了直线职能制，将二者结合，并且得到了广泛应用。此时，组织的管理层次增加，出现了职能管理人员，所有权和经营权开始分离。

20 世纪前后，科学技术得到快速发展，工业经济趋向成熟并且经历转型，企业组织形式出现事业部制、矩阵制等，组织结构趋向网状结构，该结构更能适应快速变化的市场，反应时间更短。在知识经济时代，技术发展更为先进，网络技术、数字技术等层出不穷，电子商务企业、平台型企业等商业模式不断创新，组织结构需要更加柔性、扁平化和动态化，组织形式趋向模块化，如虚拟企业等。

2. 推动组织演化的内外动因

组织演化是为了适应环境的变化，一旦组织不能适应新环境新发展的要求，就必须作出改变，打破组织目前的困境，探索持续发展的新道路。推动组织演化的环境因素可以分为外部环境和内部环境两个部分，如图 2-2 所示。

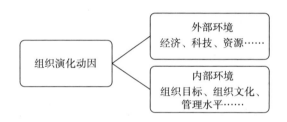

图 2-2　组织演化的内外部环境动因

外部环境包括宏观经济的变化、科技的发展、企业所需资源的变化、竞争格局的改变以及政治因素的影响等。例如：当经济紧缩时，组织的集权程度会提高；互联网技术的出现使组织形式得到创新；市场竞争越激烈，组织越可能提高集权程度；等等。

内部环境包括组织目标、组织文化、组织管理水平提高的需要、组织效率、组织适时调整的需要等。组织目标是组织演化的方向，组织文化是组织演化的精神支柱，通过改变组织形态、优化组织结构可以提高管理水平和组织效率。这些因素的改变和组织的需求都能引起组织的演化。

3. 科斯定理

科斯定理可以从交易成本和企业边界的角度解释组织演化的原因。科斯定理的内容是由新制度经济学鼻祖罗纳德·哈里·科斯提出的，该定理有两个中心条件——交易成本和产权界定，并由此发展出三条内容。科斯第一定理的内容是如果交易成本为零，不论产权如何界定，都可以通过谈判实现资源配置的帕累托最优；科斯第二定理是指当交易成本不为零时，不同的产权界定会导致不同效率的资源配置；科斯第三定理描述了如果不同产权界定下的交易成本相等，那么产权界定将成为影响资源配置达到帕累托最优的基础。其中，科斯第一定理就是通俗意义上的科斯定理。

科斯定理指出在信息不对称、有限理性等前提条件下，一定规模的企业，其内部的管理成本低于市场交易成本，这是企业存在的前提。企业如果想扩张，其边界条件是内部的管理成本等于市场上的交易成本，此时，企业若想继续扩张，则无法实现资源的最优配置。随着时代的变化，生产要素的丰富、科学技术的发展、组织效率的提高等内外部环境的改变影响了企业组织内部的管理成本和外部市场的交易成本，导致企业和市场的边界条件发生变化，因此，企业组织处于不断演化的过程中。

二、数字战略对组织的要求与匹配

进入 21 世纪后，移动互联网、大数据、云计算、人工智能等技术快速发展，出现了一批互联网企业，对产业格局和经济发展产生了深刻影响，社会由工业化时代进入数字化时代。数字化革命的浪潮快速席卷了各行各业，数字化转型成为企业变革的必然趋势，不变革，意味着企业的经营跟不上市场的快速变化，企业将会面临客户流失、组织管理低效、被竞争对手淘汰的风险。数字化可以改变企业的业务模式和组织架构，从而更好地为客户创造价值，满足客户的个性化需求，适应市场的快速变化，甚至创造新的商业模式，改变价值创造的方法。数字化转型是机遇也是挑战，但在转型过程中会面临很多难题和困境。

1. 数字战略对组织的要求

为了更好地实行数字战略，企业应当从以下三个方面的工作入手，达到数字战略对组织的要求。

(1)组织全员数字思维的转变。通常，先从思想上进行改变才能迎来行动上的改变，数字战略的实施也不例外。实施数字战略是涉及组织全局的活动，从领导者、管理者到普通员工都要经历数字思维的转变、培养数字战略意识、适应数字化组织的经营运转。

从领导者角度出发，领导者应该是数字战略的发起人、带头人和设计者。在数字时代下，竞争充满不确定性，行业边界逐渐模糊化和动态化，客户需求趋向个性化和定制化，领导者面对现实竞争和未来创新，必须具备高瞻远瞩的战略思维、跨界融合的竞争与合作思维、以客户为中心的意识、资源整合的能力，且重视创新与技术的研发。

从管理者角度出发，管理者在组织中起到沟通组织上下、保证组织高效运转的作用。在数字时代下，速度和敏捷性是组织适应环境变化的重要能力，因此，管理者要改变以往科层制的管理组织结构，提高信息在组织内的流通效率，促进组织内信息的沟通、交流和共享，实现组织的灵活、高效运转。

从普通员工的角度出发，组织内的每位员工都应该意识到数字战略的不可避免性，积极学习数字化时代的工具和技术，拥抱变革，提升自我。

（2）数字化技术和能力的搭建。数字化技术包括大数据、云计算、人工智能等技术，组织可以在生产、物流、销售等环节上应用数字化技术，积累数字化经验，提升数字化能力，从而提高组织各个环节的价值创造能力。例如：数字化生产能够改进生产流程，实时监测机器的运转，起到降本增效的作用；数字化营销能够扩大营销的影响力，精准定位目标客群和潜在客群；等等。

（3）积极培养或引进数字化时代所需的人才。人才资源是数字时代的核心资源之一，数字战略的实施离不开人才资源的支持。数字化人才既要具备业务能力，又要具备数字化思维、掌握数字化技术，是一种复合型人才。企业可以通过培训提升员工的数字化思维和能力，在内部培养数字化人才，也可以选择从外部招聘数字化人才，对企业的组织文化、组织氛围、薪酬待遇、成长空间等方面进行调整和优化，提升招聘的吸引力。

2. 数字战略与组织的匹配

数字战略是顶层设计，其落地实施必须有与之匹配的组织架构和角色。组织要想成功实施数字战略，必须使三种角色的员工匹配三层组织架构。首先是数字化领导组织对应数字化领导人员，数字化领导组织负责数字化战略的设计、规划和决策，数字化领导人员要带头实施数字化战略，统筹安排数字化战略的落地执行；其次是数字化应用组织对应数字化应用人员，数字化应用组织需要利用数字化技术赋能业务，提高业务效率，实现降本增效，数字化应用人员要具备经营数字化业务的知识和能力，掌握相关技术，保持不断学习的心态；最后是数字化执行组织对应数字化执行人员，数字化执行组织负责数字战略的具体落地与执行，数字化执行人员要搭建组织的数字化平台和系统，完成组织数字化"硬件"和"软件"的建设。

三、数字组织的形态与特征

在工业经济时代下，企业组织主要有直线制、职能制、事业部制和矩阵制等形态，这些形态都有严格的层级关系及清晰的组织边界，以集权为主，即使有分权，也是在一定范围内的，这容易导致信息传递速度变慢，甚至在传递过程中出现失真，部门之间缺少沟通渠道，信息无法共享，运转效率低下。进入数字时代，组织的内外环境都发生了巨大变化，尤其体现在客户需求和竞争格局的改变方面，多样的购物方式、个性化和定制化的产品需求、跨界竞争对手的威胁等让企业组织需要更敏捷、更快速地应对瞬息万变的环境。因此，企业组织由严格的科层制度转变为扁平化、动态化、开放式的组织形态，从集权管理转变为授权赋能，由经验管理转变为基于大数据的智能决策等。

1. 数字组织的形态

数字组织的形态包括平台型组织、敏捷型组织和共生型组织三种。

（1）平台型组织。平台型组织是指将企业变成一个提供资源支持的平台，打破部门之间的界限，赋予员工足够的人事权、决策权和分配权，根据项目形成一个个团队，通过资源共享和整合实现价值创造。平台型组织的关键是资源优势、共享机制以及共同的价值追求，能够最大限度地激发员工的工作热情和创造力，实现资源的高效利用。

（2）敏捷型组织。敏捷型组织的核心是快速响应市场变化、灵活应对环境的改变，因此，组织内要提高内部协同效率，增强和客户的接触，及时洞察客户需求的变化并作出相应改变，改变员工"论资排辈"的现象，取而代之的是能力为重，用目标和关键结果（Objectives and Key Results，OKR）的管理体系代替传统的关键绩效指标（Key Performance Indicator，KPI），有效提高员工的积极性和责任心。

（3）共生型组织。共生型组织强调组织内外的协同共生，组织内部的共生是组织创造价值的各个环节协同作战，发挥整体效应；组织外部的共生是不同组织之间相互合作，共享资源和能力，共同创造价值。共生型组织的存在得益于数字化技术的发展，利用数字化技术连接各个价值模块，达到共创、共享、共用，实现信息、资源的自由流动，灵活应对各种不确定性。

2. 数字组织的特征

数字组织的特征包括扁平化、动态化和模糊化。

（1）扁平化。扁平化包括两个方面的含义：一方面是由于数字化技术的发展与应用，信息在不同层级、不同部门之间的流动更加自由和通畅，借助移动互联网技术可以打破时间和空间的限制，借助大数据、云计算技术可以实现数据资源的收集、分析和传输，借助物联网技术可以实现万物互联，有效解决信息层层传递的低效和失真问题，使组织变得扁平化，提升组织对环境变化的感应能力和快速反应能力；另一方面是组织为了适应数字化时代的发展节奏主动减少管理层次，打破部门界限，采取新的组织形态，实现组织结构扁平化，提高组织效率，快速响应市场变化。

（2）动态化。动态化是指项目团队的动态变化。数字组织为了能够快速、敏捷、灵活地应对业务需求，在组织内组建以项目为基础的工作团队，工作团队根据项目需求动态变化，调整团队成员和工作任务等，充分调动组织内的资源，促进不同专业人才之间的碰撞，实现更大价值。

（3）模糊化。模糊化是指边界模糊。在数字化时代，竞争格局发生了颠覆性的改变，竞争对手可能来自不同领域，跨界竞争的威胁使组织必须寻找跨界合作，通过价值链上不同组织之间的协同共生谋求进一步发展，因此，数字组织边界变得模糊，不同组织之间的合作变得频繁，协同共生成为数字组织生存和发展的底层逻辑。

四、数字组织的竞争优势

数字组织能够有效应对数字时代的挑战，逐渐成为企业变革转型的必然趋势，其竞争优势表现在以下四个方面，如图 2-3 所示。

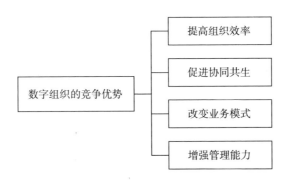

图 2-3　数字组织的竞争优势

1. 数字组织大幅提高组织效率

数字组织改变了传统科层制的组织形态，让信息、资源可以在不同层级、不同部门之间快速流通，减少了流通环节，保障了信息的准确传达，不仅提高了组织接收、传递信息的效率，还进一步提高了组织基于信息进行决策的效率。同时，数字组织改变了以往严格以专业分部门的管理方式，采用项目团队的形式，赋予团队成员充分的权力，团队成员可能来自组织的不同部门，彼此之间具备互补的专业知识和能力，通过交流、碰撞增强了主动性和创造性，有利于提高工作效率，并且团队是动态可变的，能够充分调动和利用组织的资源，提高资源整合效率。

2. 数字组织促进协同共生

数字时代的竞争更加激烈，难以预测，跨界竞争时有发生，因此，数字时代组织必须具备协同共生的思维和能力。一方面，数字组织具有边界模糊的特点，为跨领域组织之间的协同合作提供条件；另一方面，数字组织利用数字化技术实现数字化运营，保障了不同组织之间的连接以及资源的共享和利用，构成组织之间协同共生的基础。

3. 数字组织改变业务模式

数字组织可以对研发、生产、销售等各个环节进行改革创新，利用数字技术赋能组织的业务流程，优化组织的业务模式。例如，在营销方面，数字组织具有多元化的营销渠道，组织可以建立社群、会员群等，收集、分析客户的信息和数据，把握客户需求，提供精准营销服务，增强客户对企业组织的黏性和忠诚度，提升企业组织的经济收益。

4. 数字组织增强管理能力

通过数据化、在线化、可视化，数字组织能够实时监控组织的人员信息、业务信息、库存信息等，全方位提高组织的管理效率，增强组织的管理能力。以前，组织的管理大多根据管理者的经验，依靠人治；但现在由于数字化技术的发展，组织可以利用运营过程中产生的数据进行实时监控、科学分析、精准预测，基于大数据进行科学管理和智能决策，有利于提高决策的准确性，及时发现风险与问题，及时应对。

● 专栏 2-1 ●　　华勤技术：数字组织引领产业升级

一、企业简介

华勤技术股份有限公司(以下简称华勤技术)创立于 2005 年，总部位于上海。作为世界上首屈一指的多产品型智慧通信终端开发制造企业，华勤技术的产品服务已覆盖全球数百个国家和地区，运营范围涉及移动智能终端、生活智能用品、AIoT、数据中心设备以及汽车电子装置等。华勤技术秉持着"改善人们沟通与生活"的宗旨，端对端服务于世界科技品牌客户，服务项目包括产品级、技术级、软硬件研发、运营制造等方面。

二、华勤技术的数字组织

1. 数字化业务需要数字组织匹配

发展初期，华勤技术在智能手机成为行业风口之际成功抓住时机，坐到了手机 ODM 巨头的位置。随着智能手机产业从"蓝海市场"逐渐转变为"红海市场"，华勤技术进入企业发展的转型探索时期。随着数智时代的到来，智慧城市、智慧家居的概念落地实现，数据中心的广泛应用等商业环境的改变，导致其他智能硬件品类逐渐丰富，需求量大幅增加，创造了新的"蓝海市场"，华勤技术准确把握这一机遇，选择建立全品类智能产品硬件平台，加速拓展 ODM 领域的其他智能硬件品类业务，实现产业质变转化。对此，华勤技术积极推进融资用于智能终端产品研发，加大新产品研发的投资力度以保持技术优势，又因数字化业务需要数字组织与之匹配，于是华勤技术进行了彻底的数字化转型探索，逐渐构建了能够支撑其业务发展需求的数字组织。

2. 数字化组织特征

华勤技术的数字化组织是典型的敏捷型组织，注重快速对客户需求作出反应。为了与企业"大规模柔性交付"的目标相匹配，华勤技术坚持多基地制造的模式，在南昌、东莞等地，以及印度、印度尼西亚等国均布局制造基地，建立了从客户需求到研发、采购、生产、运营，再到最终交付与全生命周期管理的端到端的数字化系统，将全链条纳入数字化管理体系，其中尤其重视供应链管理的信息化投入。华勤技术的人才观是以能力为重，杜绝企业内出现"论资排辈"的现象，鼓励员工向其他员工学习，向失败学习，并向员工提供横向发展的职业机会，促进员工内部流动。为了提高企业内部协同效率，华勤技术构建了有效的沟通机制，定期组织员工座谈会、经理见面会和总裁见面会，用于倾听员工的需求与建议，另外还搭建了内部线上社区交流平台"华勤圈"，员工可以在平台上实名或匿名对工作环境、待遇、管理运营问题提出个人想法。

3. 数字组织改变业务模式

数字组织是数字化转型的重要抓手，是提高组织内外资源配置效率、培育企业核心增长极的重要方式，完成了数字组织的构建，企业的智能制造也就水到渠成。华勤技术自进军数据业务领域之后，高度专注于智能终端产品的研发和制造，旨在打造全球示范性数据业务中心平台和世界智能工厂标杆。高效率、智能化工厂使华勤技术能够更好地适应市场变化，更快地稳定量产手机、平板电脑等成熟产品，更高质量地生产 AioT、可穿戴式设备等新产品。华勤技术得到英特尔团队产品设计和市场业务支持，采用一流高端设备和生产信息追溯数据系统全方位打开了数据业务局面。随着数字化技术的逐渐成熟和广泛应用，华勤技术致力于打造数字化"灯塔工厂"，提高工厂的自动化、智能化水平，进而提高生产效率和产品质量。在华勤南昌制造中心，部署了多条无人 SMT（表面组装技术）产线，实现了生产的自动化。华勤技术研发了自己的智能制造信息系统，实现了对生产全过程的记录、跟踪、监控，保障了生产流程的高效运转、产品质量的稳定可控。数字化制造能力的提升有利于华勤技术实现大规模柔性交付，提高组织效率，扩大生产优势，助力公司的转型升级。

4. 数字化管理

华勤技术不仅在生产方面进行数字化升级，还从外部聘请专业的行业顾问帮助其进行运营、管理方面的数字化升级。华勤技术已经建立了从客户到研发、采购、生产各环节，再到企业运营管理的全链条数字化系统，基于全链条数据促进企业管理优化。例如，根据客户数据预测客户需求，根据客户需求决定研发目标等，实现了智能化决策、数字化管理。

华勤技术能够结合时代发展需求，及时进行转型升级，制定符合企业自身实际的发展战略，聚焦于智能硬件产品制造，横向拓展产品品类，从"红海市场"转变到"蓝海市场"，借助数字化发展机遇，深耕技术创新，优化公司的业务、生产、管理等方面，引领智能硬件 ODM 产业升级。同时，华勤技术积极进行全球化布局，在全球范围内推动高质量发展模式，响应国家双循环的战略方向。凭借多年的积累、沉淀和为转型做出的决心，未来，华勤技术仍有较大的发展潜力。

资料来源：

[1]郝寿义，马洪福.中国智慧城市建设的作用机制与路径探索[J].区域经济评论，2021，51(3)：81-91.

[2]罗佳，张蛟蛟，李科.数字技术创新如何驱动制造业企业全要素生产率：来自上市公司专利数据的证据[J].财经研究，2023，49(2)：95-109，124.

[3]骆轶琪.闻泰向左而华勤向右：手机ODM代工厂的去路分歧[N].21世纪经济报道，2021-07-09(012).

五、如何提升数字组织能力

数字组织以数字化技术为基础，以数据为生产资料，围绕客户创造价值，有效提高组织效率和社会生产效率，成为时代潮流和组织改革的必然趋势。但是，数字组织的构建充满挑战，仍有不少企业对于如何提升数字组织能力缺乏必要的认知和方法。本书认为，企业可从以下四个方面提升数字组织能力，如图2-4所示。

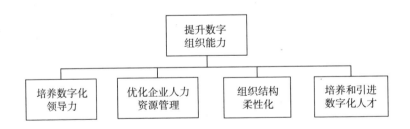

图2-4 提升数字组织能力的方法

1. 培养数字化领导力

领导者是组织的核心角色，决定组织的战略方向和战略部署，因此，提升数字组织能力要提升领导者的数字化领导力。领导者必须转变传统思维，意识到数字化不是自动化、信息化，是组织应对复杂环境变化的必然举措，是一项长期战略，其能够改变组织的运作流程、业务内容，甚至创造全新的商业模式，因此，领导者要真正落实组织的数字化转型，而非流于表面。领导者要保持不断学习的态度，通晓自己所在行业的领先技术，不需要成为技术专家，但要在了解新技术的基础上思考新的发展机遇和威胁，及时进行技术的更新迭代，把握机遇，抢占市场，避免组织失去竞争力。

2. 优化企业人力资源管理

与传统组织相比，数字组织产生了一些新部门和新岗位，如数据工程师、数字化营销人员等，同时，大量传统岗位所需的技能和承担的职责也发生了变化，在此背景下，企业的人力资源管理要及时作出响应。第一，要将新部门和新岗位科学地纳入组织架构，厘清这些部门和岗位的权责关系，保障新部门和新岗位充分发挥作用，保证组织运转效率良好。第二，及时对员工进行技能升级，组织有针对性和高质量的培训，从理论和实践两个方面培养员工的数字化思维，提高员工的数字化技能。人力资源管理是数字组织强有力的后勤保障。

3. 组织结构柔性化

数字组织要能够快速响应环境变化，应对数字时代的跨界竞争和客户需求的差异化，因此，组织结构要从封闭走向开放，从僵化走向柔性化，保障组织能够及时自我调节和迭代升级。第一，减少组织纵向层级，使组织管理层级扁平化，将权力进行充分授权和下放，让直接面向客户的员工有更多的自主权和决策权，有利于加快信息在组织内的流通速度，及时满足客户的需求并发现市场变化。第二，打破部门边界，减少横向阻碍，促进部门间的沟通交流，提高业务运作效率。改变传统组织中部门间各自为政的工作方式，以顾客价值为中心，创建不同的项目团队，团队成员根据需求来自不同部门，项目团队随项目而动，不是一成不变的，使组织更加灵活和敏捷。

4. 培养和引进数字化人才

数字化人才是数字组织最重要的资源之一，是数字化转型的核心驱动力，数字组织的研发、生产、运营、营销等环节都需要相应的数字化人才。数字化人才可以简单地分为数字化专业人才和应用人才。数字化专业人才需要具备专业的数字化技术知识和能力，帮助企业进行数字化系统或平台的搭建，利用数字化技术解决组织运营中的问题，有利于组织的降本增效。数字化应用人才需要精通业务、了解数字化技术以及熟练使用数字化工具，其主要任务是应用数字化技术提高业务效率和价值。组织要根据不同岗位上的职责需求培养员工的数字化能力，招聘合适的数字化人才。

第二节　领导变革

数字化变革的浪潮席卷各个行业，企业已经认识到数字化变革的必然性，但变革不是一件易事，很多企业在数字化变革中经历失败，变革失败给企业带来的可能是毁灭性的打击。管理者是企业变革的"先锋"和"舵手"，领导变革是能够打开数字组织变革"开关"的关键，企业领导变革可以从数字认知的升维、数字管理的强化、数字手段的实现三个方面进行。

一、数字认知的升维

企业的数字化转型不仅是数字化技术的应用，更是思维的升级、认知的改变，换技术容易，但换认知是一件难事。数字化转型是一场全新的变革，充满未知和想象空间，在转型过程中既会遇到各种阻力和瓶颈，也会遇到难得的机遇。升维就是要建立更高维度的世界观，从一个更高的维度看问题、思考解决问题的办法，站在更高的维度更容易看清方向，也能更敏捷快速地解决问题，还更可能创造新价值。数字认知的升维包括两个方面：心智模式和战略前瞻。

1. 心智模式

企业的心智模式是企业在发展过程中，形成的一些约定俗成的规则、固定的处事方式和思维习惯，有利于企业快速处理问题，但是，在企业变革的过程中，原有的心智模式就会成为阻碍，导致企业保持惯性思维，不愿主动思考，不愿进行创新。企业创始人或高级领导人的心智模式在很大程度上决定了该企业的心智模式，由于领导者在过去的环境下采用某种经营管理方式使企业取得成功，故而其就很容易沿用之前的处事方式，形成企业的心智模式。在数字时代下，企业的内外部环境都在不断发生变化，过去能够成功的经营管理方式今天不一定适用，因此，企业要不断改善心智模式。

一方面，可以先改善领导者的心智模式，从而影响企业心智模式的改善。领导者通过自省和反思,可以发现自己经营管理中存在的问题,并对这些问题加以检视,形成有效的应对方法。领导者心智模式的固化是自身的学识和眼界不够广阔,局限在自己的领域里。领导者可以通过不断学习,获取新知识、新信息,了解新技术、新方法,开阔自己的眼界,从更丰富的视角思考问题,打破思维局限,主动进行创新。此外,领导者还可以采用更换环境、丰富体验的方法。长期处于相同的环境下,容易形成固定思维和僵化的处事方式,当环境改变时,旧有的心智模式不适应新环境,会强迫领导者进行改善,因此,领导者可以通过主动创造新环境以促进心智模式的改善。例如:到不同地域、行业、文化的企业进行考察学习,获得新的体验;进行岗位轮换,尝试新的管理方式;等等。

另一方面,企业可以在内部成立独立的小团体,拥有充分的自主权和决策权,不受企业原有心智模式的影响。所谓的独立小团队,需要和原有组织完全隔离,拥有独立的运营方式、独立的客户和业务、独立的渠道、独立的决策以及形成独立的组织文化,从而抵御原有心智模式的侵袭,进行非连续性的创新。

2. 战略前瞻

数字时代充满各种变化和可能,战略选择也变得更加复杂,充满风险。前瞻性是企业制定战略必须考虑的因素之一,企业战略要考虑到未来几年甚至十几年商业环境中的趋势和风险,从更高的视角审视商业环境的变化,深刻理解数字化对企业的冲击,进行全局思考,警惕盲目追逐"风口",让企业陷入一时繁荣的假象。企业制定战略要关注企业的可持续发展和长远价值,企业未来需要的人才和技术要提前培养和开发,企业未来的业务和市场要提前预测和准备,战略决定了企业未来的发展,企业提升战略前瞻性的方法有以下几点:

首先,检视商业环境中的趋势和风险,扩大检视范围,丰富检视视角,充分掌握信息。企业不仅要关注、研究客户需求的变化以及市场发展的趋势,还要跟踪了解最新的专利、创新成果、技术发明,以及权威学者对未来的研究和预测等。此外,让不同部门以及不同层级的人都参与检视工作,不同部门的人有不同的专业背景,擅长的领域不同,检视过程中发现的重点也会不同。检视工作不仅需要领导者和管理者的参与,还需要基层人员的参与,基层人员是直接和客户接触的群体,并且基层人员受企业心智模式的侵袭程度较低，可能产生与众不同的想法。其次，在掌握充分的信息之后，企业要采用科学的方法进行战略的制定。根据发现的商业机会和可能存在的风险，进行战略布局，明确自己的竞争优势，储备技术和人才资源等。最后，要将战略前瞻融入企业文化，企业要时刻保持对商业环境的敏感性，保持战略的前瞻性。在数字化时代，企业要做到对待问题升维思考，降维解决。

二、数字管理的强化

在对数字化有了更深刻的认知后，需要将数字化落实到企业的经营管理中。数字管理是利用数字化技术，对业务进行量化，对组织流程进行改造，通过数据赋能企业的研发、生产、营销等环节，提高企业的市场反应速度和运营效率。

1. 数字技术强化数字管理

数字技术是一个技术体系，主要包括大数据、云计算、物联网、区块链、人工智能五项技术。这五项技术是一个整体，分别发挥着不同的功能，对企业的研发、生产、经营、管理等活动起到强化作用。

（1）大数据。大数据是指高速涌现的大量多样化数据，其突出特点就是数据体量大、数据处理速度快、数据类型多样，因此，大数据的价值密度低但商业价值高。例如，一段 1 小时长的语音，可能对企业有价值的只有几秒，但是很多个有价值的几秒就可能对企业产生很大的商业价值。公司可以利用大数据收集客户信息和反馈，预测客户需求，改善客户体验，还可以应用在生产方面，分析生产设备数据，发现潜在的问题等。

（2）云计算。云计算是指通过网络"云"将巨大的数据计算处理程序分解成无数个小程序，然后通过多台服务器组成的系统对这些小程序进行处理和分析，并将得到的结果反馈给用户，其能够有效处理大量数据，向用户提供个性化服务。

（3）物联网。物联网是指通过各种信息传感设备，实时采集各种物体信息和数据，将任何物体与网络相连接，实现任何时间、任何地点，人、机、物的互联互通。物联网能够大幅提升企业生产系统的反应能力，使企业的生产更加智能化。同时，物联网的应用促进了智能交通、智能家居等领域的发展。

（4）区块链。区块链技术就是将数据存储在一个又一个区块中，按照各自产生的时间顺序连接成链条，这个链条被保存在所有服务器中。简单来说，区块链是一个分布式的共享账本和数据库，具有去中心化、不可篡改、全程留痕、安全性等特点。区块链技术可以应用于金融、保险、数字版权、物联网和物流等领域。

（5）人工智能。人工智能是指利用计算机和机器模仿人类思维，使机器能够胜任一些通常需要人类智能才能完成的复杂工作，是一个涉及众多学科的技术。目前，人工智能已经在语音识别、智能客服、推荐引擎等领域得到广泛应用。

2. 数字技术强化数字运营

数字运营是利用数字化工具重塑企业的用户运营、产品运营、活动运营、营销运营等各个方面，能够有效提高企业的运营效率，增强企业为用户创造价值的能力。数字技术的运用强化了企业数字运营的各个环节，在简单的重复性工作中取代人力，提高工作效率。例如，智能客服可以24小时在线帮助客户解答一些常规问题，提高了企业的服务效率，同时也让运营人员从重复的工作中解放出来，有更多时间从事创造性的工作。此外，数字技术能够获取大量用户数据，以客观数据作为主要依据进行科学决策，实现对客户的精细化运营，满足客户的差异化需求，让企业的运营措施有的放矢。数字技术对数字运营的强化主要体现在以下四个方面，如图2-5所示。

图2-5 数字技术对数字运营强化的主要方面

（1）数据资源的收集。数据是数字运营的基础，但不是所有数据都要收集，要结合企业的战略规划和运营业务需求进行数据采集，明确采集数据的目的，打通数据采集的渠道以及导入历史数据和外部数据。

（2）数据可视化。基于业务需求搭建指标体系，通过表格、图形、地图等清晰、直观地传达数据信息，实现数据可视化，有利于运营人员依据数据指标进行工作安排。

（3）数据分析。以数据驱动业务为目标，利用数字化技术分析不同场景下的数据，形成有助于开展企业运营工作的分析结果。

（4）应用数据。基于分析结果挖掘用户的特征和偏好、产品的优势和劣势、营销活动的效果等，从而制定有针对性的运营策略。例如，精准营销和个性化推荐针对用户的差异化需求提供差异化服务，有效提高了企业的服务质量，强化了企业的运营效果。

● 专栏 2-2　浩云长盛：数据中心助力新基建

一、企业简介

广东浩云长盛网络股份有限公司（以下简称浩云长盛）创立于 2015 年，是一家专注于从事数据中心（Internet Data Center，IDC）的云计算基础设施设计、建设及运营维护服务的提供商，主营业务包括云基地设计、建造、运维、大数据托管和互联网增值服务等。浩云长盛拥有超过 400 人的高技术专业人才队伍，下辖华南、华北、华东、西南 4 个运营中心，具有 90 多个资源节点，建立了 14 座核心数据中心，机柜储备量超 24U000R，服务中大型企业客户超过 200 多家，是一家优秀的高科技民营"独角兽"企业。强化数字管理，用数据中心助力新基建是浩云长盛快速发展的秘诀。

二、强化数字管理

近年来，随着我国"新基建""数字经济"等政策的相继实施，推动了我国大数据、云计算及其相关产业的迅速发展。其中，数据中心作为我国新基建信息化基础设施的重要组成部分，需求潜力迅速释放，市场规模快速扩大，并呈现快速发展趋势。在众多数据中心企业中，浩云长盛凭借自身技术优势、人才优势以及强大的运营能力和融资能力强化数字管理，把握发展趋势，实现了企业的快速发展。

1. 数字技术业务

数据中心企业一般通过提供基础服务和增值服务的方式开展业务，其中基础业务包括主机托管、宽带出租、虚拟主机、IP 地址出租、服务器出租等，增值业务包括异地容灾、安全系统、数据备份、系统集成、代理维护、设备检查等。

浩云长盛提供的业务与多数数据中心企业类似，但也存在不同，目前公司根据客户规模和需求的不同，主要为客户定制化地提供三类服务：

一是云计算基地，公司通过提供云计算基地设计、承建云基地建设和开展云计算基地运维等方式为客户提供云计算基地服务；二是云服务，公司通过提供云服务体系搭建、行业云解决方案、容灾备份服务等为客户提供云服务；三是增值服务，公司通过提供 ISP 接入、单双向共享网络、BGP 和 IPv6 等为客户提供网络服务增值服务。另外，浩云长盛在各大区域设立常驻运维团队，并按区域向外部派遣运维技术人员，提供高效专业的运维服务，保障企业数据的高效运转。

2. 重点布局，掌握核心资源和技术

浩云长盛坐落在广州，在北京、上海、广州等核心城市都进行了重点资源布局，并抢先在全国一体化算力网络国家枢纽八大节点中的宁夏和成都提前布局，目前公司拥有超过 8 万个机柜，掌控核心数据中心资源，且相较于大部分数据中心企业而言发展较为成熟，具有强大的算力。另外，浩云长盛紧跟国家"碳中和"政策的指引，在数据中心内部大量引进节能减排技术，从冷却技术到余热回收方面进行大量技术尝试和创新，并大量采用光伏发电，为企业节约成本和低碳发展提供技术支撑。

3. 高水平的运维和服务能力

浩云长盛在数据中心建设中严把建造设备和设施的质量关，从系统架构设计、数据中心内外部的建筑装修材料选材，到内部机电设施和设备选型，都经过了严格的质量检验，这为后期高效的运维和服务打下了良好的基础。此外，作为一个创新引领的高科技企业，浩云长盛拥有国内顶级水平的技术骨干力量和执行力超强的管理团队，公司的交付能力强、运维响应速度快，并具有完善的供应体系为客户提供高水平的运维和服务。

4. 强大的融资能力，助力公司高速发展

快速增长的市场需求和浩云长盛独特的竞争优势及其巨大的企业发展潜力，引起了资本的高度重视，2020 年，公司引入德弘资本，融资 3 亿美元，用于现代化、高效能数据中心的建设。资本的助力为浩云长盛强化资源整合能力、引进先进技术和高端人才、推动企业技术创新和扩张发展提供了充足的资金支持，有利于公司未来高速发展。

随着我国经济发展速度的逐渐放缓，IDC 市场需求也逐步放缓，但行业竞争正在逐步加剧，未来行业将逐步进入资源整合时期，在此背景下，拥有资源和技术优势并占有发展先机的浩云长盛将会迎来新的发展机遇。未

来，浩云长盛需要紧紧把握这一发展机遇，强化自身的资源优势与技术能力，围绕技术和成本两大核心发展要素，紧抓"算力"建设和"低碳发展技术"两大关键能力，实现公司突破性发展。

资料来源：

[1]王倩倩.浩云长盛：数据中心赋能新基建[J].国资报告，2022(3)：72-73.

[2]原诗萌.以专业精神助力国企新基建和数字化转型[J].国资报告，2021(9)：18-21.

三、数字手段的实现

人才是数字组织的核心驱动力，是实现数字手段的关键。在数字时代下，员工和组织的关系发生了很大改变，由雇佣关系转变为互利共生的关系。个体价值的崛起以及自我意识的觉醒，让能够创造价值的员工有了更多话语权和选择权，组织对员工的管理也从基于岗位的管理转向基于能力的价值定位。有价值的员工不再满足于传统的以物质激励为主的激励模式，且传统的绩效管理也表现不佳，出现了在数字组织内操作难度增加、产生的效果越来越弱等问题。如何应对这一变化，留住人才、发挥人才的效用，需要改变传统的员工激励模式和考核管理办法。

1. 激励认可

在数字时代下，知识型员工成为企业激励的主要对象，这类员工受网络时代的影响，具有个性更鲜明、自主性更强、潜在价值值得挖掘、流动性更大等特点，仅凭物质激励很难满足他们的需求。2000年，美国薪酬协会提出了一个总报酬模型，包括薪酬、福利、工作体验三个主要构成要素，其中，工作体验又包含赞誉和赏识、工作与生活的平衡、组织文化、职业生涯发展、工作环境五个要素。2006年，随着对总报酬模型的深入研究和实践，美国薪酬协会又提出了一个新的、更全面的模型，包括薪酬、福利、工作与生活、个人发展与职业机会、绩效与赏识五个要素，其中绩效与赏识成为总报酬模型的一个重要特征，对绩效的认可成为激励员工的重要手段。基于此，数字组织员工激励模式的设计应突出以下四点，如图2-6所示。

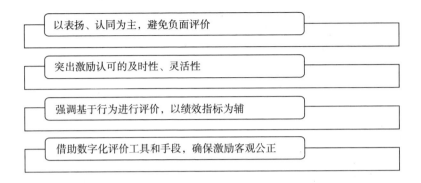

以表扬、认同为主，避免负面评价

突出激励认可的及时性、灵活性

强调基于行为进行评价，以绩效指标为辅

借助数字化评价工具和手段，确保激励客观公正

图 2-6　数字组织激励模式设计的重点

（1）以表扬、认同为主，避免负面评价。被认可和赏识能够让员工获得极大的满足感，是人类的一种心理需要。对员工进行公开的表扬、赞赏，能够满足员工的自豪感和成就感，而负面评价容易打击员工的积极性和创造性，降低员工的幸福感。

（2）突出激励认可的及时性、灵活性。及时、灵活的激励认可要求关注每个员工的日常行为，对员工的贡献进行快速、积极的反馈，领导者要善于发现员工的贡献，随时随地表扬员工的优秀行为。一般情况下，薪酬激励具有滞后性，及时的激励认可能够强化员工的积极行为，放大对员工的激励性。

（3）强调基于行为进行评价，以绩效指标为辅。绩效指标和薪酬激励都具有滞后性，企业对员工的激励认可要基于员工的行为，只要员工做出对企业有价值的积极行为，都应该得到肯定和鼓励，从而不断促进这种积极行为的产生。

（4）借助数字化评价工具和手段，确保激励客观公正。企业需要借助数字化评价工具和手段搭建一个数字化的人力资源管理平台，及时记录和发现员工的积极行为并给予及时反馈，确保激励的客观公正有据可依。

2. 考核管理

传统的考核管理设置年度目标、季度目标、月度目标，在考核期末对员工的目标完成情况进行考核，考核结果和员工的部分薪酬挂钩，同时根据上一期的目标完成情况对下一期的目标进行修正和优化。考核管理如同企业的控制系统，保障企业朝着设定好的目标稳步前进。但在数字时代下，组织的内外部环境都发生了变化，组织的考核管理也需要作出相应的改变。

（1）明确考核管理的目标不仅是组织的"控制系统"，更是有效促进员工发挥个人能力和挖掘潜能的重要手段，是促进组织变革的利器，因此，考核的过程和结果更多的是鼓励员工的发展，促进员工的成长进步，增强员工价值创造的积极性。

（2）利用数字化手段提高考核管理的效率，增强情感体验。利用数字化技术简化绩效核算体系，提高考核管理工作效率及其准确性和科学性，同时，数字化技术还能帮助企业和员工进行实时的绩效沟通，有问题随时反馈解决，并且形成数字化记录，为后续的考核管理和绩效改进提供依据。

（3）适应项目团队的考核管理。数字组织具有扁平化、动态化等特征，在组织内部形成一个个的项目团队或者自主经营体，针对项目团队的考核管理要因团队而异，制定不同的目标和指标，可以采用关键节点和里程碑式的考核方式。

第三节 组织协同

在数字时代下，环境的不确定性导致协同代替分工成为组织效率的重要来源，协同使组织实现"1+1>2"的效果，能够有效提升组织的竞争力和组织效能。组织需要打破内外边界，形成跨部门、跨组织的协同工作方式，只有让团队及部门之间开展协同工作，让组织之间资源共享、优势互补，才能快速聚集组织内外的资源和能力，在数字时代保障生存并获得可持续发展。

一、效率本质：从组织分工到组织协同

在组织管理的实践中，如何提高效率是一个长久以来被学者广泛研究和探讨的核心话题。泰勒的科学管理理论重点研究了如何提高工人的劳动效率，提出了对工人进行挑选、培训，采用计件工资制，将计划职能和执行职能分开，实现职能工长制等提高劳动生产率的方法，初步奠定了工业时代的效率来自分工这一核心理念的基础。随后，现代经营管理之父亨利·法约尔提出了五大管理职能和14项管理原则，其中劳动分工是一项重要原则。组织理论之父马克思·韦伯提出了科层制结构，主张对组织内的

权力依据职能和职位进行分工和分层。法约尔和韦伯的理论旨在通过分工、分权提高组织的运行效率。这些理论帮助工业时代的企业改善了管理、提高了效率，但随着数字时代的发展，组织的内外部环境发生了巨大变化，工业时代的组织管理方式已经无法应对今天的复杂环境。由于数字组织的动态化、模糊化等特征，组织内的"部门墙"被打破，项目团队成为组织内的重要活动单元，分工带来的效率提高效果逐渐被削弱，甚至过于明确的分工边界可能带来效率的降低，因此数字时代的效率应该来自协同。

数字时代给企业的管理带来了新的挑战。

（1）组织外部因素的影响力逐渐变大。商业环境的快速变化和复杂性要求组织能够快速适应和响应，保持敏捷性和高效率，组织活动涉及更多元的主体，组织决策时需要考虑更复杂的环境因素。

（2）组织越来越大，业务越来越丰富，不同组织之间的连接越来越频繁，组织的发展趋向形成一个商业生态圈，大规模的组织如何保证互联互通和高效运转成为一个难题。

（3）组织和员工的关系发生转变。在工业时代，员工激励以物质激励为主，员工基本上会服从组织的各种安排，但在数字时代，员工的自我意识更加强烈，价值诉求更加多样，组织和员工是互利共生的关系。

企业的经营模式和环境已经塑造了一个完全不同于工业时代的"商业世界"，协同开始代替分工发挥效用。在工业时代，企业是价值创造的主体，产品的研发、生产、销售等过程由企业自主决定，而互联网、大数据、人工智能等数字化技术的快速发展，以及用户需求的个性化、定制化等市场特点使组织的价值创造成为一个开放的系统，价值共创成为重要的价值创造方式。企业需要顾客以及利益相关者参与到价值创造的流程中，生产出更符合顾客需求的产品，为顾客提供更满意的服务，实现企业和利益相关者的价值增值。在这种模式下，顾客、企业、利益相关者的价值是联系在一起的，因此，这些成员之间必须是共生协同的关系。在价值共创的逻辑下，组织要有包容复杂性、多元性的能力，与价值链上的成员保持互动沟通，实现共赢共生，因此，无论是组织内部还是组织外部，都要讲究协同，协调组织内部的员工和价值链上的不同成员，使协调后的效率高于单一个体的效率之和，使组织内外形成一种有序、稳定的状态，朝着一致的目标前进。

数字化技术的出现为组织的复杂协同提供了支持和实现条件。在组织之间，通过云计算、物联网等技术可以实现资源的交互、实时跟踪、万物互联互通，打通组织之间的"墙壁"；在组织内部，通过互联网和数字化平台，不同部门之间可以进行资源共享、业务沟通，重构企业的业务和流程；顾客通过互联网可以随时随地向企业提意见、表达需求，利用自己的知识和能力为企业提供创意点等。

二、生态融合：产业组织协同

1. 产业组织协同成为企业的选择

数字化技术开辟了新的商业模式，冲击着传统行业，这些新的商业模式对人类的生活方式也产生了颠覆性的变化，在线消费成为日常，传统行业不得不进行数字化变革，同时和"互联网+"融合，打破组织边界，促进组织之间的协同发展，由单一主体的价值创造走向多元主体的价值共创，实现生态融合。协同共生的发展模式有利于组织提高效率、增强竞争优势。目前，已经有众多企业围绕顾客价值构建生态圈，在生态圈内，不同企业通过数字化技术互相连接，完成价值创造的不同部分，形成规模经济，使生态圈内的企业实现了共赢。企业单体作战的模式已经被时代淘汰，生态圈的特点是协同共生、可持续、自运转、灵活、适应环境等。组织间协同已然成为数字化时代企业生存和发展的必然选择。

2. 产业组织协同的优势

组织之间协同的中心是为顾客创造价值，围绕这一中心，不同的价值创造主体聚集在一起，实现组织之间的大规模协作，用协同共生代替竞争。产业组织协同的优势在于：

（1）突破行业界限，跨界融合成为企业的常态。由于数字化技术使跨界竞争时常发生，因此跨界合作也成为常态，所以企业的业务不再局限于某一单一领域，而是走向建立一个生态系统，围绕客户不同时期的需求以及衣、食、住、行各方面的需求，拓展产品线，扩大业务范围，进军不同领域，如现在的头部互联网企业，业务覆盖电商、社交、娱乐、金融等。

（2）不讲求拥有资源而是资源的连接和整合，使企业拥有无限可能。工业时代的企业需要先拥有某一资源，才能做某一行业，但是在数字时代下，资源可以在不同主体之间进行连接和整合，企业更需要的是连接和整合资源的能力。通过连接和整合资源，企业既可以借助"外力"发展自己的业务，也可以开发新的业务，如现在很多企业都和客户建立沟通渠道，目的是借助客户的知识、能力和资源帮助企业进行产品优化、产品创新、服务改进、营销推广等。

（3）激活群体力量，挖掘和创造新价值，为企业提供更多新机会。由于行业界限的突破和资源局限的打破，企业的限制减少，不同主体之间互联互通，进行信息交流，发挥群体的力量，挖掘和创造新价值，实现共同成长。例如，供应链金融的出现，可以借助供应链上核心企业的信誉资质为中小型企业提供贷款服务。一方面，金融机构或核心企业拓展了供应链金融这一新的业务领域；另一方面，中小型企业缓解了资金压力，获得更多的发展机会。

3. 产业组织协同的方法

产业组织协同成为数字化时代的竞争优势和必然趋势，产业组织协同的方法主要包括组织集群和连接通道（见图 2-7）。一方面，可以构建组织集群，组织集群就是多个组织聚集在一起，各自承担不同的价值创造部分，形成一个新的整体。组织集群内的组织要保持一致的目标，借助各自拥有的资源和优势，通过资源整合、优势互补，促进组织之间的协同，发挥"1+1>2"的效应，实现每个组织的价值增值。另一方面，可以打通组织之间的连接通道，提高连接效率。在数字时代下，数据成为新型生产要素，数据通过网络平台可以快速进行共享和交换，组织之间需要打通连接通道，保障数据要素的流通，形成组织之间无障碍的信息共享、流畅的业务对接和高效的流程运转，实现组织协同。

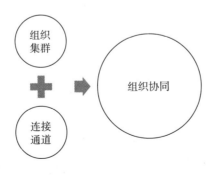

图 2-7 产业组织协同的方法

● 专栏 2-3 ● 中欣晶圆：冲破行业下行黑夜

一、企业简介

杭州中欣晶圆半导体股份有限公司（以下简称中欣晶圆）创立于2017年，总部位于浙江省杭州市，其经营范围包括太阳能发电、货物及技术出口、半导体晶圆的研发与生产制造等。中欣晶圆致力于在半导体硅材料行业成为先行者，不断革新生产技术、扩大产业规模，以破除国外垄断市场局面。目前，中欣晶圆已取得多项技术专利，为制造业的发展做出了卓越贡献，获得"杭州市高新技术先进企业"等荣誉。

二、生态融合方案

中欣晶圆位于半导体硅片产业链的中上游——晶圆制造环节，晶圆制造市场竞争激烈，中欣晶圆要想在激烈的竞争中谋得生存和发展，必须发挥数字化和产业链协同的巨大价值，通过生态融合为自己赢得竞争优势。

1. 生产布局，发挥产业集群效应

中欣晶圆在杭州、银川、上海三个地区进行了生产线布局，发挥地区比较优势，推进业务整合，优化资源配置，提高半导体晶圆的生产效率，保证了生产链条的完整性，同时也使产品量产成为可能。在生产布局方面，中欣晶圆形成了经营规模化、标准化的格局，这有利于增加产能，产生更多的利润回报。同时，三地一体化的产业格局，有利于打破常规式的生产流程，推进特色工艺生产线项目建设，丰富市场产品种类。

此外，中欣晶圆在钱塘新区的大硅片项目已于2019年竣工并投入生产运营，目前已经形成了研发设计、封装测试、销售推广、售后保障的全产业链模式，打造半导体智能制造的产业集群，通过发挥产业集群协同效用，创造更大的价值。

2. 数字化生产车间

中欣晶圆的生产厂房不仅在面积上形成规模效应，而且在运作流程中引进数字化先进的 ERP、MES 管理系统及自动搬运系统等，减少了流程障碍，优化了生产步骤。通过不断更新生产设备，中欣晶圆的生产车间实现了高度的自动化与智能化。自动化的生产流程线使生产时间更加精确，能够实时反馈产品生命周期数据，估算产品的量产交付时间，以便更好地统筹安排资源调配。在产品加工完成后，通过专业的品质保障实验室，对硅片进行全面检查测验，达到最佳质量后方可进入下一环节，保证了产品的高品质。通过数字化车间与实验室品质保证，产品由样纸模型转化为成品的时间大大缩短，省时省力，进一步提升了产品的竞争力。

3. 6S 管理模式+数字化管理优化

中欣晶圆严格遵循生产制造车间的 6S 管理标准，在时间与空间上提高物料的运转效率，保证产品的安全性和质量可靠。从整个生产管理体系来看，生产运作规范化、高效化，同时又能对整个生产体系进行及时调整、将产线进行快速重新布局，满足客户的弹性要求，更加贴切市场的发展趋势，保证产品与服务的时效性。同时，中欣晶圆组建了一支虚拟规划团队，包括企业内部和外部的数字化专家，对企业进行数字化顶层规划，与其他企业合作搭建协同运营中台，有力地提升了企业的数字化能力，提高了业务流程效率。

4. 积极引进和培养人才队伍

中欣晶圆注重挖掘人才，将全国各地的优秀技术人才集聚在公司，团队中本科以上学历占比为 84%，35 岁以下年龄占比为 72%，整体员工队伍较为年轻化、高学历化，对数字化接受程度高，有利于发挥人才创新优势。中欣晶圆注重人才质量，致力于形成兼具沉稳与朝气的工作团队。同时，中欣晶圆的入职培训、专业技能培训、员工发展培训体系建设较为完善，通过 E-Learning 等多种新兴形式，不断提高人才素质与水平，增强团队凝聚力。

虽然中欣晶圆立足于高新技术，但因生产和发展时间较短，在制造上的成本花费较高，盈利空间有待提升。另外，中欣晶圆在市场方面的发展仍有待开拓，尤其是全球市场份额占比较低，公司的供应商与大部分营业收入均来自境外，也增加了不稳定性风险和更多挑战。在半导体行业遇到下行风险的背景下，要加快产业布局步伐，发挥产业集群的协同效用，借助数字化转型实现组织的降本增效，多渠道创造公司营业收入，实现更好的发展。

资料来源：

[1]刘古权.数字化转型，转什么？：对话杭州中欣晶圆半导体股份有

限公司总经理郭建岳[J]. 企业家，2021(2)：64-67.

[2]马换换. 中欣晶圆头"顶"两起诉讼闯关 A 股[N]. 北京商报，2022-08-31(005).

三、组织效能：业务与流程重构

根据科斯定理的内容，组织的存在是由于组织内部的协作成本比外部的交易成本低，但由于数字化技术的发展，组织外部的交易成本降低，组织要想继续生存和发展，一方面要开放组织边界，与其他组织和外部环境形成协同，提高组织效率；另一方面组织内部要进行业务和流程重构，促进组织内协同，降低组织内协作成本。传统企业的组织架构是按照职能分工来设置的，在组织内设立不同的部门，部门之间分工明确，如研发部、销售部、人力资源部、财务部等，部门内的协作效率较高，但从企业层面看，由于部门边界的存在，流程中存在很多节点，部门之间容易各自为政，信息流通效率低，导致企业的组织效率降低，无法应对数字时代变幻莫测的竞争和快速变化的商业环境。因此，加强组织内协同，提升组织效能是数字组织的重要任务，通过业务和流程重构可以加强组织内协同，如图 2-8 所示。

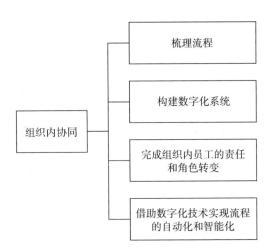

图 2-8 加强组织内协同的途径

1. 梳理流程

流程是业务的具体呈现，流程重构即业务重构，流程重构需要先梳理流程，从全局视角、基于用户需求对全部流程进行标准化。未经过流程重构的企业内不同部门因业务流程不同、管理方式不同、数据标准不同导致信息交流不畅，流程与流程之间连接不畅，效率低下。例如，生产部门有一套业务流程标准，销售部门又有另外一套业务流程标准，两个部门在进行业务对接时就容易出现职责不清、工作内容重复、工作量增大的情况，导致业务进展缓慢。因此，企业需要先梳理整个业务流程，将主要流程划分层次，搭建一个基于全局视角的完整流程框架，将企业的业务流程统一标准化，打通部门之间的"沟通渠道"，改变部门之间业务割裂的状态。

2. 构建数字化系统

利用数字化技术实现业务流程信息化、在线化。通过大数据、云计算、物联网等技术收集、存储、分析所有的业务流程数据，构建企业的数字化系统，将原本需要手工传递的信息通过企业的数字化系统进行传递，系统可以监控、显示流程的进度、完成情况等，实现流程的在线化管控。业务流程的信息化、在线化有利于提高企业的信息传递速度，提高流程效率，统一的系统平台可以打破部门之间的信息孤岛，保证信息、资源在企业内部的共享和开放，促进组织内部的协同。同时，企业借助业务流程的数字化系统可以及时发现流程中存在的问题和可能的风险，及时进行优化和预警，加快企业的反应速度。

3. 完成组织内员工的责任和角色转变

在传统科层制的组织中，员工的责任和角色由岗位决定，是相对固定的，保证了组织的稳定性。但在组织业务流程重构的过程中，部门边界被打破，组织内要形成高效的协同，要关注员工对组织整体所付出的价值和贡献，而不是局部价值和贡献；鼓励员工之间的合作和共享，除了完成自身的任务和目标，还要协同其他员工完成任务和目标。同时，员工也要转变"单人作战"的工作思维，积极与他人合作，实现能力互补、资源互补、知识互补等，突破个人的能力上限，共同创造更大的价值。此外，业务流程的改变使岗位职责和内容发生改变，员工在组织中扮演的角色也随之改变，如以前的员工基本固定在一个部门、一个岗位工作，但数字组织内项目团队的工作形式使其跟随项目团队而动，在不同的项目团队中员工可能承担不同的角色。

4. 借助数字化技术实现流程的自动化和智能化

由于人工智能等数字化技术的发展，企业可以利用机器人模拟人类操作数字化系统，代替人类完成一些简单、重复的操作，实现任务的自动化执行。此外，机器人还可以对流程进展进行跟踪，在流程节点处触发程序，自动将任务派送给相应的员工，对流程任务的执行进行实时监控，并根据获取到的数据进行分析和判断，保证任务的顺利进行。流程的自动化和智能化将员工从一些重复、冗余的工作中解放出来，极大地提高了业务流程运行的效率，同时降低了人工操作的不稳定性和风险。

四、实现协同：从制度到文化

组织效率是组织存在的意义和可持续发展的关键。数字时代的到来，改变了企业的内外部环境，使协同成为组织效率的来源，协同也成为数字时代组织改革的重点。组织协同包括组织间协同和组织内协同，要想实现组织协同，需要企业从根本上作出改变，包括制度和文化两大方面。

1. 制度改变

在制度方面，为了创建良好的组织协作，企业可以从业务流程、沟通体系、绩效和激励等方面入手，设计鼓励和支持组织内外协同的相关制度体系。

(1)企业要简化业务流程，去掉流程中冗余、冲突的部分，缩短流程时间，提高流程运行速度。减少审核、审批环节，归拢责任主体，明确责任领域，不要将时间浪费在责任推诿上，从而拖慢流程进度。树立内部客户理念，流程上的前一环节要将下一环节当作自己的客户，制定明确、清晰的交付标准和验收标准，保障流程的顺利进行。

(2)制定企业内外部的沟通管理制度，打通沟通渠道，借助互联网平台与数字化系统，鼓励和要求不同部门员工之间的信息交流和知识共享，企业和客户之间的交流互动以及不同企业之间的合作沟通。企业可以搭建一个信息沟通平台，要求各部门进行信息公开，不同部门的员工可以通过该平台交流业务、获取信息等。同时，企业可以规定员工定期和客户保持联系，及时反馈客户的意见和体验感；经常和外部公司进行信息交流，保证合作双方信息对称，保持良好合作氛围。

(3)企业的绩效制度设计一方面要突出组织协作对员工的价值，将员工参与协作纳入考核指标，鼓励员工之间的互帮互助行为，树立实现整体价值为目标的导向；另一方面要提炼企业实现成果的关键成功要素，只有这样，才能指引员工高效完成任务。激励制度要突出激励方式的丰富性，包括物质激励和精神激励，目的是最大限度激励员工的协作行为，员工是实现组织协同中的关键单位，员工只有在感受到激励之后才会对组织协同做出更多的贡献。

2. 文化改变

在文化方面，组织文化是影响组织最深刻和最深远的因素之一，文化是支撑战略落地实施的有效工具。因此，为了实现组织协同，组织文化必然要进行相应的增强。

组织协同的一个重要基础是信任，信任的一个重要来源是相似的价值观和彼此之间的认同。由于组织文化中包含着组织的价值观，因此企业在选择员工和合作伙伴时，要选择文化契合、价值观相似的员工和合作伙伴，以减少由于价值观差异带来的各种冲突。价值观相似的人在合作中容易达成一致的目标和追求，形成对彼此的认同，建立信任关系，将整体利益放在个人利益之上，这是实现组织协同的重要基础。

此外，企业可以通过组织培训、各种文化活动等增强协同文化对员工的渗入，增加员工之间的了解，推动员工之间以及企业和员工之间的互相理解，促进协同在组织内的生根落地。企业在建设组织文化的过程中要适应时代的发展，强调和鼓励员工之间的跨部门合作、组织之间的跨界合作、组织和客户的价值共创等，用协同文化促进协同共生的经营行为，实现组织效率的提高。

第四节 组织实施

数字技术和理念的盛行对组织的生产、经营、管理产生了广泛、深刻的影响，组织必须顺应数字化发展潮流，做好迎接数字化挑战、实施数字化转型的准备。组织可以从提高人才数字化技能、提升部门数字化理念、实现价值数字化认可、重塑文化数字化平衡四个方面实施数字化转型。

一、提高人才数字化技能

技能人才是支撑组织生存和发展的重要力量，人才的数字化技能是组织实施数字化转型的保障。数字化技术包括大数据、云计算、物联网、人工智能等技术，可以应用于组织的生产、研发、销售、经营管理等各个方面，因此，组织内不同领域的员工都要提升数字化技能，员工需要的数字化技能以及如何提升数字化技能包括以下三个方面。

1. 数字化思维能力

数字时代的突出特征是用数据代表一切、万物互联、边界消失、资源整合、去中心化和持续创新，因此，要适应这个时代，必须从思维上进行改变。数字化思维包括基于数据思考事物的量化思维、注重跨界融合的突破思维、促进共赢的协同思维、不断尝试的创新思维。数字化人才必须意识到数据的价值，改变以往的经验主义，在进行决策前多依据数据分析的结果，数据量越大，数据分析结果越能反映事物的发展规律，越具有客观性、科学性和准确性。在数字时代下，组织边界逐渐模糊，组织发展具有无限可能。作为组织的员工一方面需要保持开放、包容和接受突破、颠覆的心态；另一方面需要有跨界突破的创新性想法和能力，跨界融合可以发生在不同领域的组织之间，也可以发生在组织和客户之间等。竞争的不可预测性使组织更加注重协同的巨大力量，组织数字化变革的关键一步就是促进组织内外的协同，从制度到文化为员工创造协同的环境，促进员工协同能力的提升。数字化时代是一个充满变化和尊重个体的时代，每个人都能发挥自己的价值创造能力，数字化人才要时刻保持开拓和探索的精神，勇于挑战权威，不断尝试，包容失败，永不放弃创新的可能。

2. 使用数字化技术的能力

数字化技术的不断创新和发展催生了一些新岗位，如大数据分析师、云计算工程技术人员等，这些岗位需要具备专业的数字化技术知识和能力。组织可以加强产学研合作，深化和高校、研究所的联系，借助它们的学习环境积极培养具备专业技能的数字化人才。同时，在组织内开设最新的数字化技术培训课程，要求员工及时学习并补充所在领域的前沿技术及最新变化。从事这些岗位的员工要打好理论知识基础，在工作中保持不断学习的心态，鉴于数字化技术更新迭代速度较快，员工要不断关注相关领域的技术更新，及时向他人请教或者利用网络资源进行学习。

3. 数字环境适应能力

在组织数字化转型的过程中，越来越多的新技术和数字工具被应用到工作中，一些传统岗位和数字化技术的相互结合使员工的工作方式发生改变，因此，员工必须快速适应组织新技术环境的变化。组织要基于业务和数字化转型的需要，针对不同人员的技能需求提供不同内容、不同方式的培训，如基层人员只需要掌握基本的数字工具的使用方法，可以采用线上课程和线下辅导相结合的方法；业务骨干人员需要实现数字化技术和业务的深度融合，则必须对数字化技术和业务都有更深刻的理解，可以采用基于场景化的模拟训练以及实战和任务复盘提高员工的数字化技能和业务技能。员工要以积极的心态面对工作环境和方式的改变，积极参与组织提供的培训，快速学习和思考，积累理论知识并在工作中加以运用，实现数字环境的快速适应。

● 专栏 2-4 ●　海柔创新：加速仓储数字化

一、企业简介

深圳市海柔创新科技有限公司（以下简称海柔创新）创立于 2016 年，总部位于广东省深圳市。海柔创新是全球范围内研发箱式仓储机器人系统的引领者，利用机器人、工作站以及智慧管理平台等深度优化仓库与工厂的智能化管理，聚焦价值创造导向，全方位推进构建强效能、高韧性、智能化的工业、物流仓储方案。迄今为止，海柔创新旗下定制化库宝系统已完成多轮技术升级，且与全球物流集成商 BPS Global 的合作进一步保障了其业务体量。海柔创新拥有超过 1600 名员工，其中 50% 以上是工程师，拥有的知识产权超过 1500 项。

二、商业模式

1. 技术创新

技术创新是中国本土企业突破发展困境、嵌入全球价值体系的主要策略，尤其表现在对专利与知识产权的控制和突破上。海柔创新目前已在全球范围内实现了较为完善的技术专利布局，具体涉及机器人、基础算法、出入库管理、智能物流、控制调度等方面。海柔创新专注于精准式"料箱到人"，打破传统意义上的"货架到人"，依赖自动化和智能化管理实现仓储作业流程的最后攻坚，在满足客户订单需求基础上最大限度优化库存空间、提高料箱效率。海柔创新经过反复技术研发、改造、试点、更新、迭代等不断打磨稳定可靠的技术系统，在仓储物流存储密度、灵活度、流程管理、改造成本、拣选效率等方面逐渐获得了国内外企业的认可。

2. 人才队伍建设

创新行为的实现依赖行为主体，技术人员能力建设反映了企业发展水平。海柔创新作为领航智能物流的跨国企业，技术研发人员占比逾半。大批年轻技术工匠追求极致、精益求精，坚持脚踏实地推进理论和研究成果落地。他们在实际场景中不断优化效率、资源、精度等技术应用问题，专注于用算法为箱式仓储机器人（ACR）构筑"大脑"。海柔创新最核心的价值观是为客户创造和提供价值。在以客户为中心的企业文化下，海柔创新的工程师基于业务进行技术研发，秉持"基于用户需求的算法才是好算法"，让产品更贴合用户使用场景。为了使研发更贴合客户需求、提供最佳客户体验，工程师主动前往各大客户仓库现场调研机器人运行过程的各类数据，打造让客户更满意、让现场操作更便捷的算法优化方案。在组织战略定位中，海柔创新致力于吸纳更多高端人才并加强科研转化，全面提升企业研发能力和创新能力，持续迭代现有产品的稳定性和精确度。

3. 生态协同与合作

在价值链管理中，海柔创新以关键领域的技术优势拥有主导控制力。在此基础上，海柔创新秉持渠道整合策略，积极推进全球范围内战略联盟建构，发展与全球企业，尤其是世界500强企业相对稳定的合作信任关系。海柔创新凭借前沿创新技术和优质供应链服务水平，顺利登上权威机构Supply Chain Brain公布的"全球百强供应链合作伙伴"榜单，成为多行业场景下诸多企业实现智慧化转型发展的最佳助力。海柔创新凭借硬核技术实力为全球价值链管理提供了高标准质量保证和多维安全设计，能够最大限度地满足不同行业客户的定制化需求；全球价值链生态协同与合作则为海柔创新注入了新的发展活力，多场景应用也有助于其深入推进仓储物流产品迭代和行业升级。海柔创新以积极姿态响应生态合作伙伴的多元化诉求，系统整合战略资源，打造生态运营环境，致力于建构数智时代仓储物流命运共同体以应对市场动态需求。

由以上分析可知，海柔创新作为智慧物流的有力推进者，紧抓全球物流规模和仓储自动化市场规模快速增长的有效契机，专注于箱式仓储机器人系统的引航式研发、升级与应用。截至目前，海柔创新在全球箱式仓储机器人市场占据稳固位置，落地项目遍布 30 多个国家，占市场份额超过 90%，多元化行业场景下相关项目的研发应用数量累计超过 500 个。同时，海柔创新继续深化资本领投，加快实现研发项目的快速优化，凭借雄厚的技术研发实力、强大的人才队伍等优势，进一步巩固箱式仓储机器人系统领航者地位，加速仓储数字化、智能化步伐，为每一个物流仓库和工厂创造更大价值。

资料来源：

[1]张颖川.海柔创新：紧贴客户需求，打造自动化仓储解决方案：访深圳市海柔创新科技有限公司 CEO 陈宇奇[J].物流技术与应用，2021，26(7)：76-78.

[2]李惠琳.库宝挺进仓库[J].21 世纪商业评论，2022，248(3)：49-51.

二、提升部门数字化理念

传统科层制的组织模式影响了组织在数字化时代的应变速度，在此模式下，部门之间筑起了厚厚的"部门墙"，缺少信息共享和交流，无法形成有效的协同。因此，组织的数字化转型必须提升部门数字化理念，改变以往部门之间各自为政、信息闭塞、效率低下的现象，向具有协同、开放、互动特征的数字化部门方向演化。提升部门数字化理念的方法如图 2-9 所示。

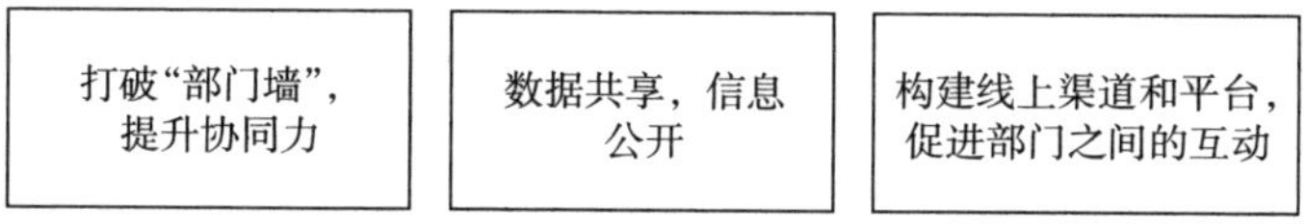

打破"部门墙"，提升协同力	数据共享，信息公开	构建线上渠道和平台，促进部门之间的互动

图 2-9　提升部门数字化理念的方法

1. 打破"部门墙"，提升协同力

部门之间协同工作能够大幅提高组织效率，是数字时代组织的必然要求，可以从改善组织架构、优化业务流程、营造合作包容的氛围、优化组织制度四个方面入手。

改善组织架构需要根据业务建立匹配的扁平化组织，去掉冗余的组织层级，建立部门之间的沟通渠道，加快信息流通速度，实现快速协同。

将模块化的业务模式优化为流程型的业务模式，模块化的业务模式使部门之间的工作相对独立，但在工作对接时会出现工作量增加、工作重复的现象。流程型的业务模式将部门之间的关系变为合作关系，互为客户，相互配合，这就要求部门之间必须相互开放，否则工作就无法开展；或者采用项目团队的方式，从不同部门抽调人员代表形成项目团队，快速响应客户的需求，直接打破部门边界，形成部门之间的联动、协作。

2. 数据共享，信息公开

数据的有效应用是部门数字化的重要举措，数据共享、信息公开可以促进部门之间的资源整合，提高组织效率。组织要厘清各部门的数据职责，明确各部门应该采集哪些数据、对哪些数据有更新维护的责任、有哪些数据需要共享使用，制定统一的数据标准，保障各部门的数据能够快速汇集，避免重复收集数据或数据收集不全面。与此同时，还要避免在数据共享过程中发生"扯皮""权责不清"等问题。目前，有些组织存在部门忽视整体利益，为了部门自身的利益不愿进行数据共享的现象，组织可以从文化和制度上改变部门的这种观念，让其明白整体利益大于个人利益，数据共享对组织和部门都能产生增益，激励部门进行数据共享，从封闭走向开放，从而创造更大的价值。此外，要对数据共享中的数据安全问题进行明确规定，规范各部门的操作流程，警惕潜在的风险，保障数据安全。

3. 构建线上渠道和平台，促进部门之间的互动

部门数字化的一个重要表现是部门之间可以随时进行互动交流。一方面，组织可以借助数字化技术搭建在线沟通渠道，通过电子邮件、微信等实现实时的跨部门沟通交流，提高业务效率；另一方面，组织可以构建内部资源共享平台，在平台上进行组织内的资源、信息共享，员工可以无视部门的差别，在平台上分享、交流工作心得及工作经验等，实现资源互换，放大双方的效益，促进部门之间的互动，提高组织活力和有效性。

三、实现价值数字化认可

数字化转型的浪潮推动着组织不断前进、不断改变，以顺应时代的发展，从而导致很多组织盲目跟风，进行数字化的表面工作，即只是在组织内应用了数字化工具，并没有理解数字化的本质。数字化的本质是以客户为中心创造价值，最终实现组织价值增加，数字化能够为组织带来三个方面的价值：生产运营优化、客户价值实现、商业模式创新，如图 2-10 所示。

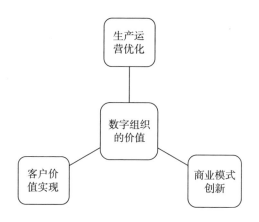

图 2-10　数字组织的价值

1. 生产运营优化

组织数字化对生产运营产生的价值体现在效率、成本、质量三个方面。①组织借助数字化技术，可以建立便捷的沟通渠道，使数据、信息等要素快速流动，增强组织响应能力，提高生产运营的效率。②组织可以广泛应用自动化设备，使生产向无人化迈进，通过数字化系统，使人、机、料、法、环等要素紧密高效协同，减少人力成本和管理成本。③组织可以借助大数据、物联网等技术实现采购、物流、生产全过程的在线动态监控，一旦发现潜在风险，及时预警并进行优化，将组织事后的质量管理转变为事前、事中、事后的全面质量管理，提高组织的质量管控水平，保障产品质量的稳定性。

2. 客户价值实现

在数字时代下，企业的产品思路发生了转变，以前是先有产品，后有客户，而现在是先有客户，再根据客户的需求来生产产品，充分突出客户的核心地位。

数字化促进客户价值实现体现在了解客户需求、满足客户需求、增强客户体验三个方面。①互联网技术的广泛应用为组织和客户提供了交流、互动的在线渠道，组织可以通过在线渠道征集客户的意见、创意等，客户也可以自发地通过在线渠道发表使用产品的感受和优化建议，组织通过收集这些数据，利用大数据技术分析、了解客户的需求。②数字组织有着较快的业务响应速度和满足个性化、定制化生产的能力，能够根据客户需求对产品进行优化和创新，更好地满足客户需求。③数字组织借助数字化服务体系，可以根据客户的特征和真实业务场景，提供个性化服务，通过追踪和数据分析，不断提高服务质量，借助人工智能等技术，提供智能化服务，增强客户体验。

3. 商业模式创新

数字化技术的创新和应用，改变了组织价值创造和价值传递的方式。以前，价值创造的主体是组织自身，但现在价值创造的主体变得多元化，组织、用户、平台、社群等都可以参与价值创造过程。用户通过自身的产品体验感以及具备的知识、能力帮助组织进行产品的创新、优化；平台可以利用流量资源提供服务进行变现；社群既可以促进产品销售，又可以参与产品生产。数字技术的蓬勃发展打通了物流、信息流和资金流，将数字世界和物质世界融合起来，缩短或重构了价值传递过程，减少了多余的中间环节。这些价值创造主体的出现和价值传递过程的重构优化丰富了组织的盈利模式，同时创新了组织的商业模式，使一批互联网巨头和"独角兽"企业在市场上涌现。

四、重塑文化数字化平衡

组织文化是影响组织变革转型的最大原动力，组织的数字化转型是一条需要长期坚持、涉及组织根本的转型之路，必须有数字化文化的支撑和保障，通过建立开放、协同、创新、灵活的组织文化引导员工的行为和组织的发展方向，帮助组织顺利实现数字化转型。组织文化由三个层次构成：表面层的物质文化、中间层的制度文化、核心层的精神文化。

1. 数据可视化+应用数字化工具，从物质层面塑造数字化习惯

数据可视化帮助员工培养看数据的习惯，从数据中获取需要的信息，让员工感受到数据的价值。组织可以通过定期召开数据实践分享会、数据分析总结会等活动，将数据分析的结果向员工展示，帮助其在工作中更好地运用数据。数字化工具在组织内部的推广和应用改变了员工的工作方式，让员工切实感受到数字化带来的便捷和效率的提高。组织可以通过理论培训和实战演练帮助员工提高数字化思维和技能，更快地适应数字化工具，并将数字化工具和业务紧密结合，提高员工的工作效率。

2. 配套数字化制度建设，从制度层面推动数字化转型

组织的制度建设包括组织结构、岗位与职责、考核与激励等。数字组织的特征有扁平化、动态化和模糊化。与传统组织相比，数字组织的管理层次减少、部门界限模糊、人员流动更加频繁，从金字塔式的结构变为网状结构，使组织更加灵活、反应速度更快。组织的数字化转型既需要新增一些岗位，也需要改变一些原有岗位的职责。因此，需要对组织内的岗位和职责进行重新设计和优化，岗位和职责的确定关系到员工的工作内容和方式，是组织数字化转型落地实施的基础。考核和激励制度可以帮助组织引导员工的行为，如组织的数字化转型需要员工之间加强共享和协作，组织可以设置相关的考核指标，对积极进行共享和产生协作行为的部门和员工进行奖励，从而提高员工共享和协作的意愿以及促进相关行为的发生。

3. 认同数字化价值，从精神层面固化数字化文化

树立组织的数字化愿景和目标，明确组织想通过数字化转型成为一个什么样的企业，并且在组织内宣传和贯彻组织的数字化愿景，形成员工对组织数字化愿景的支持和认同，潜移默化地影响员工的日常工作和行为。数字化转型是一把手工程，领导者要以身作则，贯彻执行数字化转型战略，和员工进行持续、深入的沟通交流，使其意识到数字化转型的巨大价值关乎组织和每个员工的利益，化解其对转型变革的抵触心理，形成全员认同数字化价值的局面，共同创造数字化文化。此外，要加强员工之间的互动，积极开展团建活动，促进组织内的信息透明，增强员工之间的信任度，协同促进组织数字化的实现。

▌ **章末案例**

镁伽机器人：数字化技术赋能行业变革

一、企业简介

北京镁伽机器人科技有限公司（以下简称镁伽机器人）创立于 2016 年，中国总部位于江苏省苏州市，国际总部位于新加坡。镁伽机器人是一家专注于机器人和人工智能技术研发、应用技术开发的高科技公司，其主营业务为智能及自动化产品研发制造和提供解决方案，涉及生命科学、临床诊断、应用化学、显示面板和半导体等专业领域。镁伽机器人致力于通过智能及自动化科技，赋能行业创新突破和生产力革新，创建一个更高效、更健康、更美好的世界。镁伽机器人拥有由各领域高端人才组成的上千人的专业团队，其中硕士研究生及以上学历人员和研发人员占比都超过60%，累计申请专利500多项，服务全球各领域的客户多达1000家以上。截至目前，镁伽机器人已经完成C轮融资，获得无锡药明康德新药股份有限公司（以下简称药明康德）、亚投资本有限公司（以下简称亚投资本）、经纬创科（北京）投资管理顾问有限公司（以下简称经纬中国）等众多知名投资机构的青睐。

二、聚焦数字化技术

随着我国工业4.0战略的实施和自动化技术的深入发展，自动化技术与其他新兴产业和技术融合的步伐正在不断加快，尤其是在生命科学、临床诊断、检测化验、应用化学、显示技术及先进制造业等领域，因其高标准精细化的工作要求和严格的工作环境越来越依赖智能化和自动化科技的支持和赋能，高端自动化智能化设备迎来新的发展机遇。镁伽机器人自成立之初就秉承"通过智能及自动化科技，赋能行业创新突破和生产力革新"的企业愿景，凭借自身技术优势和创新能力抓住发展机遇，从简单的协作机器人到更加智能的产品和解决方案，不断对自动化及智能化技术进行变革创新，拓展业务领域，实现公司的升级优化，引领行业基础设施的变革。

镁伽机器人掌握了核心机器人技术，并通过建设AI算法平台、视觉平台、镁伽云、实验室自动化平台、自动化技术平台和生物学平台六大自主技术平台，让机器人更智能地应用在不同行业中，帮助它们更高效地进行技术研发、生产制造等，将客户从低效重复的体力劳动中解放出来，同时为客户的脑力劳动提供高通量标准化培养和测试结果、基于大数据的分析结果、大规模自动化的筛选结果等。镁伽机器人的七大核心技术具体如下。

1. 机器人技术

镁伽机器人自主研制开发了MRQ系列驱控一体式闭环多轴电机驱控器，并掌握了自适应速度插补平滑技术、全数字闭环反馈控制技术、总线同步技术、电机参数自整定技术，据此开发出轻巧、可靠、智能、洁净的不同构型的机器人系列产品，应用于各种精密性较高、敏感性较强的工作环境。

2. AI 算法平台

镤伽机器人搭建了 MegaPlant AI 算法平台，拥有完善的 AI 技术框架，建立、完善并不断丰富包括小样本学习、强化学习和图计算等先进技术在内的 CV 算法库与 NLP 算法库，深度赋能药物发现、化合物合成和工业产品表面缺陷检测等行业。

3. 视觉平台

镤伽机器人以人工智能和视觉识别应用为核心，研发了 IntellVega 视觉平台，并不断强化其强大的 2D+3D+AI 算法库、灵活可扩展的基础程序框架、集成场景化的应用技术和先进的测试诊断工具等技术优势。

4. 镤伽云

镤伽机器人通过物联网 SaaS 平台、在线微服务集群和大数据 AI 平台建设，打造镤伽云技术平台，支持公司的硬件产品(机器人、传感器等)与云端业务相连接。镤伽云的技术优势在于实时性、可靠性、可扩展性和可移植性。镤伽云可以帮助企业打造特色数字工厂，实现人、机、物的互联互通、有效控制和管理。

5. 实验室自动化平台

镤伽机器人自主研发的通用型实验室自动化平台系统，具备通过机械臂连接各类实验室仪器设备，实现无人值守的"样品进—结果出"等全自动实验操作。该平台具有多样的整合系统、智能化软件支撑、全方位的整合能力、本地化支持等优势，广泛应用于生命科学、临床诊断等领域。

6. 自动化技术平台

镤伽机器人经过多年在生命科学、自动化及 AI 智能领域的技术积累，已构建完成全面、稳定的技术模块，包括液体处理模块、粉末分装称重模块、分拣存储模块、样本标记模块、信息识别模块、视觉检测模块、样品转运模块、开关盖模块和环境控制模块。该自动化技术平台具有品种多样、成熟稳定、灵活搭配的优势。

7. 生物学平台

镤伽机器人通过自主研发建设镤伽鲲鹏实验室，打造了国内通用型智能自动化生物实验室；通过建立完善高通量筛选平台、细胞工程和基因编辑平台、干细胞和类器官平台、免疫学平台，推动自动化能力和生物学能力结合，深度赋能镁伽鲲鹏实验室。

三、赋能行业变革

镁伽机器人致力于通过数字化技术的研发，将机器人+各种技术平台深度融合于行业应用，赋能行业创新突破和生产力革新。镁伽机器人的产品基本均具备数据采集的功能，通过互联网将采集的数据传输到镁伽云上，再通过大数据分析为客户提供设备监测、预防性维护、风险管理等服务。基于这一系列流程，镁伽机器人构建了自己的智能制造"云—管—端"体系。目前，镁伽机器人围绕生命科学、临床诊断、半导体、显示面板四个业务领域建立起完善的产品体系，其中生命科学业务包括自动化细胞构建系统、高通量筛选系统、生物试剂灌装系统和配套耗材；临床诊断业务包含的产品有样品前处理系统、全自动核酸检测系统、抗原检测灌装系统、液体活检前处理系统、分子诊断灌装系统；半导体业务的相关产品包括晶圆切割机、六面外观检测设备、SIC 激光切割机、全自动晶圆 AOI 设备；显示面板业务包括粒子压痕检测设备、液晶面板点胶机、综合外观检测设备、背光点亮 AOI 检测设备。这些产品的应用有效地帮助了相关行业减少劳动力需求，降低人工作业的不稳定性，提高研发、生产效率等。

生命科学领域是镁伽机器人主攻的领域，企业早在 2016 年就定下这一战略，经过多年的经营和积累，镁伽机器人为生命科学领域的自动化和智能化做出了重要贡献。数字化技术的发展为一些行业带来了翻天覆地的变化，如零售行业、汽车制造行业等，改变了这些行业的商业模式，并且大幅提高了组织效率和生产效率。但在生命科学领域，自动化普及率较低，智能化、数字化对其影响更是尚未凸显。镁伽机器人的创始人兼 CEO 黄瑜清表示，"现在做化学实验的方法与 100 年前整体没有太大区别，做生物实验的方法和 20 年前也没有太大区别"。因此，镁伽机器人希望在生命科学领域发挥自动化、智能化和数字化的价值，借助科技赋能行业变革，实现生命科学领域的突破创新和生产力革新。

在镁伽机器人进入生命科学领域的初期，公司主要提供协作机器人代替人工完成一些简单、重复的体力工作，帮助客户解放人力，随着对该领域的深入以及客户需求的丰富，镁伽机器人研发了更多自动化和智能化的产品，利用"自动化+AI"的方式拓展应用场景，提供了更多该领域下的细分场景解决方案，借助自动化、智能化的产品做到人类不愿意做的事情，如对人体存在危害性的事情、人类做不到的事情。2019年，镁伽机器人开始筹建生物实验室，与传统实验室系统相比，镁伽机器人将AI软件、分析仪器、实验室硬件和实验耗材整合于统一系统中，实现了工作流程自动化、智能化，可以应用于多种场景，提高了实验效率，获得更稳定的实验结果。2021年，镁伽鲲鹏实验室一期成功落地并投入使用，其有望成为生命科学领域自动化和智能化程度最高的标杆实验室。截至目前，镁伽机器人已经在类器官、细胞基因治疗、基因编辑等多个新药研发的垂直细分领域取得重要进展。且鲲鹏实验室已经成功培养出数十种具有较高价值的类器官模型，实现了高通量标准化大规模类器官的培养和测试；借助高通量自动化平台筛选促进细胞治疗效率的因子，建立标准化、自动化的mRNA、病毒载体等检测和分析平台，有效地帮助客户解放了人力，缩短了研发时间，降低了研发成本；利用自己研发的全自动分子实验平台，可以达到比手工实验速度快数十倍的效率。同时，镁伽机器人逐步构建基因编辑的关联数据库，通过机器学习为科学家提供相应的分析结果，有效地帮助其提高了工作效率。未来，镁伽机器人还希望在新药研发的自动化和智能化上发挥更大价值，促进生命科学领域的自动化、智能化程度更上一层楼。

四、成功经验

在数字化技术与产业深度融合，提高产业效率，促进产业进一步发展的时代机遇下，镁伽机器人经过几年的经营和不断创新，从最初较为基础的协作机器人产品到自动化、智能化程度较高的生物实验室，从提供产品到提供解决方案，实现了产品升级、业务升级、企业升级，获得了长足的发展，为生命科学领域及其他领域的自动化、智能化进展贡献了巨大价值，甚至推动了行业的变革升级。随着3亿美元C轮融资的完成，更多的资本合作伙伴加入了镁伽机器人，镁伽机器人正式进入"独角兽"企业行列。

1. 选择具有发展前景的"蓝海市场"

生命科学行业研究人类的生命现象、生命活动等，具有远大的发展前景，其技术创新和突破可能对人类产生巨大意义，然而其技术进步也是非常艰难的。生命科学行业的加速前进产生了一批中小型生物科技公司，也让资本注意到这一领域，该行业的规模迅速扩大。同时，在数字化赋能行业发展的时代下，生命科学行业也面临效率提高、资源优化的需求，但这一需求尚未被市场满足，呈现巨大的"蓝海市场"状态。镁伽机器人抓住这一发展机遇，主攻生命科学领域的自动化、智能化产品，从简单的协作机器人代替人工操作，到整合的实验室系统处理不同场景的全自动解决方案，再到助力药物研发，促进行业变革。镁伽机器人凭借独到的眼光，满足了行业发展的需求，在生命科学领域大放异彩，获得了众多客户的认可。

2. 深耕技术研发和创新

镁伽机器人专攻的生命科学领域是一个对自动化、智能化产品要求极高的行业。在进行生命科学相关的实验时，需要严格的环境条件和较高的操作要求，并且应用场景丰富，要求产品足够柔性化。因此，镁伽机器人在产品技术研发和创新方面下足了功夫，致力于开发出客户满意的产品和解决方案。镁伽机器人形成了一支上千人的人才队伍，其中多数人才具有生命科学领域和高科技领域的跨学科背景，研发人才占队伍人数的60%以上，其中硕士研究生及以上学历占比超过了60%。在这样一支人才队伍的助力下，镁伽机器人开发了众多令客户满意的产品，在生命科学研发界树立了行业地位，赢得了口碑。

3. 高质量的领先产品

基于镁伽机器人强大的技术研发和创新能力，公司目前形成了七大核心技术和平台，包括机器人技术、AI算法平台、视觉平台、镁伽云、实验自动化平台、自动化技术平台、生物学平台，服务于生命科学、临床诊断、半导体、显示面板四大业务领域，每项技术都各有优势和特点，能够帮助客户有效提高研发、生产效率。数据显示，截至2022年底镁伽机器人的专利申请数量超过500项，服务客户数量超过1000家，表明了公司的产品技术含量高，受到客户的广泛认可和使用。

4. 强大的融资能力

强大的技术创新能力和巨大的发展潜力使镁伽机器人自成立之日起就已引起药明康德、亚投资本、经纬中国等众多知名投资机构的高度重视。目前，镁伽机器人已完成多轮融资，强大的融资能力推动其资源整合，加快引进技术和高端人才；推动其技术创新，不断深挖护城河，助力公司未来高速发展。

5. 全球发展的业务布局

镇伽机器人从成立之初就进行全球布局，在新加坡设立国际业务总部，在美国、英国、日本都建立了实验室，全球化的业务布局使其在深度融入经济全球化发展的同时更有利于其整合全球尖端技术和高端人才资源。

资料来源：

[1] 镇伽机器人：生命科学行业操作的标准化和自动化，需求很迫切 [EB/OL]. 华强电子网，http：//tech. hqew. com/fangan_ 2016413，2019-03-07.

[2] 李京亚. 携 20 亿晋升独角兽，获创新工场持续加注的镇伽是家什么样的公司？[EB/OL]. 界面新闻网，http：//www. jiemian. com/article/7662123. html，2022-06-29.

[3] 谭丽平. 镇伽科技 从解放科学家开始[J]. 中国企业家，2022(7)：52-56.

[4] 百家号网，https：//baijiahao. baidu. com/s？id＝1755236124391699976&wfr＝spider&for＝pc.

第三章

数字客户

在数字时代下，企业的经营环境正在发生着转变，企业所面对的客户也变成了数字客户，客户性质的变化使企业必须重塑价值创造的逻辑。针对数字客户多元化的需求，企业应当在进行数字客户定位的基础上，对产品或服务进行数字化创新布局，为数字客户创造更大的价值，让数字客户引导、赋能企业的数字化变革。

齐桓公理智时喜欢管仲，但大多数时间，齐桓公爱的是总会取悦他的佞臣，算法更应该去主动了解用户的高级目标，而不是追随用户本能的喜好。如何知晓齐桓公需要鲍叔牙还是管仲，如何给齐桓公推荐管仲式的贤臣，而不是齐桓公同样喜欢的佞臣，是算法的责任。

——百度创始人　李彦宏

＊数字客户定位
＊数字客户需求价值
＊数字产品创新
＊产品布局化发展

海联公司：客户导向的供应链服务专家

一、企业简介

香港海联船运有限公司（以下简称海联公司）成立于 2005 年，总部设在中国香港，分别在中国的深圳、江门、上海，以及美国的洛杉矶、越南的胡志明市和马来西亚的吉隆坡开设了分公司，全球范围内共有员工 300 余人，以"为客户提供专业、安全、高效的物流供应链服务"为经营理念，主营业务涵盖了国际海运、空运、铁路运输、货物进出口代理、冷链运输、危险化学品运输、转口贸易以及仓储服务等领域。经过多年的发展，海联公司积累了大量的供应链资源，深耕特殊专项物流领域，充分利用数字化技术，为客户提供定制化、专业化的供应链金融服务，抓住 RCEP 的机会，进行前瞻性战略布局，为客户创造更多价值，成为行业内一颗冉冉升起的新星。

二、数字化技术助力客户管理

中国香港作为一个现代化的自由贸易港，有着得天独厚的地理和历史条件，其作为中国内地与外国的商品中转平台，积累了很多物流仓储周转的经验和优势以及客户服务数据。在这样的环境下，海联公司积累了更多的服务经验，可以为客户提供更具实操性的作业指导。

1. 建立客户画像

在国际贸易中，国际商品的贸易空间决定着世界海洋运输的格局，因此，港口作为海洋交通运输枢纽和国际间交流的窗口，在各个国家和地区的发展中具有重要战略地位。海联公司以不同国家和地区的港口服务为自身服务质量提升的切入点，深度捆绑各港口的服务管理，形成了客户信息的数据仓库，将客户服务过程中产生的货物基本信息、货物流转信息、港口服务流程以及客户个性化需求进行标签化处理，形成完整的客户画像，便于准确定位客户，对客户精准分层，提供个性化定制服务。

2. 管理客户群分

在熟悉多个国家和地区的港口服务流程的基础上，海联公司用数字化技术进行客户群分类管理，采用先进的信息技术开发出自有的港口服务管理系统，为不同客户、不同货物提供最快速、最直接的港口对接服务，加快客户的货物在港口的流转速度。同时，由于各个国家及地区的港口都存在不一样的贸易流程要求，如特殊货物申报流程、船务信息申报流程、关务信息申报流程等，海联公司利用自有的服务系统和专业的团队，为有特定需求的客户提供个性化船务配置方案，并进行时效和费用预算，让客户能更好地进行国际贸易报价，以做好成本控制。海联公司的港口服务管理系统能够对客户信息和服务流程进行全生命周期管理，支持网络、传真、电话等多种渠道与客户进行沟通，优化客户沟通流程，缩短物流周期。该系统还能够对长期合作伙伴、潜在客户、长期未合作客户、流失客户进行分级报备，便于企业改进服务方案扩大市场，提升服务品质。

三、深挖客户需求，为客户解决疑难杂症

随着船运服务业务的竞争日趋激烈，在做好自有核心业务的同时，海联公司积极探索更多的服务领域，尤其是在冻肉、冻水产、工厂产业搬迁转移、水果、危化产品等产业，积极深挖行业诉求，并结合其在集装箱、海运需求中遇到的实际问题，展开深度学习，积极促进船运服务行业与产业的联动发展。

1. 基于场景需求提供服务

在领域深挖的过程中，海联公司发现冻肉和水果的运输需要专业的运输配套以及各国关务政策的有效更新和前置布局，才能保证货物的高效流转，同时上游原材料采购和下游产品的存储以及渠道运输也有不少的困难。于是，海联公司整合多个国家和地区的资源及物流优势，在东南亚和南美洲等地区寻找战略合作伙伴，为客户提供更多更高效的可选方案。海联公

司在中国香港有专业化和现代化的冷链物流管理体系，采用先进的计算机管理系统，能为客户提供一站式的综合供应链管理服务以及B2B、B2C电子商务履行服务，让客户实现"放心采购，销往各地"。

对于危化产品，安全和合规是行业运输服务的金标准。海联公司要求专项团队的全体员工进行相关的危化产品IMDG运输学习培训，强化员工的安全意识，为客户提供安全合规的物流指引。同时，海联公司积极配合各海关的管理标准，以现代化的手段对客户的货物做好跟踪，让客户能准确了解货物的情况。

2. 供应链资源整合，实现价值共创

海联公司在拥有资深的物流运输和港口作业经验以及细分领域的专项服务经验的前提下，进一步进行资源整合，建立了供应链信息管理系统，并结合中国香港本土金融业的开放性特征，为客户实现了物流、商流、信息流和资金流一体化供应链的整合。

首先，通过整合供应链上下游资源配置，合理分配资金流向，实现供应链金融价值链增值，以提升海联公司在行业内的竞争力。其次，通过海联公司自身拥有的丰富冷链资源和危化品操作资源向现代供应链物流模式转型，建立供应链信息管理系统，进一步完善企业的服务网络，运用现代物流信息系统完善融资机制。最后，基于中国香港金融贷款业务的运作规则，依据自身雄厚的资金基础取得商业金融机构的授信，为承运商等中小型企业提供信誉担保，使其能及时、便捷地从商业金融机构处获得贷款。在承运货物收货并提供相应单据后，海联公司向承运商支付运费，承运商按时向商业金融机构偿还贷款，形成高效安全的融资链条。

结合中国香港本土的金融优势，将供应链金融整合到企业的供应链模式中，能让公司业务的发展更有深度地与客户进行捆绑，同时促进供应链之间的信息互通和互利共赢，使海联公司的供应链服务具有更高的增值空间。

资料来源：

[1] 范斐. 世界海洋运输格局时空演化 [D]. 上海：华东师范大学，2014.

[2] 郭笑筱，岳治强. 论香港冷链物流物业价值应用在国内物流行业中

的可行性［J］. 冷藏技术，2016(2)：21-24.

［3］李德庆，贾宇涵. 供应链金融助力企业供应链整合探究［J］. 中国集体经济，2023(10)：109-112.

［4］刘馨蔚. 香港期早日加入 RCEP，为地区经济带来多重效益［J］. 中国对外贸易，2022(4)：64-65.

［5］尹文渊，刘艺卓，徐娜. 香港与 RCEP 成员服务贸易合作潜力和建议［J］. 服务外包，2022(4)：70-74.

第一节　数字客户定位

一、建立客户画像

客户画像就是企业主动或被动地收集客户在互联网上留下的痕迹，最后形成一系列关于客户的标签。通过发掘客户个人行为印痕里暗含的数据信息，分析客户的信息需求变动，合理连接服务与客户需求(张晗等，2019)。

1. 客户画像的架构

在大数据的时代背景下，企业对大数据的应用也变得广泛而频繁。通过大数据将网络客户的信息具体化、标签化，从而为其定制符合需求的针对性服务，因此，客户画像的方法一经问世就得到了广泛的应用。客户画像的架构包括数据层、挖掘层和服务层三个层次，如图 3-1 所示。

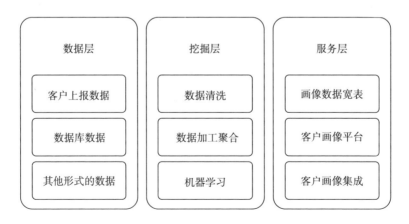

图 3-1　客户画像的架构

（1）数据层。客户画像的基础是获得完整的数据，数据分析师依据业务流程的需要确定数据指标以及数据规范，然后与开发人员沟通数据需求，最后由开发人员上报数据，如图3-2所示。

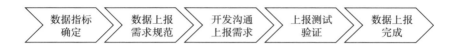

图3-2　客户画像基本流程

（2）挖掘层。有了基本的数据以后，接下来就到了挖掘层，挖掘层主要有两个方面的工作：一是建立数据仓库，二是预测标签，前者是后者的前提条件。一般来说，企业首先需要将上报数据进行数据清理和数据归纳，其次按照客户画像分层思想进行数据仓库构建，如图3-3所示。

图3-3　客户画像数据分层思想步骤

数据原始层的数据是从数据库中提交的、没有经过处理的数据，即客户明细数据。数据清理层是将初始层数据进行简单清理后得到的数据，目的是清除被病毒感染的数据或显著异常的数据。数据汇总层将清理后的数据进行汇总，企业可以从客户维度寻找需要的业务指标，然后将他们的行为进行分类归纳，获得客户轻量指标的汇总表。数据网络层主要是根据业务方的需求进行数据再加工，也就是基于数据汇总制作成相对应的具体指标需求。按照规范的数据仓库分层理念将数据分层后，企业就建立起了一个简单的数据仓库。

（3）服务层。在企业对数据仓库的搭建基本完成之后，就到了客户画像的赋能阶段。服务层最基本的应用是利用客户画像宽表的数据信息，对客户的行为进行洞察分析，挖掘客户的行为表现以及属性特征的规律性，构建客户画像的渠道平台，如图3-4所示。

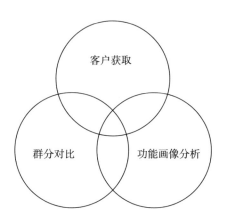

图 3-4　客户画像集成的渠道平台

2. 客户画像的作用

客户画像对企业的作用主要有以下几点：

（1）能更加清楚地了解客户的真实需求。企业可以根据客户画像了解客户需求，明确产品定位，有针对性地开发、优化、迭代产品。

（2）能准确定位目标客户。从"胡子眉毛一把抓"到有的放矢，从广泛流量到精准流量，企业在进行营销推广时便能做到精准投放，做到事半功倍，降低获取客户的成本。

（3）能对客户实现精准分层，为其提供更好的消费体验。企业的客户肯定不仅来自一个行业，因此他们的认知水平、消费能力、消费预期等都不尽相同，这些因素影响了他们的成交意愿。这些因素是不可能凭空臆测出来的，都应基于真实的客户数据，因此，企业只有通过详细的客户调研、客户沟通获取客户数据，再进行客户画像，才能对客户实现精准分层。

（4）能确定目标市场。客户画像是企业确定目标市场的重要工具。客户画像可以让企业确定目标市场，一旦有了目标市场，企业就可以开始调整企业的营销方案和产品以满足客户的需求。

二、预测客户行为

产品和客户行为存在必然的关联，产品立足于客户的需求，客户的行为能够直观地表现出客户的内心需求，客户对产品的反馈也直接反映了产品自身属性。因此，企业能够通过客户行为分析，获得客户的需求及需求趋势的变化信息，利用新思路进行产品的研发创新，生产出符合客户实际需求的产品。

1. 客户行为收集

客户行为数据的收集是数据挖掘的基本步骤之一。数据收集有两种方式：一是线上收集，二是线下收集。线上数据收集主要由网络终端的后台实现；线下数据收集是利用传感器、磁卡片、RFID 等技术来实现客户行为数据的采集，进而构建出客户的行为数据库(陈利萍，2018)。

2. 客户行为分析

随着大数据技术在经济领域的应用逐渐广泛，客户行为的分析形式与以往大有不同。以往客户分析的对象是较为单一的经济行为，由于在信息检索过程中应用了协同过滤理论，因此只能根据同类客户的检索评分记录提供相关的个性化建议。现如今，大数据技术的深入应用使企业能够通过分析社交网站数据对客户行为进行分析，并有学者建立社会网络分析模型，提出客户密度、客户中心度等概念，对于帮助企业进一步分析描述客户社会关系、从中挖掘有利于企业发展的信息和规则具有重大意义。客户行为分析主要有以下五种方法。

(1)行为事件分析。行为事件分析方法是对特定的、有必要深入研究的行为采取的一种方法，通常是分析行为对产品产生的影响及其程度。根据具体的行为事件，从各维度进行描述分析，研究对比，确定引起该行为的根本原因。

(2)留存分析。留存是检验客户是否会再次使用产品的指标，是客户行为分析中不可或缺的指标，迎合业务属性的精细化留存过程会对留存数据有指导作用。通过留存分析，可以分析客户再次使用产品的主要原因，进而增强产品的核心功能，提升留存。

(3)漏斗分析。漏斗分析的实质是转换分析，通过考量每一个转换流程的转换率，根据转换率的异常数据找出有问题的环节并加以解决，进而提高整个流程的完成度。

(4)路径分析。路径分析方法就是将纷繁复杂的 App 日志根据客户应用的全过程，展现出客户清晰、明确的现有路径，通过观察发现路径存在的问题并进行优化，使客户尽可能地通过短路径体验到产品的核心价值。除此之外，路径分析不仅可以用于客户行为路径分析，还能够用于客户不同群体的转换分析。

（5）客户分群分析。客户分群是指企业使用基于客户画像（客户属性、客户偏好、客户行为等）的标签信息将客户进行分群。通过客户分群行为表现对比，可以进一步了解不同的群体对产品的反馈，从而有针对性地提升产品。

三、管理客户群分

客户群分是客户管理的关键。客户群分是依据客户的属性特点和行为特点将客户群体进行分类，对其进行细致观察和分析的方式。

客户群分管理是把握销售节奏、找到工作重点、实现工作意图、掌控销售工作现状的最好方式。企业把有限的资源合理地分配到不同群体的客户中，对于维护客户关系、提高市场占有率、增强企业效益具有重要作用。因此，将客户分成不同价值的群体并制定相应的营销管理策略，是企业应当关注的问题。

1. 客户群分的组成

客户群分大致可以分为群分管理、创建分群、应用场景三个部分。

（1）群分管理。客户群分管理的步骤：第一，创建分群目录（记录所有已建立的分群）；第二，查看分群（借助分群目录的快速搜索作用）；第三，了解每个分群的基本信息和详细信息；第四，设定创建分群的规则（当企业创建好自己的分群时，可以直接从分群中编辑保存，也可以修改条件，通过各种行为指标和属性维度的设定，筛选出企业的目标客户）；第五，查看业务流程信息（能够展现业务流程的相关客户画像信息，还有一些关键的业务指标信息）。

（2）创建分群。常见的创建分群方式有升级和新建两种。升级分群包括手动升级和周期升级，对原有的分群进行覆盖，或是调整已有分群的结构；新建分群常用的做法是手动上传客户 ID 和信息，在一个空白的目录下创建一个全新的分群。

（3）应用场景。客户群分一般适用于推送系统、客户画像和数据产品其他作用的融合分析。

推送系统融合短信、电子邮件等功能系统，给指定的客户群做信息精准推送，针对不同客户的差异特征，给出用户偏好的信息来促使其活跃转化。

客户画像就是分析特定客户群体的客户画像情况，以此来更加集中地了解客户的基本信息、行为偏好等，便于营销团队制定营销策略，实现精准运营。

数据产品其他作用的融合分析就是在事件分析的时候，企业查看不同的客户群体在不同事件的不同行为表现，以更好地分辨不同群体的差异，从而精准定位哪部分群体出现了问题，以便企业及时作出调整，促进企业更好更快地发展。

2. 客户群分管理的好处

进行客户群分管理有以下几点好处：

（1）低效能客户能得到较好的管理。低效能客户并不需要太多的接触，与之对应的客户维护方式比较简单，成立一个低效能客户的群组，维持基础的关系，用最少的工作量维持这部分低效能客户，提高了工作效率，降低了客户维系成本。

（2）分类化、精细化管理。企业对于不同客户的培养目标是不同的，在需求越来越多样化的今天，对于客户的管理，也要随着时代的进步而进步，实现多维度、分类化管理。例如，可以根据客户的转化进度进行分类，不断地向前推进，把低购买倾向客户维护成高购买倾向客户。

（3）提高效率。在客户分群之后，同一个动作可以快速复制，同一类型的客户可以集中覆盖。在客户未划分群组之前，维护客户的动作总是要思考是否合适、是否有针对性；在客户分群之后，维护客户的动作更加精准，而且可用的维护方法也更多了。

● 专栏3-1 ● **小度科技：群分管理实现"全民小度"**

一、企业简介

上海小度技术有限公司（以下简称小度科技）于2020年10月28日在上海成立，原本是百度集团旗下智能生活领域的一部分，虽然于2020年9月30日完成融资，签署了独立融资协议，但是百度集团依然持有其大部分股权，具有绝对的控股地位。2021年8月24日，小度科技完成了B轮融资，融资金额为330亿元。小度科技不仅在市场上拥有规模最大的对话式人工智能操作系统，而且是全球最大的智能屏供货商，其在行业领域内占据了绝对的领先地位。

二、发展模式

1. 面向各类人群，进行客户群分管理

小度科技不希望被某个特定圈层束缚，而是希望可以向更多圈层进军。例如，小度科技推出的小度智能音箱以及小度智能屏，能够与人进行智能交流、视频互动，通过网络连接家电，为老年人群体的生活带来极大方便，使其不再孤独；小度科技发布小度添添智能健身镜，让用户足不出户就能体验到专业的训练课程，产品还自带社交功能，用户运动也能交朋友，得到喜爱健身、但不方便去健身房群体的一致好评；针对学生群体发布小度智能学习平板，与传统的平板电脑不同，小度智能学习平板对娱乐功能进行了限制，同时其学习功能也有所加强，有效地防止了学生沉迷娱乐，使其专注于学习，仅3个月该产品就冲到了京东平台学习热销榜前列；小度科技最新推出的小度大屏护眼学习机、智能闹钟，开卖不到1个月，就冲到天猫、京东平台学习热销榜前列。针对各个客户群体，小度科技都已覆盖，实现了"全民小度"。

2. 打造家庭休闲新体验，满足客户行为需求

越来越多的人热衷于居家运动，小度科技抓住时机，研发各种智能产品，从小度智能音箱到小度添添智能健身镜，让用户在家也能进行运动，其产品覆盖了娱乐、生活、学习、办公等各种领域，生活娱乐随意切换，让生活变得更加充实。在活跃家庭气氛、提升幸福感的同时，提升了客户对小度科技产品的满意度，以及小度科技在业内市场的地位。

3. 拓宽渠道，充分了解客户

2022年7月7日，小度科技和秒针系统达成战略合作关系，通过合作研发，在业界首次发布用户语音及逆行交互检验系统。即在不同的场景下，通过语音、点触、动作等多种形式的互动就可以实现人机交互，无须再通过引导点击等过程实现交互，这样不仅可以引起客户的好奇，而且可以拓宽营销渠道，让交互方式变得更加方便快捷。

4. 准确定位客户，获得精准的画像数据

为了提高产品的知名度，企业一般会选择进行大范围、无针对性的宣

传，小度科技则以家庭为出发点进行产品的宣传。很显然，家庭中会有不同年龄段的群体，而小度科技研发的产品覆盖各个年龄段，很符合其所面向的消费群体。此外，家庭与家庭之间的沟通交流也间接地为小度科技进行了宣传，扩大了其宣传范围。通过这种宣传方式不仅能在短时间内提升品牌知名度，而且能减少部分广告宣传的费用，实现效率最大化。

5. 市场定位，寻找符合产品的客户群体

市场定位有利于发现市场的新机会，挖掘目标市场，找到合适的目标客户群体，提高企业的竞争力。小度科技借助百度集团在 AI 技术和信息搜索能力的强大优势，获得了大量的数据支持和丰富的信息流，为其在明确市场定位方面提供了便利条件，节省了大量的时间成本，从而能够找到符合某一产品的客户群体，进一步拓展市场，使其在市场中保持领先地位，在市场竞争中取胜。

基于以上分析，可以看出承担百度集团 AI 科技化重任的小度科技在技术上具有一定的领先优势，同时其广告宣传也得到了很好的反响，品牌效应不断增强，受到了客户的赞扬和肯定，其在行业内处于领跑地位是毋庸置疑的。但是，此时的领先并不代表一直领先，小度科技若想一直处于领先地位，则需要不断突破，发挥已有优势，深化客户群分管理，真正实现"全民小度"。

资料来源：

[1]孙艺璇，程钰，刘娜. 中国经济高质量发展时空演变及其科技创新驱动机制[J]. 资源科学，2021，43（1）：82-93

[2]王佳炜，陈红. 人工智能营销传播的核心逻辑与发展挑战[J]. 当代传播，2020（1）：73-76.

[3]艾瑞咨询. 2020 年中国智能语音行业研究报告[EB/OL]. [2020-02-10]. http://report. iresearch. cn/report/202002/3526. shtml.

第二节　数字客户需求

数字客户需求对企业进行大规模个性化定制十分重要，它不仅是大规模个性化定制的起点，更是个性化定制的主要推动力。以满足数字客户需求为导向对产品进行优化设计是现代企业契合销售市场发展的一个重要方向。但是，把握数字客户的需求有一定的难度，因其具有多样化、个性化和模糊化的特点，使数字客户需求数据难以进行统计和分析，导致在产品优化设计时，不能高效、精准地满足客户需求。针对以上问题，本节主要探讨如何更好地满足数字客户的需求。

一、数字生态方案

经历了商贸全球化、企业全球化和产业全球分工之后，全球化的发展潮流已不可逆转，也发展到了一个新的阶段，数字生态全球化扑面而来，由此也形成了一种主导经济的新型企业方案——数字生态共同体。数字生态共同体基于场景需求，场景需求是指"在什么情况下会产生这种需求"，是需求的触发条件和环境的一种总称，可分为基于场景需求提供服务的生态系统、基于场景提供产品的生态系统和基于场景提供价值链的生态系统。

1. 基于场景需求提供服务的生态系统

在当前的平台经济环境中，已经有企业探索了服务生态体系下，如何实现价值创造的治理机制。以 IT 为核心的"平台"商业模式，促进了企业间的海量信息精准推送、需求匹配、网络资源交互与能力协作，塑造了企业价值共创的新逻辑与新框架，为企业的价值共创提供了新的视角。

2. 基于场景需求提供产品的生态系统

基于场景需求提供的产品通常为定制化产品。定制化产品与商业化产品有着明显的区别，通常面向满足企业内部自用产品或是面向客户的定制开发产品都是基于场景需求提供的定制化产品。与商业化产品相比，定制化产品以现有需求为导向，有明确的需求方。因此，企业只需要按照一定的流程（见图 3-5），与产品需求方充分对接，就能按要求完成定制化产品的生产。

确定角色　　　清楚业务流程　　　整理出业务流程

图 3-5　明确需求的具体流程

3. 基于场景需求提供价值链的生态系统

企业商业模式的本质就是价值逻辑，随着科技的变化以及外部市场日益激烈的竞争，客户的价值创造和企业的价值创造逐渐被分离出来，这就使生态系统出现了突破性的转变。以下从价值链、价值网两个方面剖析基于场景需求提供的生态系统发生的变化。

（1）价值链观念下的生态系统。价值链是企业内部为顾客创造价值的主要活动及相关支持的活动。但是，在价值链意识下，企业的价值生态系统存在很多局限，这种局限主要来自以下三个方面，如图3-6所示。

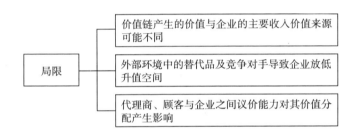

图3-6　价值链意识下企业价值生态系统的三大局限

（2）价值网观念下的生态系统。价值网是指由顾客需求和高效率的生产制造相互连接形成的一种新运营模式，企业通过数字化的形式派送商品，降低了传统分销商环节的成本费用，可以将经销商结合起来，时时刻刻达到顾客动态化要求。

二、价值共创方案

美国密歇根大学商学院教授克利修那·普拉哈拉德和印度经济学家拉马斯瓦米·文卡塔拉曼从企业策略和市场竞争的角度，提出以客户体验为基础的价值共创理论，价值共创问题开始受到关注。随后，市场营销学教授斯蒂芬·瓦尔戈和罗伯特·卢斯科以服务主导逻辑为基础，提出了价值共创的理念，在市场营销和管理领域产生了重要的影响，由此，价值共创受到了越来越多人的重视，在企业应用和学术研究中都得到了发展。

1. 基于资源共享的价值共创

（1）资源共享的目标。在价值共创方案下，企业以满足客户的需求为根本导向，是一个动态的、有机的价值创造系统。每家企业在价值共创方案下的经营状况，都将对价值创造产生重要的作用。价值共创的目标就是要实现企业整体价值最大化，这就要求每个企业兼顾各方利益，实现协同发展。

（2）资源共享的主体。由于价值关系的存在，通常财务管理活动充当着资源共享主体的角色。在资源共享创造价值的过程中，尽管各个企业在社会关系以及成员数量等方面都存在较大的差异，但资源共享系统的整体结构相对稳定。在我国，资源共享系统都是以市场竞争优势最大的企业为系统核心，其他相关企业或机构都与该核心企业通过复杂的合作形式相互连接，与核心企业一同形成一个巨大的利益共同体。

（3）资源共享的客体。数据和流量是资源共享系统中最主要的两大客体类型。其中，数据主要包括财务数据以及资源共享平台的数据；而流量主要包括资金流量、客户流量以及共享产品流量。能够最大化实现信息流、产品流以及资金流等多方向、多维度的流动是从事资源共享企业在融资、投资以及运营过程中的资源共享目标和价值共享目标。

（4）资源共享的方式。资源共享方式与资源共享的客体相对，其主要方式包括数据共享和流量共享。数据共享主要包括财务数据共享和平台数据共享。

财务数据共享就是以一定的方法，高效、标准化地整合一个价值共创系统中的各个公司的财务信息。通过对财务数据的共享，可以有效地提高价值网络中财务信息的传递效率，为企业带来更大的利益。在网络中实现了共享中心管理模式以后，价值网中的节点企业可以更快地收集网络内各个节点企业的财务情况和经营成果，并产生整体的财务数据和信息，进一步利用利益网络为核心企业和各节点企业的管理者提供决策支持（陈虎、陈东升，2014）。

平台数据共享是指在资源共享系统中，核心企业具有绝对的优势，核心企业应该将相关的平台数据充分共享给资源共享系统中与之联系的大小企业、机构，使它们各取所需，充分参与决策运行的过程，这就是平台数据共享的意义。充分合理地实现平台数据共享能够加快实现"数据变现"的目标。

流量共享的主要形式包括资金流量共享、用户流量共享和产品流量共享，如图3-7所示。

图 3-7　流量共享的三种主要形式

2. 基于资源流程整合的价值共创

资源整合是一种系统论的思维方式，通过组织和协调，把彼此相关但又分离的东西整合起来。整合就是将分散的东西以一定的方法联系在一起，实现资源的共享，从而形成一个有价值、有效率的整体。资源整合能够给参与价值共创的各个企业、机构带来可观的利益，能够使其充分交互、相互渗透。

（1）资源流程整合的优势。一方面，整合核心优势资源，确保企业持续发展。核心优势资源能够为企业带来更多的价值，核心优势资源之外的资源也有重要的意义，作为一种资源储备，它能使企业各方面的经营能力更加完善。当突发事件或危机事件发生时，核心优势资源能帮助企业处理这类事件，以此来保证企业的可持续发展。因此，企业的核心优势资源能否更好地发挥作用，取决于企业能否将核心优势资源与其他资源相结合。

另一方面，发现企业的长板，无限聚焦。在研究商业模式和企业管理时，经常会提到"木桶理论"，木桶理论告诉我们，企业的短板很重要，但数字时代，企业的长板也同样重要，长板会带动短板变长，发现长板是补足短板的前提，只有发现自己的长板，聚焦于自己专业的领域，才能充分发挥自己的优势，找到突破口。

（2）资源流程整合的意义。流程整合在本质上是将企业内外部市场资源进行整合，其作用包括以下三点，如图 3-8 所示。

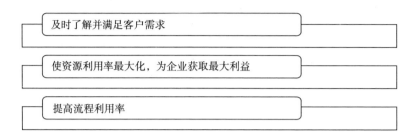

图 3-8　资源流程整合的作用

　　需要进行整合的流程包括最终客户、销售流程、推广流程、售后服务等，并非单指批发商、商场或连锁店等分销渠道。总之，流程整合是企业的一项战略措施，必须将所有的市场资源视为一条完整的价值链，综合考虑各类资源及各个成员的利益和价值，才能产生最佳效能。

三、客户管理方案

　　现如今，以客户需求为导向的营销战略已被大部分企业所采用。随着时代的进步与发展，由于市场竞争的存在，用户不仅对产品质量的要求有所提高，还对企业的服务水平提出了要求。为了维持或提高企业的核心竞争力，企业需要采取以客户为中心的营销战略，充分满足客户各方面的合理需求，把客户放到第一位。此外，企业还可以通过数据对客户群体进行行为分析和心理分析，从而更准确地把握客户需求，增强与客户之间的联系，提高竞争力。

1. 基于多重互动的客户跟踪管理

　　多重互动依赖具体情境，良好的互动情景会引发客户共创的意向，从而在不同的情境中引发不同的价值共创行为。因此，多重互动情景是形成价值共创的关键依据。

　　由于价值网络理论的出现，学者开始致力于对价值网络转型的研究。根据价值网络理论，价值共创以商业模式创新以及开放式创新为主要驱动力。由于企业价值共创受网络属性的影响，其内在机制也受到了许多学者的关注，基于平台型商业模式创新的基础提出了"价值网+"理念。"价值网+"是一个全新的网络架构，由企业、客户、参与价值共创的合作伙伴等共同构成，该网络架构能够使企业与客户之间形成更为良好的互动关系，通过强化网络密度、增强网络连接强度和连接透明度，可以有效地提升平台成员之间资源共享与知识创新的程度，进而提高企业对客户的管理水平（江积海、李琴，2016）。

2. 基于数字关系的客户跟踪管理

基于数字关系的客户跟踪管理是提高客户关系管理质量的重要方式。数字客户关系管理是指运用"互联网+"技术以及信息化技术的管理方式，使企业与客户进行良好交互的过程，并且能使企业为客户定制创新性、个性化的服务，来吸引更多的新客户，留住老客户，从而提高客户的忠诚度以及市场占有率。

3. 客户管理在企业发展中的作用

在经济全球化的今天，企业在市场中的竞争也日趋激烈，越来越多的企业开始以客户管理为抓手，提升竞争力。客户管理作为企业管理的重要组成部分，对企业的经营发展起着不可替代的作用，如图3-9所示。

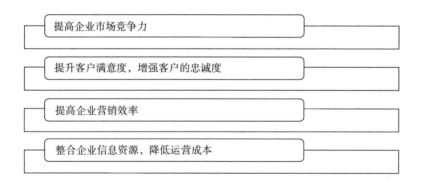

图 3-9 客户管理对企业发展的作用

● 专栏3-2 **犀牛智造：颠覆行业传统，实现按需生产**

一、企业简介

犀牛智造作为服装行业数字化转型的探索者，立足行业痛点，抓住服装工厂自动化、数字化和智能化多方向演进的未来趋势，阿里巴巴开发出了融合智能物联网、云计算、人工智能等技术为一体的智能化柔性制造解决方案，通过多端互动让客户轻松管理透明工厂，挖掘每个环节中的潜力，灵巧应对个性化订单，提高端到端的产业链价值产出，助力服装工厂的智能升级。

二、数字生态方案

犀牛智造成立的目的是提高服装的制造效率，任何一个服装制造企业均处于联系紧密的产业网络中，因此有必要用数字化方案优化行业生态，为整个产业赋能，而服务中小型企业的数字化转型，也是犀牛智造的业务范围。

整合行业生态的第一个突破口是服装行业工业软件不统一的问题。不同服装行业企业使用的工业软件不同，目前市场上常用的工业软件有10~20个，这使不同企业在进行合作时，运营和系统效率降低，无法实现高效率的产业链协同以及数字化转型，因此，犀牛智造开发了一套端到端的工业软件，连接不同的企业软件"孤岛"，形成端到端的数字化解决方案。

整合行业生态的第二个突破口是帮助中小型企业形成数字化能力。犀牛智造将服装生产过程的设计、采购、生产、质检和配送等环节都进行了数字化改造，例如，通过数字化平台进行生产过程的整体把控，通过生产排位布局计划调度生产线，通过模式管理监控订单交付状态；在服装印花环节，使用数字投影技术直接摆放印花，大幅缩短印花时间；在缝制环节，开发了蛛网式吊挂专利，根据不同的订单需求，生产线将生产任务直接分配给具体的工人和设备，一旦某环节出现了瓶颈工序，那么生产线就将该生产任务分配给其他工人，维持全局平衡的状态。当企业完成了数字化改造后，整个生产过程便可以做到数字化决策，每个动作背后的决策都最有利于供应链效率的提高。

三、客户管理方案

智能生产的一个重要体现就是柔性制造和按需生产，根据客户对款式和面料的需求进行精准定向生产与开发，实现定制服装的快速小批量生产，因此需要完善的客户管理方案。

一方面，犀牛智造增强与客户的多重互动，基于行业趋势，精准锁定客户需求，及时洞察新品开发的方向，快速设计研发，既可以将订单推送给符合条件的客户进行生产与交付，也可以根据客户的商品企划需求进行生产与交付。强大的需求预测能力是犀牛智造的优势，能够帮助客户从产品设计环节开始，就不再同竞争对手位于同一起跑线上。

另一方面，通过自身强大的小单快返供给能力帮助客户快速响应其需求。如今的服装平台在进行新品销售时，主要采取的营销策略是先小批量上市新品，然后根据每种产品的市场反响，将更受欢迎的新品进行返单，从而进行更大批量的销售。在这一过程中，需要生产商快速进行返单生产，返单能力越强，越有利于服装品牌的运营，这是因为服装是时效性较强的商品，当市场热门商品供给不足，甚至出现断货的情况时，就会影响客户的购物意愿，失去盈利机会。犀牛智造小单快返的标准是"100件以上的订单数量，可以实现七天交付"，从而帮助客户降低经营风险和资金风险，提升灵活性，实现快速上新、快速测款、快速补货，解决了客户的经营痛点。

基于以上分析可以看出，犀牛智造探索出了一套可行的传统制造企业转型升级的方案，在优化行业生态方面，统一工业软件，帮助服装产业链中的中小型企业完成数字化改造；在客户管理方面，用精准的需求预测能力为客户赋能，用小单快返的思路降低客户风险，降低服装品牌与服装生产企业的合作门槛，实现了平台与客户的双赢。

资料来源：

[1]犀牛智造：产业数字化转型的"灯塔工厂"[J].政策瞭望，2021(3)：28-29.

[2]吴昊阳."犀牛智造"能否代表柔性制造的未来[J].中国工业和信息化，2020(10)：92-95.

第三节　数字客户价值

所谓数字客户价值就是站在客户的角度，在确保企业利益的前提下，运用数字化思维、使用数字化技术改变传统的客户价值创造、传递和获取的逻辑，为客户提供满意的产品和服务，创造超过客户期待的使用价值。企业所要做的就是超前判断客户需求变化的规律，做好准备，给予超出客户预期的产品和服务，如此一来，企业就能够更好地完成其战略目标。

一、客户体验价值

客户体验价值源于"客户价值"的概念，在数字经济时代，客户价值的内涵得到了充实和发展，它被拓展到"客户感知价值"这个概念中，客户价值本质上是对客户期望与感知的评估，是客户在消费过程中感受到的实际所得，并受环境因素的影响。在客户的购买行为中，能够影响客户消费决策的因素有商品的新奇感、商品对客户求知欲的满足、商品能提供的功能、商品可以激起的情绪、商品展现的社会关系、特殊场景下的特殊因素等，这些都会影响客户对商品的总体感知。学术界有关体验价值的讨论大多是以客户感知价值为出发点的，"体验价值"最早是在"客户消费过程中会产生价值"的基础上讨论得出的，体验价值的研究视角较为宽泛，涵盖多个不同的领域。从管理学的视角来看，客户体验价值产生的前提是进行消费体验，在消费体验中，客户对商品特征、服务的感知就是客户体验价值。从心理学的视角来看，客户体验价值指的是客户对其所处环境的一种认知，是一种需要客户亲自参与、主动体验才能产生的复杂结果效用，且需要在特定情境下才能体现（沈鹏熠和万德敏，2019）。从经济学的视角来看，客户体验价值是一种新的经济产物，是从企业服务的整个过程分离产生的（朱良杰等，2018）。

在数字化背景下，客户的体验价值主要是通过数字体验创造的，数字体验是指客户通过所有数字渠道（移动设备、个人计算机、聊天机器人等）与企业进行互动的过程。如今，客户在进行消费行为时常常不会与企业员工进行直接互动，而是完全通过在线浏览产品、线上比较等方式作出决定，完成购买。这样的消费体验更加便捷高效，并且便于将产品与其同类产品进行比较，因此，企业必须重视客户的数字体验，使客户与企业产品的数字化触点更加顺畅，使数字宣传品的外观、理念给客户带来的感受与产品的特点相匹配，甚至超越产品本身，用概念和创意升华产品、吸引客户。对数字宣传品的设计和对数字体验的优化本质上是对产品的再次加工，提高附加值，增添客户在进行消费决策时的筹码，故而提升客户的数字体验就是价值的创造过程。

二、客户转化价值

不管是过去的"流量为王"，还是如今的"产品设计和运营"，都是围绕客户转化展开的，那么到底什么是客户转化呢？客户转化又有什么价值呢？

1. 客户转化

客户转化就是通过广告和市场营销的方式，把潜在客户变成现实客户。转化客户是企业很重要的一项工作内容，是关系到企业本身目标的实现、任务是否完成、是否可以获得高额的回报，以及体现自身价值的重要方面。把目标客户转化为现实客户，并增加这个转变比例，从某种程度上来说，转换的重要性甚至超过所获得的流量。如果企业能够将目标客户转化成现实客户，或者提高这种转化率，就会使推广的效果达到最佳，节省大量的时间和金钱。因此，将客户转化的比率提高到一定程度，现有的流量和以后增加的新流量就会变得更有意义，可以为企业带来更多的市场，创造更多的价值。

客户转化可以与数字化技术相融合。一方面，数字技术能够分析客户个人偏好，用科学的方式对不同类型的客户进行识别与分类，针对不同类型的群体，企业采取不同的方案接触客户，以提高客户识别能力和客户转化成功率；另一方面，数字技术能够提高客户的参与度，让客户可以随时访问产品、发起沟通，企业可以即时回答客户的问题并满足其要求，企业与客户的有效互动越多，客户就越有可能与企业展开合作，花费更多的费用为企业提供的产品或服务买单。

2. 创造客户转化价值的方式

（1）设定明确的转化目标。客户转化体现在多个方面，如产品销量、门店客流量、应用程序或小程序下载量、注册客户、注册客户消费额等指标，不同的转化目标需要采取的转化方案不同，因此，首先应当结合企业的发展战略，选定一个明确的转化目标。

（2）有针对性的转化活动。有针对性的营销活动是为了更加精确地执行转化策略，准确地找到目标群体，然后向他们提供针对性的内容，并通过多种营销方式触达客户。进行用户识别与分类是针对性进行转化活动的基础，需要进行市场调研，收集客户数据，使用数字化工具对客户需求、特征进行分析，进行客户画像，对不同客户添加兴趣标签，将广告、营销内容推送至精准意向的目标客户，有效吸引客户对产品的关注。

（3）保持与客户的密切沟通。建立稳定的客户沟通渠道能够有效提高客户转化率，常用的方式包括电话、邮箱、社交软件沟通，如果企业进行了客户识别与分类，也可以成立社群，进行社群运营。

（4）数据监控。客户转化指标的完成进度、推送内容浏览量、客户交互等数据都是客户转化过程中具有分析价值的资源，对数据进行检测分析，能够了解客户转化工作的动态和有效性，从而对转化方案进行调整优化。

三、客户信任价值

在企业营销活动中，客户信任的构建是不可避免的问题，通常来讲，赢得客户信任的过程就是建立客户信任的过程。客户信任带来的价值是其他优势无法比拟的，企业若能赢得客户的信任，则能在该行业中获得竞争优势，在市场营销中获得经济效益和社会效益，从而保证企业能够在未来长期稳定地发展。

客户信任是指客户对一个企业的产品与服务的信赖程度。增强客户的信任度能有效地提高客户忠诚度，加快推动商业成功。能否有效地获取客户信任取决于企业是否能有效、可靠地满足客户的相关需求，并为其提供高相关的、个性化的体验。在业务方面，客户的想法会对企业产生很大的影响，因此，企业在经营过程中要学会通过不同的途径取得客户信任，使其成为企业获取经济价值、走向商业成功的推动力。

客户信任可以帮助企业与客户建立牢固的联系，保持目前的市场占有率，并培养客户对企业的忠诚度，增强企业与客户之间的纽带，提升客户满足感和购买意愿。客户信任对于获得新客户、转化潜在客户是很有意义的，可以提高企业营销活动的效率。与此同时，客户信任还可以保持与老客户的联系，让老客户持续购买企业的产品或服务，甚至主动参与企业的价值创造活动，提升企业的产品力和发展潜力。客户信任价值体现在买卖双方的相互信任上，使企业能够真正为客户的利益考虑，解决客户的需求难题。客户信任可以帮助企业建立长久稳定的客户关系，维持现有市场的占有率，增加合作机会，提高客户的满意度和购买意愿。

在数字时代下，提升客户价值的重点在于重视客户数据保护和提高信息透明度。数字化运营使企业对数据的需求越来越大，除了企业运营数据，还有大量的客户数据、隐私信息。企业应当重视数据保护，采用高效的信息加密技术，保护信息不被盗用、泄露，遵守与数据隐私保护相关的法律法规，杜绝通过出售客户信息牟利，保证客户信息仅应用于企业内部分析，增强客户信任。企业需要明确信息披露和公开的目的与原则，考虑哪些信息需要公开，哪些信息需要保密，如何平衡信息公开和保密的需求。企业可以根据不同的利益相关方制定不同的信息披露和公开政策，以满足不同的需求。

四、客户忠诚价值

对于企业来说，得客户者得天下，客户无疑是企业赖以生存的根本。随着市场的竞争越来越激烈，企业若想要在竞争中取胜，客户忠诚价值就是最宝贵的资源，因为没有客户就没有收益，没有收益就很难经营，所以，企业需要客户作为其继续前进的支撑力。

1. 客户忠诚

客户忠诚是指客户依赖和喜欢该企业的产品或服务，客户的忠诚一般可以从客户的行为、情感上体现出来，行为上的忠诚度体现在客户可以反复购买该企业的产品和服务；情感上的忠诚度则体现在客户在有购物想法时，会第一时间想到该企业的产品和服务。

客户忠诚度是企业获得可持续性盈利的最佳方法。企业要将做生意的理念转变为与客户建立关系的理念，从单纯的追求和征服客户，转变为维持客户的忠诚度和持久性。客户的忠诚能为企业创造卓越的价值，客户忠诚度越高，收益就越大。

2. 客户忠诚价值的创造

（1）洞察客户，优化客户体验。在数字时代，客户利用互联网、电子设备获取产品或服务的详细信息，企业利用数字技术深入了解客户的需求，从客户角度思考移动端使用体验的提升方式，在大量数据的基础上，根据客户特征，提供恰当的产品或服务方案，为特殊人群提供特殊的人性化定制产品方案，降低客户流失。

（2）使用网络平台，加强口碑管理。品牌口碑对提升客户忠诚度有重要作用，网络平台、社交媒体以及自媒体平台的信息会影响客户对品牌口碑的判断。因此，企业必须进行各个网络平台的信息管理，维护口碑，广泛听取意见，通过社交媒体与客户进行良性互动。同时可以自建开放式信息、社交平台，扩宽与客户的接触面，主动进行产品宣传，推送优惠促销活动信息，建立与客户的情感纽带。

（3）自动化业务为客户提供便利数字化技术能够在某些业务环节取代人力，为客户提供便利服务。例如，企业可以使用智能客服进行客户答疑，处理客户咨询，缩短响应时间；在售后服务环节设置自动服务、自动审批处理退货系统，减少人工干预，优化客户的综合消费体验。快速的响应以及快捷便利的服务，有助于维系客户，成为企业独特的竞争优势。

● 专栏 3-3 ● 大疆：数字化思维探索数字化无限可能

一、企业简介

大疆创新科技有限公司（以下简称大疆）于 2006 年在广东省深圳市成立，主营业务是无人驾驶飞机的飞行控制系统的研究与开发，为客户提供无人驾驶飞机的整体解决方案。大疆的主要产品是商用无人机，并一直致力于探究飞行影像系统的先进技术，努力将产品覆盖到用户生活的方方面面。在短短十几年内，大疆快速成长为我国无人机产业中的佼佼者，在飞行控制系统、消费级无人机市场等方面都有很好的表现。

二、创造数字客户价值

1. 高新技术挖掘客户体验价值

在"互联网+"的基础上，随着数据的积累与挖掘，以及用户关系的不断加强，大疆的产品在一些细分领域市场已经拥有了大量的客户，因此继续扩大客户群体的可能性不大，形成了用户黏性高、流失率低、新增用户也较为稀少的"封闭"状态。一方面，大疆通过长期的数据积累和挖掘，对已有客户进行全面的分析，从而达到"客户闭环"的效果；另一方面，大疆进行广泛的大数据挖掘并将其应用于产品端，利用大数据相关预测模型为用户提供智能化服务，并对各个服务模块进行整合，为用户群体带来个性化服务及相关解决方案，从而加强用户依赖度。此时，企业的客户群基本成熟，新增客户数量逐渐减少，在平台导向阶段，通过分析客户的使用习惯强化与客户之间的联系，一个完全封闭的、具有有机嵌入性质的网络就被建立起来了。

2. 社交网络与新媒体实现客户转化价值

购买同一种商品的用户彼此之间会有认同感，同时还会产生竞争感，推动用户的购买和展示行为。大疆在照片墙(Instagram)上设立了一个名为大疆创意师(Djicreator)的标签，以吸引世界各地的无人机爱好者将他们用无人机拍摄的佳作上传到网上，如果作品质量高，则会被大疆的官方账号重新发布，展示给全球更多的大疆用户和无人机爱好者观看。用户并非为了得到某种奖励，而是为了获得社区用户的认同。因此，品牌可以在社交媒体上积极地收集、展示和激励用户原创内容，通过让其他用户"投票"进一步调动用户的创作热情，反哺品牌在社交媒体上的曝光。除了增强社交媒体的曝光，大疆还注重与影视行业、自媒体行业开展合作，巧妙地提升了产品知名度，扩展了客户群体。

3. 数字思维探索创新客户价值

大疆坚信无人机产品的应用场景有无限的可能，用数字思维颠覆传统思维，探索更多类型的客户价值创造模式。大疆将无人机产品与农业相结合，打造了智慧农业平台，无人机产品捕获农业生产过程中的高清图像和多光谱图像数据，通过云计算和人工智能技术分析农作物生产情况，综合气候、土壤、农作物种类等数据，指导无人机进行智能施肥作业，并为农业生产者提供全流程智能服务。大疆的无人机产品也应用于古建筑保护与修缮领域，无人机测绘技术使文物保护工作者摆脱了繁重辛苦的户外工作，它可以处理复杂地形的测绘问题，提升测绘精度。此外，大疆无人机还在应急救援、输电数字化建模、无人巡检、数字化建筑等方面有创新应用。

综上所述，大疆抓住了全球无人机市场带来的机遇，并与自身优势相结合，成功从残酷的竞争市场中脱颖而出。面对实力强劲的竞争对手，大疆始终按照自己的发展规划前进，坚定产品迭代、技术迭代的信念，紧握企业核心能力。无人机作为高新产业，具有技术换代快、要求高的特点，大疆若想保持现在的市场份额，进行无人机创新生态系统的升级，可借助多样化的途径，延长自身产业链，构建稳定的技术网络，保障其在其他关键行业中有主动发挥的空间，避免因种种原因造成产业链的缺失，从而进一步拓宽企业发展资源。

资料来源：

[1]张笑楠.战略性新兴产业创新生态系统共生演化仿真研究[J].系统科学学报，2021，29(2)：64-69.

[2]苏策，何地，郭燕青.企业创新生态系统战略开发与竞争优势构建研究[J].宏观经济研究，2021(4)：160-169.

[3]丁健.风险投资对中国科技创新企业创新发展的影响[J].社会科学战线，2022(2)：246-251.

第四节　数字产品创新

数字产品是一个企业生存和发展的根本，与营销及商业模式带来的短期利益不同，数字产品更追求长期的利益。一个企业是否能在数字产品上持续创新，充分理解市场的需求，并根据客户反馈来更新自己的产品，以满足客户的不同需求，成为目前企业最关心的发展方向。

一、数字技术发掘创新机会

随着人工智能、云计算、区块链、大数据等以数字化、智能化为特征的新兴技术的快速兴起与发展，在传统的经济环境下，数字经济、智能经济对企业的经营观念进行了突破和颠覆，给企业的创新活动带来了新的动力和机会(刘洋等，2020)。

在数字时代，数字技术已经成为产业发展的发动机，成为数字经济的重要组成部分。

数字化技术可以生成大量的数据，这些数据可以帮助研究人员和开发人员更好地了解客户与市场的需求，从而创造出更有价值的技术产品和服务。数字化技术可以加速创新的速度，因为它可以帮助组织快速收集并分析数据，并快速地将新想法转化为可行的解决方案。数字技术的应用明显提升了企业进行产业创新的速度，但数字技术对产业革新的影响也有明显的结构性差异，主要表现为，在制造企业与高新技术企业中，数字技术的应用对企业突破式创新水平的提高有更明显的促进作用。数字技术的应用可以提升企业的创新能力、吸收能力以及适应性，从而推动企业的突破式创新。

二、供需交互促使产品创新

产品创新驱动是指以产品创新来驱动经济的发展和社会的进步。认识产品创新驱动的供需特征非常重要，其具有双重性：如果我们把产品创新驱动作为一个整体来看，那么它就是企业发展的动力，是供应方；而需求方就是经济发展和社会消费。企业的创新驱动力可以被划分成作为"产出"的创新和作为"执行功能"的动力，在匹配过程中，企业的创新成果被定位在企业的供给侧，而企业的驱动执行被定位在需求侧。

随着网络技术、信息技术的发展，许多新兴的生产经营模式开始出现。企业在解决产品同质化和资源浪费等一系列问题时，选择使用服务型的制造模式，与客户建立良好的关系，分析客户行为的变化，提供整合产品与服务的技术发展，促进了企业间的协同发展。在客户从"被动接受"到"积极参与"转型的过程中，通过对现有制造资源进行整合，可以使制造企业发挥自身的核心制造优势，在服务要素中融入更多的服务元素，从而向更高阶的价值链迈进。

供需交互过程是客户与制造企业基于产品服务系统进行不断交流的过程，客户与企业之间的供需交互不仅要考虑产品技术、功能、应用等基本情况，还要评估产品性能与应用融合创造出的额外效用。供需交互过程涉及较多的主体和活动，且运行环节较为复杂，各个环节环环相扣，其主要具备复杂性、动态性和循环性三个特征。供需交互的本质是客户参与了企业的产品创造活动，能够识别客户的真实需求、解决客户的异质性问题，企业可以通过供需交互合理配置资源，创造出更多的个性化、定制化创新产品。

三、智能制造实现创新成果

智能制造是一种贯穿整个生产过程的生产理念，它包含了设计、制造、服务等各个环节，支撑了生产制造的数字化、网络化、智能化。智能制造可以实现的创新成果包括以下四个方面。

1. 产品创新

企业经营的核心活动就是进行产品的生产，而生产设备是进行产品生产的必要条件。新一代智能制造技术的迅速发展，推动了生产工艺、生产设备由"数字化"升级为"智能化"，同时产品功能、性能和市场竞争力也都有了较大幅度的提升。此外，智能制造还要求实现产品的智能化、生产的智能化和服务的智能化。其中，智能产品指的是利用新型传感器、智能化嵌入式芯片来接收、加工和处理外界信息，可以用类似人类的思维模式来进行复杂产品的设计。

2. 生产创新

智能生产也是智能制造的重要组成内容，智能工厂是其主要载体。智能工厂推动了制造流程的优化，提高了制造系统的性能、功能、效益等。将数字化、网络化和智能化技术应用到离散型智能工厂，可以对加工质量进行提高、对加工工艺进行优化、对生产调度和管理进行完善，从而提升企业生产制造水平和市场反应能力。智能制造能够实现企业的精益生产和网络协同制造，其充分利用大数据技术实现了柔性化生产，有效降低了库存，提高了产能。

3. 管理智能化

智能制造能够实现管理智能化，从而提升其整体经营能力。在引进先进设备和技术的同时，必然会产生更先进的经营方式。顺利推进智能制造的关键在于管理的智能化，只有使管理理念同手段、同企业的智能制造实现匹配，才能全面地掌控公司的经营活动。通过运用智能技术，能够实现组织的扁平化、透明化和精细化，在组织内部普及信息化管理软件，能让公司内部的信息传递变得更加快速、透明，让员工的管理变得更加灵活、高效，促使公司的管理水平和管理深度得到进一步提高。

4. 商业模式创新

智能制造有利于企业商业模式创新，在"智能工厂"和"智能生产"的基础上整合产品或服务的全生命周期，开发出新的商业模式。智能制造催生了三种商业模式：一是完全打通企业内部信息，形成垂直整合的商业模式；二是基于垂直整合，使供应链各环节的信息互联互通，实现横向整合的商业模式；三是整合多个产业链条中各利益相关方的信息，以此为基础，构建智慧化平台的商业模式。

第五节　数字产品布局

在我国的产业集群中，存在着数字产品结构布局不合理、产能分配无序、研发能力不匹配、同质化严重等问题，这些问题成为制约产业转型的瓶颈。为了能够有效地防止企业间盲目地、无序地竞争和产品的同质化，对数字化产品布局设计模式进行改进，推动产业集群的转型升级是必然趋势。

一、数字产品架构

数字产品架构作为商业模型中的核心场景的一种抽象，是整个企业数字产品架构的"骨架"，是其运作和执行流程的一种具体体现。对数字产品架构的设计，就是基于业务规则，构建内部的产品逻辑，这也是数字产品工作的一个关键步骤。

1. 数字产品架构的分层

（1）连接层。连接层也称服务层，主要包含两个部分：基础服务（内部服务）和外部服务。基础服务是指为完成数字产品需要设计的服务，外部服务则是指已经存在的、可以直接连接使用的服务。连接层提供的基础连接服务，既可以单独连接应用层，对应用层提供直接服务，也可以与外部服务相结合，为应用层提供新的服务。

（2）平台层。平台层作为支撑后台的数字产品架构层，可以分为两个部分：一部分是可直接提供对外服务的后台系统，另一部分是支撑产品数据流转的后台系统。

2. 数字产品架构的设计原则

数字产品架构的设计是将复杂的产品集合分层设计的过程，以此建立组织结构、协同效应、交互关系、依赖关系、数据沉淀、能力沉淀。数字产品架构可以遵循的设计原则有：

（1）金字塔原则。金字塔原则是一种层次性、结构化的思考方式，对产品定位、目标用户、各产品线、系统流程等各方面进行思考。在使用金字塔原则进行数字产品架构设计时，必须在宏观层面梳理不同元素之间的定位和关系，思考架构分几层，每层都有哪些元素（包括技术、产品、服务等），元素之间都有哪些连接关系（包含、支撑、同级并列等），都有哪些目标和功能，如图3-10所示。

（2）中台化原则。在架构体系发展到一定程度后，各个系统都要用到的模块会被抽象出来，改造为公用的基础模块，这样在开展新业务或研发新系统时，不仅不用从头开始，还能使用大量可重复使用的已有模块，研发效率会越来越高。因此，在设计产品架构时，要考虑中台化原则，降低产品架构体系的开发成本。

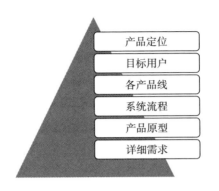

图 3-10 金字塔原则思考架构

（3）产品线原则。产品线原则强调产品线的一体化及移动化，在平台端建立标准并集成各种服务，如对用户的登录能力、识别能力、注册能力进行标准化；在应用层，业务要相对独立，实现自闭环，如图 3-11 所示。

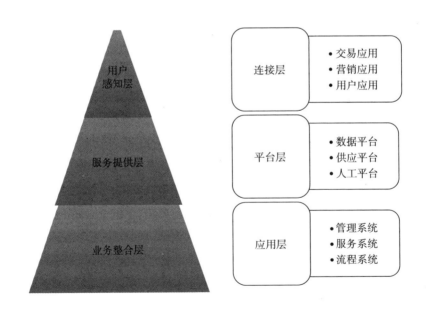

图 3-11 产品线原则架构

3. 数字产品架构设计方法

确定了大致层级，将各层级进行填充，就可以得到一个初步的产品架构。值得注意的是，在初步确定产品架构时，应先将并列的几个大的业务单元进行区分，然后再划分各大业务单元中的小业务单元。

（1）数字产品模块抽象化。抽象化即突出共性、剔除个性的方法。数字产品抽象化是指通过某种技术手段，突出表现相关数字产品的共性以及本质特性，以便于将数字产品应用于服务端。例如，将企业不同的业务能力进行总结分类，然后将同类或相似的一些业务能力进行分析，提炼本质，抽取这些业务能力的共同特点或特征，便于将业务能力快速转换成业务实体，这样就可以向不同的前台提供公共服务，且在不同的前台也能够方便实行个性化的服务。

（2）可扩展性与可复用性。可扩展性是指在进行产品设计时，不仅要考虑现阶段的业务需求，还要考虑产品对未来业务的支持，从而降低未来需要重新调整产品的可能性。例如，在商品类别层级的设计上，从理论上讲，其可以不受层级的限制而无限扩展，但从前台的易用性和实际应用角度来看，并不会设计太多层级，也不会仅设计一层，三个层级就能满足大多数的业务场景，因此在设计时需要注意不能过度设计。

可复用性字面意思就是可以重复利用，一般来说，产品的抽象化程度高，其可复用性也就高。在支持新的业务能力时，首先要考虑是否有可复用的服务，如果没有，再考虑是否对已有的服务进行重构，并最终进行新的服务设计。

（3）渐进性建设。渐进性建设的原则一是降低风险，二是降低执行难度，与其推翻重来，不如用小步快跑的方式逐步推进，以降低失败的成本。

二、数字资产的特征

构建数字资产是企业数字化转型的一种具体运作方式，数字资产是企业数字化能力的结晶，它既促进了企业的创新发展，也进一步提高了社会供给体系的创新力和关联度，使国民经济循环变得更加畅通。

1. 数字资产的内涵

"数字资产"一词并不是近几年才被提出来的，它是由海伦·迈耶（Helen Meyer，1996）首先提出的。随后，尼克尔克（Neikerk A Van，2006）对数字资产进行了界定，首次定义了数字资产的形式及内容，指出数字资产是任何被格式化为二进制源代码的媒体项目或文本文件的使用权。托伊加尔（Toygar，2013）也对此说法表示认同，同样认为数字资产是以二进制源代码形式储存的、可见数据的所有权或使用权，这些代码通常储存在计算机或互联网。由此可见，数字资产的一个被学者普遍接受并承认的重要特征就是以二进制源代码形式被储存的。

另外，还有许多学者对数字资产的资产性质进行了深入研究，这是因为对资产性质的研究有助于预测其对相关企业带来的实际经济利益。数字资产是以数字信息的形式存在的，个体、机构或企业所拥有或控制的，并且具有一定的销售属性，或者在生产过程中具有潜在经济价值的非货币性质的资产（王晓光，2013）。随后，许多学者又对数字资产有了新的理解。通过分析"数据资产"与"数字资产"的形式，将二者等同起来，将数据资产和数字资产统一定义为由企业或机构所拥有或控制的，能够在未来为企业或机构带来经济利益的数据资源（王汉生，2019）。

综上所述，可以对数字资产的概念进行进一步概括：数字资产是数字时代的数据生产要素，是以二进制代码的形式储存起来的，被某个价值主体拥有或控制的，具有潜在经济价值，能够为经济主体带来经济利益的数据资源。

2. 数字资产的特征

在不同的经济发展时期，生产要素对社会生产的影响存在差异。构建数字资产是一种主动提升企业数字化能力的一种方式，也是企业在新的时代背景下，为适应新的发展趋势而进行的一种必要选择。数字资产的构建，不仅可以改善企业的内部业务结构，还可以优化企业的运行模式，从而提高企业的生产力，如图 3-12 所示。

图 3-12　数字资产的特征

三、数字资产核算

1. 数字资产的确认

数字资产作为一种重要的生产要素，其规模呈快速发展趋势，其价值应该被单独确认、计量和报告。数据资产的确认重点是其两个特征：其一，数据资产要满足会计准则"资产"条目中"由企业拥有或者控制的"要求，就必须超越数据要素的非（弱）排他性，形成权属明确的排他性资产；其二，数据资产要满足"资产"条目中"预期会给企业带来经济利益"的要求，就必须超越数据要素的价值时变性，形成价值稳定且可计量的资产。数字资产的可复制性、可传播性，使对其进行确认和计量存在一定的难度，因此《企业会计准则》对数字资产的确认、计量与披露等问题没有专门的规定。

目前，数字资产仍然是一个较为新颖的概念，缺乏具体的实践案例，有部分地区根据 2023 年中共中央、国务院印发的《数字中国建设整体布局规划》开展了一系列尝试。例如，广东省试点发布了公共数据资产凭证，将企业数据作为贷款的依据；上海市提出了数据资产的"三步蒸馏法"，将数据资源化、资源产品化和产品价值化作为数据资产的确认依据，再通过区块链技术制作数据资产凭证。

2. 数字资产的计量

（1）交易取得数字资产的计量。企业外购资产的入账价值通常是根据取得的成本计算的，然而，交易成本未必能精确地反映数字资产的价值。从表面上来看，资产的交易价格是由市场决定的，它是一种买卖双方都认为合理的价格。但是，在对数字资产进行价值评价时，必须以获利能力为基础，并根据其带来的经济效益进行评价衡量，只有通过合理的评价过程，才能得到最精准的计量。然而，盈利能力与未来的经济效益只是通过合理的评估程序，综合市场、品牌与客户偏好等多方面进行预测，并不是想要的实际结果，因此，也很难精确地反映数字资产的真正价值。

（2）自创数字资产的计量。企业自创数字资产的计量与一般企业自创资产相似，都是根据它的投入成本计算而来的。自创数字资产的成本主要包括人工成本和有形资产消耗，人工成本主要是员工进行数据收集、数据整理、数据挖掘、建模分析、开发设计等的劳动成本。有形资产消耗主要是房屋、计算机设备等固定资产以及办公用品和计算机配件耗材等资产的消耗。通常在自创数字资产成本中，相对于有形资产成本而言，人工成本占比巨大，甚至可以将人工成本等价于自创数字资产成本。在通常情况下，人工成本是根据劳动时间以及工作难度确定的。然而，由于数字资产能够为企业发挥巨大的商业价值，其中往往包含着优秀的创新理念或新颖的想法，所以仅仅以成本来衡量数字资产并不是完全准确的。

（3）基于重要性原则的计量。一般情况下，企业的会计核算是对企业的资产进行计量，目的是精确地计算出企业的成本，并与其所取得的收入相匹配，然后得到财务结果，以便为下一阶段的生产经营决策提供依据。因此，基于重要性原则，企业在对数字资产进行简单计量时，可以仅按照能够确定的成本进行计量，无须在自创数字资产成本的计量上耗费太多的精力。

四、数字资产管理

1. 数字资产管理的内涵

要提高企业信息收集的效率，必须强化数字资产的管理。内容管理是一个可以集中解决相关问题的核心，它不但可以强化相关的查询功能，还可以在一定程度上对索引信息或数字化信息方面进行删除、修改、增加。同时，以客户的多样性为基础，按照有条件查询和无条件查询两种方式对数据备份和生成日志功能进行开发，从而保证了信息处理的安全性和有效性。

此外，随着社会的不断发展，许多企业经营者也提出了一些关于数字资产运营的解决方法。他们认为，若要推动数字化资产的合理经营，就必须对相关的数字资产管理技术进行创新，这样才能将企业成本降到最低，产业管理得以优化，改善业务合作方式，提高经济效益。为了推动企业的经营发展，必须展开对数据资产管理系统的研究，将与之相关的数据进行记录，加以改进和操作，与实际状况相结合，实现数字资产的增值。

2. 数字资产管理的意义

数字资产管理对加速数字化进程起到了推动作用，因此对企业进行数字化资产管理势在必行。

在企业发展过程中，可以利用数字资产管理系统对有关数据进行检索升级、安全保护、全方位发布，以及开展工作流程的支持，从而提升数字资产管理的服务能力和经济收益。随着信息技术的进步，数字化系统可以将有关数据内容及时公布在相应的网站上，并将其分门别类地发送给授权的机构和客户手中，可以高效率地进行资源共享，提高相关数据的价值。

企业在运营过程中，要想提高数字资产的价值，就需要持续挖掘其中有价值的信息，改善企业在发展过程中的生产管理方式，持续加大对业务的拓展，推动企业自身工作制度的更新与优化，使企业合理有效地运行。

3. 建立数字资产管理系统

强化与数字资产管理系统有关的建设和优化升级，通过建立数字资产管理系统对相关数据进行开发和分析，这就类似于建立一种管理信息系统。在此基础上，可以提高数字资产在管理、运用以及保存方面的效率。进行数字资产管理通常有以下途径，如图 3-13 所示。

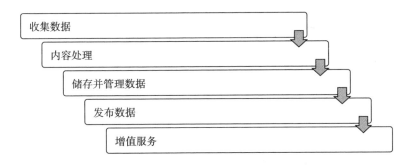

图 3-13 数字资产管理的途径

● 专栏 3-4 ●　金风科技：风电领域的引领者

一、企业简介

新疆金风科技股份有限公司（以下简称金风科技）于 1998 年在新疆乌鲁木齐成立。金风科技是一家集风电厂投资与发展、风电服务、风机制造三大业务于一体的科技企业。金风科技是我国最早涉足风力发电生产设备制造领域的企业之一，经过 20 多年的发展，已逐渐成长为我国风电设备行业中的佼佼者，也是世界上领先的风力整体解决方案供应商。

二、金风科技的商业发展模式

随着数字技术在风力发电服务中的广泛应用，金风科技改变传统的风力发电服务技术和经营模式，推动了服务商业模式的不断演进创新，获得了很好的市场反响。

1. 智能制造有助于实现创新成果，满足数字客户需求

风力发电若想实现高质量发展，就必须依靠高品质、可靠的产品。可以说，在今后的风力发电行业中，风电产品的可靠性将会成为高品质发展

的"生命线"。金风科技是一家处于风机制造产业链中游的企业，由于风机产品的普及以及风机产品复杂性的提高，市场对整个风机制造产业链中的企业都提出了更高的要求，在进行风机智能化生产时，中游企业必须根据最终用户和下游企业的个性化需求，对产品进行大规模定制。客户对风机的性能也提出了更高的要求，希望产品的稳定性增强，故障发生率降低，在产品的售后服务环节，客户希望可以迅速地对产品发生的故障进行处理，享受便捷、高效的服务。针对客户的需求，金风科技为保证风机的制造质量，通过实验模拟、建模仿真等方式对风机控制系统、整机以及相关的关键部件的工作状态进行测试，以此来检验风机的整体设计和零部件性能是否符合设计指标以及实际工况的需求。此外，在检测时获取的检验数据也能为前端的风机设计创新提供支撑，提高产品的更新速度。

2. 数字资产管理

为了将企业经营过程中产生的数据转化为有利用价值的数据，金风科技建立了数据资产管理系统，该系统主要功能是分类分析企业经营过程中产生的各类结构化数据与非结构化数据，提炼部分非结构化数据，将其转化为结构化数据，同时设置数据权限，向企业管理者全面开放数据，用高质量数据辅助企业管理者作出决策。

3. 客户管理方案

针对与客户沟通不畅、对接流程不清晰、数据归口不统一的问题，金风科技引入客户互联平台，该平台将产品研发、生产、制造、销售、运营等所有环节的数据整合，使企业实现了与客户的无障碍沟通、无障碍协同管理，使企业的数字化运营环节更为流畅。

4. 基于全优产业链深挖数字技术潜力

金风科技在深入洞察产业创新发展趋势的大背景下，将其研发系统延伸至产业链的上游和下游，以"全优产业链"为依托，推动企业的协同创新。金风科技的全优产业链基本上覆盖了整个风电行业生态圈的价值链。价值链可以划分成垂直维度和水平维度，在垂直维度上，它贯穿了产业链的上游和下游，涉及零部件供应商、原材料供应商、建设施工方、仓储物流服务商、业主等节点；水平维度则包括政府、行业协会、电网公司、金融机构、第三方机构、科研院所等节点。价值链上的每一个相关部门或企业都是推动构建全优产业链的重要组成部分，价值链各方只有协同合作、共同创新，才能够实现合作共赢、多元发展。

基于上述分析，可以看出金风科技一直以技术创新作为推动企业发展的核心要素，凭借自身的技术优势发展成为风电设备的知名品牌，成为风力发电行业的领军企业。金风科技经过20多年的发展，"家底"已经非常雄厚，企业的经营范围也逐渐扩大。为了更好地进行数字化管理，处理企业运营过程中的数字资产，金风科技建立数字资产管理系统，统一数据归口，贯穿产业链所有环节，用高质量数据辅助作出正确决策。虽然未来会有很多不确定的因素，但可以确定的是，成熟的数字化运营体系将帮助金风科技降低经营风险，提高运营效率，逐渐发展成为风电设备领域的"领头羊"。

资料来源：

[1]张超，陈凯华，穆荣平．数字创新生态系统：理论构建与未来研究[J]．科研管理，2021，42(3)：1-11.

[2]金风科技携手阿布扎比未来能源公司建设中亚最大单体风电项目[J]．中国机电工业，2022(10)：72.

总之，数字资产不仅可以推动企业经营方式与数字化信息管理的结合，提高跨媒体的协作和互动，还能够使企业与客户之间进行双向交流，同时扩大客户资源的范围，使企业在激烈的市场竞争中获得更多的商机。在产品更新速度加快和信息技术日新月异的今天，对于许多企业来说，数字资产是一项重要的无形资产，拥有大量数字资产已成为许多大型企业维持竞争优势、应对市场变化、赢得市场份额、增强经济实力、实现可持续发展的重要手段和措施。

章末案例

大华公司：为客户谋安全，探索数字安防产品

一、企业简介

浙江大华技术股份有限公司(以下简称大华公司)是一家专门从事安全防护软硬件设备的制造商。安防行业是利用高新科技来支持产品的生产，进而为社会大众提供安全环境的一个重要行业。安防行业已经逐渐发展成

一种实体经济，将社会经济生活和科学技术深度结合，为社会公共安全提供可靠保障。在安防行业这片巨大的市场中，大华公司扎根国内市场，同时积极布局海外市场，凭借行业领先的技术实力，为全球各地的中高端客户，以及个体客户提供专业的视频监控解决方案。大华公司内部拥有相对完善的服务系统和职能机构，形成了一支管理高效、经验丰富、高技术研发的人才团队。

二、全场景聚焦

作为安全防护软硬件设备制造商、智慧物联服务商，大华公司拥有的核心技术是视频技术，因此，其发展思路就是加大对产品智能化方面的研究，并将重点放在视频技术的创新上，深耕视频智能分析和高清解码传输等方面的技术。持续研究、不断迭代优化视频技术的优势使大华公司的产品和服务具有较大的竞争优势及特色，与竞争对手拉开了差距。

在新产品研发方面，大华公司坚持提升自主创新能力，积极开拓新领域，针对汽车电子、智慧消防、无人机、电子标签等新兴市场进行布局，将视频分析技术融入以上领域，探索独特的产品形态，深入发展智能家居和视频会议等市场。近年来，国家提出了有关智慧城市、新基建的相关规划，大华公司以此为契机，将企业拥有的核心技术与创新技术融合，响应国家的号召，加速创新成果向商业应用的转化。

在信息基础设施建设逐渐完善的过程中，"云计算"技术成为新一轮科技进步的主要动力，在给人们的日常生活带来极大方便的同时，也推动了信息技术产业的进步与发展。发展大数据技术的目的就是要把它应用到相关的领域中，因此，通过对海量数据处理的研究，可以促进相关领域的突破。在大数据技术逐渐与安防行业融合的情况下，大华公司将在大数据技术的基础上发挥核心技术优势，同时，它还将利用自己在数据处理领域的丰富经验和成就，不断提高自身的竞争优势。

社会智能化是不可阻挡的发展趋势。人工智能技术将对安防行业产生深远的影响，是未来的发展方向。根据安防的技术特征和今后的发展趋势，通过人工智能技术，可以使安防行业实现产品创新，提升服务水平，使安防行业向智能化的方向发展，使安防行业进入高速发展的时期。大华公司以人工智能为核心的业务创新和技术创新作为未来发展的核心战略，不断推出具备领先竞争力的产品、解决方案和服务，以推动企业数字化转型、智能化升级。此外，大华公司不但在智能安防技术上的应用方面研究多年，并已有一定的成果，而且将持续增加在智能安防领域的投资，并进行人员培训和人才培养。从市场的发展趋势来看，今后的市场地位、行业话语权，都依赖企业人工智能技术的发展情况。

三、智慧服务构建

智能安防产品以及智慧服务呈现多样化的特点，既有模式上的差异，也有应用方式、产品逻辑方面的差异，智能安防产品是信息技术、人工智能技术、无线通信技术、物联网技术等多种技术的结合体，智能安防体系的建设也可以推动创新技术的发展，尤其是在应急体系的建设、大数据处理以及集成电路等领域。大华公司建立了全方位、多层次的智能安防产品框架，通过大数据和云计算技术使安防产品的智能化成为可能。大华公司的目标是成为一个专业的城市系统综合解决方案供应商，这个角色在整个智慧城市的产业链中是一个相对重要的位置，它不仅要提供完备的安防硬件产品，还要有软件研发的能力，甚至后期还要具备强大的运营和维护能力。

大华公司作为中国智慧城市建设推荐品牌，始终坚持"让社会更安全，让生活更智能"的发展使命，其新产品开发策略同样围绕切实解决社会安全问题，提高人民生活水平展开。

大华公司在激烈的行业市场竞争中，通过建立产品开放平台，与市场各行各业协同发展，共同建立和谐生态发展圈，共同发掘产业价值，促进企业持续发展。为了将各企业的优势技术进行充分融合，大华公司的产品开放平台大致可以从下到上分为四个层次。

第一，对底层基础设施的协作，为智能硬件产品提供丰富的物联网设备连接，并灵活地加载智能算法，为软硬件的连接提供了计算、存储、网络等方面的协作，使大华公司在安防领域有了更大的发展空间，以更好地服务于安防行业。

第二，提供感知数据处理能力，主要服务于人工智能和数据服务两个方面。通过对第二层次的合理利用，不仅实现了大华公司对视图数据的充分认识，提供解决方案，还基于物联网数据强大的分析和计算能力，与合作方协同为客户提供有价值的数据信息，拉近了与客户之间的距离，并创建各个行业的业务数据模型。

第三，基于特定种类的物联网数据提供基础的处理和应用能力，将合作方提供的统一物联数据中心接入端口，弥补协作方对视图等资源的能力空缺，促进协作方对新资源的开发和利用。

第四，提供行业场景方案。大华公司以典型场景方案和与之对应的行业应用范式为基础，探索不同场景下的解决方案以及方案落地的方式，帮助企业实现场景方案闭环。开放产品平台的底层架构、数据接口、智能算法和应用场景，有助于企业的合作伙伴在安防行业快速积累经验，降低合作的磨合成本，打造互利共赢、可持续发展的良性行业生态，使每个企业都能形成自身的竞争优势，更好地整合不同企业的技术优势，发挥产品组合策略优势。

四、成功经验

1. 行业领先的技术创新能力

重视技术研发方面的投资是大华公司能够保持强大技术创新实力的主要原因。未来，安防行业的发展趋势是更多应用人工智能、芯片和物联网相关技术，大华公司将继续加强上述领域核心技术的开发，加速技术向商用的转化。大华公司的创新能力在行业内领先，因此，其有能力探索行业的新发展增长点，引领行业发展，开拓新的成长空间，推动数字技术在各行各业得到更广泛的应用，协助其他行业完成数字化转型，普及数字技术的产业化应用。在技术创新领域，大华公司始终坚持以人工智能为核心，以数据为驱动，不断推动行业的变革与发展，同时也将自身的技术创新能力持续赋能于各个行业，让技术创新成为推动行业发展的原动力，让人工智能技术成为促进社会发展的助推器。

2. 透彻了解客户行为需求的能力

经过多年的发展，大华公司已经可以针对不同行业、不同领域的客户，提出不同的服务方案，对于小微企业和个人客户，大华公司也能够为其量身定做适合的服务方案。以城市级别客户、行业客户为目标，大华公司利用自己的先进技术，开发出可以满足特殊需求和复杂系统的中高端解决方案。

为了透彻地了解客户需求，大华公司以客户为本，增强对市场的了解，深入理解客户的各种需要，及时处理客户的痛点，从而提高了整体服务水平。加强全程营销体系是企业实现"以客户为中心"理念的重要方式。加强全程营销体系就是加强研发体系与市场体系对客户实际需求的认知能力与执行能力，将客户的实际需求落实为实际产品、服务以及解决方案，从而满足客户的实际需求，提高客户的忠诚度。

3. 拓宽细分市场，为不同客户群服务

随着世界范围的数字变革和产业政策的推行，安防行业逐渐产生了智能消防、智能石化、智能农业、智能医疗等细分市场。行业的变革对大华公司提出了更高的要求，不仅要突破传统安防业务的框架，还要对客户需求进行更深层次的理解，对细分市场的解决方案、运营流程进行更深、更广的拓展。随着安防行业的竞争变得更加激烈，以产品为主导的营销体系已经不适用于当今市场，只有将产品与应用方案进行结合，才能打开行业细分市场。

大华公司对各细分市场的差异进行了深入分析，确保其产品、服务方案的准确性和有效性。根据不同的行业、不同的场景产生的不同需要，大华公司将产品分为若干层级，持续改善和优化多维度感知产品的全计算、全智能性能。大华公司通过精细的客户群分管理，为客户提供更好、更快的服务，提高价值创造的能力，促进企业收入的增长。

4. 进一步提升客户满意度并建立长久合作关系

大华公司进一步提高安防行业在市场中的价值，持续对安防行业市场进行深入探索，努力建立多元化的合作生态，构建一体化的解决方案，不断提升客户的满意度。在大渠道的经营方面，大华公司加强大渠道的深度及渠道关系的管理，建立了分层、分级的渠道客户管理系统，同时加大了对新渠道的开拓和建设力度。大华公司通过与各渠道建立长期战略合作伙伴关系，并为其提供完善的产品解决方案及服务，以期实现长远发展。另外，在小客户经营方面，大华公司增强小客户的开发力度，提升小客户的订单量、盈利能力、增长速度，从而满足小客户的需求，与小客户建立起长久的合作关系，不断巩固其在安防行业的市场地位。

5. 建立与客户多重互动的沟通平台

大华公司的网站向客户展示了企业文化、产品类型、企业团队，提供

给客户一个可以更加详尽地了解企业和产品相关信息的渠道。另外，大华公司还可以利用企业的网站，宣传自己的网络品牌，建立购买链接，这样就能吸引更多的客户，以此增加合作网站的点击量和产品的购买量。此外，大华公司的网站还为客户提供了交流平台"客户聊天吧"，客户可以就自己感兴趣的问题在网站内进行讨论交流，以便企业更好地了解和分析客户的消费趋势，以及对产品的看法，从而使产品不断改进，迎合市场需求。有问题的话可以直接"@"企业顾问，由企业专业人员解答，同时也可以检验和提高企业人员解决问题的能力，使产品在客户中形成无形的口碑，从而达到推广产品的目的。

基于以上分析可以看出，大华公司以自身的核心技术优势扎根智能安防行业，一切以客户至上，为客户谋安全，深入挖掘数字客户的需求，对客户进行分层管理，并将多样化的客户需求与先进技术相结合，探索新的价值创造模式。安防行业的智能化、集成化、网络化趋势不可阻挡，在行业发生数字化变革的背景下，拥有强大技术创新能力和客户群分管理能力的大华公司必将在变革中找到更多的发展机会，不断提升自身影响力，引领行业走向数字化之路。

资料来源：

[1] 余志捷. 我国安防行业发展现状与态势分析[J]. 现代经济信息，2019(5)：9-11.

[2] 张陆. 大华公司安防产品市场营销策略研究[D]. 南昌：江西财经大学，2020.

[3] 张国印，倪德兵，唐小我. 企业创新能力、客户参与和新产品开发[J]. 管理学报，2021(2)：259-260.

第四章

数字运营

　　近年来，数字化、网络化、智能化发展迅速，拓宽了大数据、云计算、人工智能、区块链等数字技术的应用场景，实现多产业的跨界融合，已全面渗透至社会运转的各个方面，对我国的政治、经济、文化、社会有着广泛而深远的影响。为此，众多企业为了生存和长久发展，选择主动拥抱数字化，通过数字化服务进行转型升级，很多根深蒂固的生产运营模式开始改变，使企业的发展出现了"柳暗花明又一村"的利好局面。

数字经济是全球经济复苏的关键动力，人工智能是数字经济的核心引擎。

——科大讯飞董事长　刘庆峰

【学习要点】

☆企业数字建设的流程

☆数字商业价值的实现过程

☆财务共享化布局的推进

☆数据要素的应用

【开篇案例】

中国平安：大步挺进数字科技领域

一、企业简介

中国平安保险(集团)股份有限公司(以下简称中国平安)成立于1988年，是国内首家股份制保险企业。经过30余年的运营，中国平安从最初只专注于财产险业务的小规模公司，壮大成为集保险、银行、理财、投资等多项金融业务于一体的科技型金融生活服务集团，综合展现了企业运营的紧密、整合、多元化的特性。中国平安始终坚持稳定、可持续发展的战略目标。

二、生态构建布局

近年来，为了使客户享受到差异化、全面化、优质化的用户体验，中国平安持续深化"金融+科技""金融+生态"战略，并加速推进五大生态圈的建设工作，包括金融服务、医疗健康、汽车服务、房产服务和智慧城市，不断推出领先的创新产品及服务。

在金融服务生态圈的建设方面，中国平安通过"市场开放+平台开放"，实现资金点对点在线高效对接，创立了多个金融创新平台，如金融壹账通、陆金所控股、壹钱包等，实现了各类金融业务场景的流畅切换和安全交易，用户的各类金融需求得到了全方位满足。

为抓住医疗市场的发展机遇，医疗健康生态圈的构建成为中国平安长期核心战略之一。中国平安通过建立医疗生态服务闭环，致力于为健康中国建设贡献自己的一份力量，努力提高大众健康水平，同时建立起了自身强大的竞争壁垒。一方面，聚焦"管理式医疗+家庭医生会员制+O2O服务"。与其他医药类的互联网公司不同，中国平安商业模式本质上并不依赖医药销售的电商收入，而是推行家庭医生会员制，打造问诊、处方、转诊、随访监测及健康咨询等全流程服务，这不仅能够抵御政策变动带来的风险，同时也能够有效保障公司未来长期的发展路径。另一方面，业务场景实现"线上+线下"全覆盖。在线上，中国平安拥有平安健康App入口，可以提供线上问诊、线上处方、线上买药的服务闭环。互联网医疗服务，可以帮助用户节约时间和支出，基本满足大众日常需求。在线下，中国平安收购了新方正集团旗下的北大医疗集团，可以提供优质高端的医疗服务。

中国平安成立了一系列的子公司，助力其在汽车领域消费链的拓展，包括平安银行股份有限公司、中国平安财产保险股份有限公司、平安国际融资租赁有限公司等，面向广大车主搭建了"选车、购车、用车"的全流程汽车服务生态圈，赋能制造商、代理商、汽车修理厂商等众多利益相关者。

中国平安为构建房产服务生态圈，创立了平安城科，在企业建立房产生态圈的战略布局中发挥了至关重要的作用，打造了智慧"规、建、管"全流程一体化平台，使数据融合的场景得以实现，打通了"信息孤岛"。

平安智慧城市业务围绕"优政、兴业、惠民"，广泛运用新兴科技，打造智慧环责险服务平台，提出了基于传统模式下难题的解决方案，提升了企业客户的投保意愿，增强了保险公司的风险控制能力，助力政府部门的监管，充分实现了多方交互联动，形成了城市秩序得到有效治理的盛景。

三、平台运营模式

作为综合金融服务集团，中国平安根据其明确的多元化发展方向和独特的经营特点，开创了符合公司未来规划的崭新之路。中国平安的业务包括销售金融产品、提供相关服务，同时将业务延伸至银行、资产管理等方面，从而使其能够在不同组合的业务融合下，发挥显著的协同效应，实现公司利润最大化、价值最大化。

1. 创新"线上+线下"业务平台，大力引进客户流

随着通信技术的飞速发展，中国平安也在积极探寻如何提高网络渠道的服务能力。为此，中国平安首先以整改线上线下业务平台为出发点，并在线下网点继续优化产品开发、销售渠道和产品应用场景，致力于为客户

打造极致的用户体验。此外，中国平安还广泛借助区块链、大数据、人工智能等技术，来对客户的兴趣爱好、消费需求、经济能力等特点进行深度分析，在促进客户全方位了解自己需求的同时，还可以为客户提供多种差异化服务，从而增强客户对中国平安业务的黏性和忠诚度，也为企业扩展了更加广阔的利润空间。近年来，中国平安互联网平台上的注册用户数量直线上升，客均合同数也同时呈现激增状态。移动互联网平台个人和企业用户的极速增加，成为中国平安业务成交数激增的主要原因。

2. 销售渠道的创新，提高销售数量

与实物资产相比，保险不具备实物的特征，因此，保险业的销售方式与渠道对于公司运营的重要性不言而喻。传统保险的销售是通过代理人来代理销售的，或者是通过银保渠道、电销渠道等途径销售的。但是，由于近几年平台科技的不断创新，新兴的保险销售渠道开始出现，主要是以区块链、物联网、大数据技术为基础实现营销渠道的创新，达到精准营销、智能营销的目的。其具体做法是整合内外部资源，执行交叉销售，综合开拓销售渠道。其中，交叉销售弱化了不同业务之间的隐形边界。例如，平安财险、养老险、健康险三大险种的销售专员和寿险的销售专员实现了二合一，且一并隶属寿险分公司下的综合开拓部，管理三大保险渠道的综合拓展。交叉销售通过数据的收集分析来知悉用户的兴趣特点、购买能力等数据，随后再次利用大数据向特定用户群体推送可能感兴趣的产品和相关信息，在提高商品成交量的同时，还能极大提高用户对公司产品的依赖程度。

3. 坚持以科技驱动为战略，增强企业核心竞争力

中国平安竞争机制的建立是其能够长期以来胜于同行企业的强有力武器。中国平安的核心竞争力主要概括为以下两个方面：

（1）综合金融战略。综合金融战略是指中国平安建立了五大核心生态圈，并始终坚持为每位客户提供多种产品或者最优的产品组合，让客户享受一站式服务。因此，在进行了大量的尝试和探索后，公司提升了产品的品牌优势，对产品进行了多元化开发和重组。例如，中国平安正在逐步打造"三经四纬"的产品新体系，指的是其产品结构体系下的一套新的组合拳，三大经线是"高端康养、居家养老、健康管理"服务理念，四大纬线是以"如意、御享、智盈、盛世"为主的四大产品系列，并且中国平安正在大力推进服务经线与其产品纬线的深度融合，使客户对品牌的信任有质的飞跃，优化企业运行成本结构。

（2）科技驱动战略。在中国平安的科技创新体制中，AI、区块链和云计算是三大核心技术资源。中国平安自主研发了"平安云"，这标志着其正式开启了云计算方面的战略布局。在"平安云"中，公司实现了不受头部供应商的限制，可自主选择具体的技术方案，体现了较高的灵活性。深圳壹账通智能科技有限公司开发的壹账链平台是中国平安最原始，同样也是最核心的区块链方案，帮助公司解决了系统主导争议、数据隐私问题、系统吞吐量与延迟性问题，充分满足了金融机构的业务需求。AI技术被广泛地应用于平安银行股份有限公司推出的"数字管家""数字投行""数字账户"三大创新产品中。"数字管家"帮助企业在经营、财务、人员三个方面开启了线上化、智能化管理模式。"数字投行"缩小了投资方与融资方之间的信息鸿沟，助力中小微企业提高融资效率。通过"数字账户"，平安银行股份有限公司可以实时知悉客户企业的业务流向、资金流向、产品物流等所有企业经营信息，从而可以降低风险、精准放贷。

四、成功经验

1. AI财务智能共享引擎，实现业财融合新模式

在财务共享模式下，依托数字信息化平台，中国平安在会计处理效率方面有了很大的提高，实现了公司业务和财务数据一体化管理。中国平安真正做到了以科技引领业务变革，在其保险业务中融入了精准客户画像技术、AI图片定损技术，从而可以向有良好特征行为的车主提供"信任赔"服务。此外，在后台客服对接的环节中，中国平安创新性地开启了无人模式，所有的案件车主都能在几分钟内收到赔付资金，理赔速度得到提高。在持续为中国平安及下属子公司提供后台系统运营服务的同时，中国平安数据科技（深圳）有限公司已经率先成长为金融界里金融业务规模最大、种类最齐全的共享服务中心之一。

2. 打造互联网金融服务平台，提供全方位金融产品与服务

科技赋能多项业务全面、协同发展。中国平安从保险起步，逐渐布局互联网金融和科技，融入证券、银行、理财投资等业务。此外，中国平安秉持市场化理念，持续优化股权结构，实现了从地方性的保险企业跨越至

国际化金融集团的转变。传统金融业积累了大量的资金，科技业务是价值的输出源，二者优势互补，共同支撑企业的未来。中国平安的车险业务通过技术变革和流程再造，坚持以高质量发展为目标，推动车险业务走向数字化。此外，中国平安开启了"1+N"的服务模式，该服务由1位客户经理加上N位专家团队组成，专家团队参与到平台的客户运营过程中，深度洞察客户需求，为客户提供各类金融业务专业化的解决方案。经过多方努力，中国平安不断提升客户价值，营业收入持续增长，有效地控制了成本费用，数字战略布局不断加快。

综上所述，作为业务创新的引领者、数字化转型的先行者、社会进步的建设者，中国平安先进的管理理念和技术优势，已经得到了多家大型国有企业的充分认可，为众多公司提供了一系列数字化运行的解决方案，利用数据打通全产业链，全力释放数据要素价值，助力实现全产业链转型战略。未来，中国平安将继续坚持通过数字技术创造价值，致力于激发社会经济活力，始终铭记公司的初心与使命——服务国计民生。

资料来源：

［1］熊玉梅．科技创新赋能企业价值创造：以中国平安为例［J］．市场周刊，2021，34（8）：14-17．

［2］刘鑫．中国平安平台生态圈构建对企业绩效影响的案例研究［D］．长沙：湖南大学，2020．

［3］童颖曼．传统金融机构的互联网金融转型策略［D］．成都：西南财经大学，2016．

第一节　数字定位

数字经济时代的显著特征决定了企业要独辟蹊径，探寻适合自己的道路，需要重新抓住顾客的眼球，从而在激烈的市场竞争中积累自己的生命力。因此，明确企业运营过程中的数字定位是数字运营的重要一步。在此阶段，企业需要结合自身现状、技术发展、行业特征、市场需求等众多因素来进行精准定位，制定企业数字化转型的最优目标。

一、强化治理能力

传统的企业治理方式主要通过员工自身来进行组织管控、流程监管、资源管理，然而这种治理方式对现代企业来说，可能会出现治理方式与发展战略不匹配的情况。因此，设立与公司数字化转型相适应的治理体系是企业建立核心竞争力的关键。利用数字化技术对各部门及其内部的数据、资源、技术、流程等相关治理领域进行数字化升级是企业数字化转型的明确方向。自动化、精确度、智能化是数字化治理能力的体现，其覆盖的方面更加广泛、全面，包括合规科技、内控科技、监管科技、法律科技、审计数字化、管理会计等。在数字经济背景下，构建数字治理体系通常需要经历两大步骤：首先从组织架构、绩效考核等维度进行数据管理，其次梳理、建设数据的模型和生命周期。

从治理体系架构上看，数据治理主要覆盖以下四个层面，如图 4-1 所示。

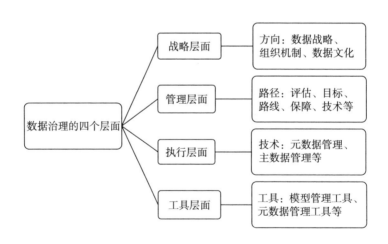

图 4-1　数据治理的四个层面

（1）战略层面包括数据战略、组织机制、数据文化，重点在于划分哪些决策要制定，并规定相关负责人。数据战略是顶层的策略，为数据治理指明了方向。

（2）管理层面包括认清现状与制定目标、评估数据治理能力成熟度、规划数据治理路线图、建设数据治理保障体系、构建数据治理技术体系、数据治理策略执行与监控等，强调数据治理流程、制度和方法。

（3）执行层面包括建立数据治理各项技术能力，实现对各项数据资源的有效管理和控制，强调数据治理的具体操作和技术，如数据梳理与建模、主数据管理、数据质量管理、数据安全治理等。

（4）为了全面提升数据治理的效能，工具层面强调对数字技术和工具的运用。企业数据治理涉及的工具有主数据管理工具、元数据管理工具、数据质量管理工具、数据交换共享工具等。

二、加快数字化建设

企业的数字化转型进程可从以下五个方面出发：经济业务流程、企业的生产经营模式、员工的创新管理等，总而言之，需要从管理前端到终端全线使用自动化和人工智能等信息数字技术。加速企业的数字化建设可以将以下流程作为着力点，如图 4-2 所示。

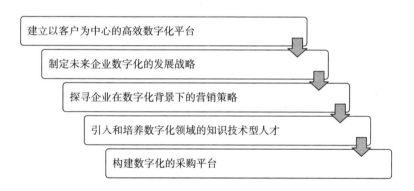

图 4-2　加速企业数字化建设的流程

以客户为中心的高效数字化平台建设是企业构建数字化系统的第一步，关键是培养、维系与企业之间拥有高度黏性的固定客群和潜在客群，企业可借助人工智能技术实现与客户的有效链接，并将所有群体进行层次划分，使每个个体都享有自己专属的定位，只有这样，才能打造出个性化的数字产品和服务。除了打通与客户互动的桥梁，还需要建立数字化客户反馈平台。例如，自动化触发产品体验的反馈问卷，极大地提高了产品市场受欢迎程度调查的效果，随着海量数据的不断生成，这也节省了企业进行大规模市场调查的成本，同时提高了企业产品更新迭代的速度。

此外，企业还需要结合数字化驱动因素来确定其发展的愿景与目标。具体来说，在供应链端，确定产业链整合的目标；在生产端，确定智能制造的目标；在研发端，确定以客户数据为研发方向的目标；在销售端，确定全渠道营销管理的目标；在服务端，确定全链条客户体验管理的目标。

积极探寻创新型的数字营销模式是每个企业在数字化转型道路上的必修课，可以从两个方面进行：一方面，企业基于传统业务，通过数字化技术打造线上运营的消费场景，以数字化的形式将传统的业务呈现在互联网的各个平台上，企业可以在同一时间段实现线上线下相结合的营销渠道新模式，进而更多的客户能够更加轻松容易地触及企业创新性的数字产品或服务；另一方面，企业根据社会现有的要素进行重新组合和重构，及时调整主营业务内容，从而构建新的要素组合，并且结合数字化技术创造出原本没有的新型产品或者服务，使之符合企业的数字化转型进程，打造企业的专属差异化优势，提升企业产品或服务的竞争力。

人才资源充分与否将直接决定企业数字化转型的速度。一方面，企业可以积极地与国内外高等院校开展合作，构建校企共同培养卓越数字化人才的平台和途径。企业向校方提供实践学习和经验积累的场所，校方则需要优先向企业输送相应的数字化人才。另一方面，在外部人才供给严重缺乏的场景下，数字化企业可以招聘相近领域的人才自行培养，从而满足在企业数字化转型进程中的数字人才需求。

在数字化技术的驱动下，采购平台数字化俨然已成为企业供应链管理的有效手段。首先可以对过往的采购数据进行分析，随后利用人工智能和物联网等技术判断系统中提交的采购方案是否科学合理，使每项采购业务在符合企业转型升级的要求下，不断提高企业底层业务的质量。

三、赋能服务增效

企业明确数字化战略后可以最大限度地释放自有资源的价值，当企业收集和掌控了海量的数据后，将数据进行变现，利用新兴科技实现与企业现实业务的融合，赋能客户，为客户创造真正的价值，为企业数字化服务的打造奠定基础。

1. 从不同用户视角出发，变被动为主动

得益于数字技术与社会生产力的发展，以客户为中心的服务模式和业

态得到了创新发展，大众消费能力和水平持续升级。通过运用数字技术，企业生产运营从原先的"以企业为中心"转向"以客户为中心"，即"以人为本"，从而实现了研发、生产、分配、交换、消费等社会再生产环节的改进升级。变被动为主动这一战略使企业在信息流、资金流和物流的流转效率方面得到了提高，供需实现了高度匹配，助力企业更好地服务于客户，主动承担了社会责任，实现了从单纯逐利的理念转变到与社会共生、共享、共富的目标战略，加快了经济社会数字化转型的速度。

2. 数字化为服务打下可视化、智能化的坚实基础

从服务过程来看，随着用户浏览痕迹的可追溯，各环节的数据可以进行记录、分析、挖掘。例如，在服务过程中引入自动回复应答、智能质检、RPA等技术手段，拓宽服务的规模和范围；引入智能助手、弹窗提醒等程序，提高企业的服务能力和专业程度。

3. 线上线下的协同效应在持续加强

线上线下协同的增多，App与人工之间可以保持长时间的联建互促，使用户拥有体验产品或服务后的反馈途径和平台。线上线下协同运营的核心在于服务划一、信息划一，最大限度地避免服务中断给客户带来消极的情绪。

所以，现如今企业数字化技术服务能力的强弱，已经成为产品供应商业务发展的切入点与核心，不仅能够决定产品能否获得市场的认可，也可以从某种程度上体现出企业对自身产品的监管能力、技术的整合能力以及对市场变化的反应能力。

●专栏 4-1● 山大地纬：数据流通和服务生态，为企业带来破茧契机

一、企业简介

山大地纬软件股份有限公司（以下简称山大地纬）成立于1992年，在2020年登陆科创板，成为山东软件产业首家科创板企业，同时也是国内高校校属企业科创板第一股。山大地纬以"AI+区块链"为核心驱动力，其三大主营业务智慧政务、智慧医保医疗、智能用电板块的技术水平居于全国领先地位，业务覆盖国内20多个省份的3亿多人。

二、依托数字底座，打造"链"上政务

山大地纬充分运用人工智能、云计算、流程引擎等网络技术和逻辑思维，开发了一体化智能协同工作平台解决方案——SmartG4.0，助力相关政府部门解决了工作落实难、工作流程不规范、协作效率低下、项目进度跟踪难、监管不到位、业绩考核缺乏依据等问题。SmartG4.0运用了智能政务流水线机制，围绕政府部门的办会、办文、办事等核心业务展开，打造了数字化政务模式，实现了全员可同时在一个平台上协同办公，汇聚融合了消息通知、文件查看、及时沟通、任务督办、会议管理、公文流转、绩效考核、工作日志等各项应用。同时，为与政务相关的管理、决策、经办、办公和信息技术等人员提供了结合移动办公与桌面应用的智能化的移动办公、政务管理、大数据分析和运行监管等综合性服务功能。总的来说，SmartG4.0在政府部门中的运用充分满足了其日常的工作需求，实现了办公一张网，行政效率有了显著的提高。

三、创建"互联网+医疗健康"模式，助力医疗、医保体系提质增效

在智慧医保领域，山大地纬致力于形成集治理、服务和协同于一体的智慧医保运行新模式，打造了涵盖任务流、档案流、资金流、状态流、控制流的智能业务前台流水线，在后台运营中，实现了事中监督控制、事后监管和绩效考核的统一。该模式已在深圳、山东、浙江等省份投入运营。此外，在智慧医疗领域，山大地纬的服务涵盖国内10万多家医疗机构和1500家二级以上医院，已经构建了以支付结算系统为特色的产品体系。概括来说，山大地纬深耕智慧医保医疗领域，助力相关部门实现了业务档案一体化、业务财务一体化，同时使单个医保医疗系统突破地域、层级、系统、部门的限制，打造出了多方协同办公的场景。

四、搭建智能用电平台，多方从中获益

一直以来，用电智能化对智能电网的未来建设有着举足轻重的作用，同时也是大众体验智能电网带来益处的最直观方式。因此，山大地纬以推动智能用电产业的蓬勃发展为目标，通过一系列先进技术手段，提供了智

能用电信息采集及业务平台、智能用电大数据服务的解决方案，实现了超大规模电力用户用电信息采集、智能用电应用分析、用户个性化互动服务等多种类型智能化用电服务。例如，在智能用电应用分析方面，山大地纬构建了反窃电概率预警分析系统、电力市场精细化分析系统、电力负荷预测分析系统和电力舆情智能监控分析系统。长期以来，山大地纬持续深化"数字赋能，智能增效"的战略方针，充分开发智能用电数据中潜藏的价值信息，新增了多种智能用电的增值服务，从而提升了供电单位的服务质量和服务能力，指导了用户如何经济、合理用电，在实现社会资源最大限度优化、整合的进程中扮演着至关重要的角色。

综上所述，山大地纬传统三大主营业务在大量获取了政府、医保、电网等重点客户丰富资源的利好条件下，打造了城市链、医保链、公积金链和人社链的运营和维护服务，帮助政府进行数据上链和数据确权，为第三方机构与个人或法人提供数据资产的分类和应用服务。在数据要素产业化的大背景下，山大地纬在其中扮演着交易链提供者与数据要素交付商的角色，迎合了新时代新要求，公司经营业绩有望呈现"破茧"式增长。

资料来源：

[1]杨阳.山大地纬登陆科创板"AI+区块链"凸显科创本色[J].股市动态分析，2020(15)：39.

[2]山大地纬软件股份有限公司[J].中国人力资源社会保障，2017(10)：64.

四、构建精准创新

数字创新颠覆了传统创新的管理模式，彻底改变了企业技术创新的过程，具体包括以下三个方面，如图4-3所示。

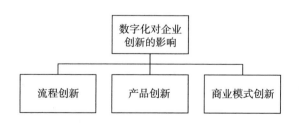

图4-3　数字化对企业创新的影响

随着数字技术快速迭代升级，流量时代的浪潮正在缓缓褪去，因此，企业在原先"独尊流量"背景下构建的商业模式需要作出改变，以客户为中心、公域和私域交互融合的数字化经营模式正在开启。这种新兴的经营模式将实现供需平衡和开放的生态连接，此外，"人""货""场"关键三要素将同时实现高度数字化。其关键聚焦点从供给小于需求时以"货"为中心转向供给大于需求时以"人"为中心，进而实现"货"与"人"的高度匹配。

随着在线购物、网络社群、在线支付等互联网技术的精进，企业的数字化算法可以精准及时掌握市场需求的变化趋势，对客户的行为数据、消费数据等海量数据实时知晓并进行更深层次的分析，细化客户的潜在需求，从而推出更加个性化定制的新产品，同时将风险降至最低。传统工业企业与互联网技术的深度融合，必将实现数字技术赋能实体企业的利好局面，可以将大规模的市场数据内化为企业催生颠覆性创新产品的重要源泉。

此外，企业通过提升技术创新能力来增强产品技术含量，从而实现高端化生产，同时借助数字平台实现精细化、柔性化生产，提高良品率。不仅如此，还要实现与产品供需端的高效连接，提高产品服务、产品供给质量。因此，企业不仅需要从原先的"贸易—生产—技术"理念变换到以数字要素为创新战略的"技术—生产—贸易"发展理念，还应当建立数字转型产业的命运共同体，大力推动企业、高等院校及科研院所合作交流，构建开放式数字协同创新组织，促进内外创新要素的互联互通，发挥多方资源创新的协同作用。

数字化技术正在从多个维度融入企业原有的组织架构，例如，在打造各类高精度要求的零件或产品的设计方面，完善的在线平台实时数据可以实现高效的新品研发设计。简单来说，企业应该适时借助先进技术和庞大网络用户的优势，把握创新与数字化融合的时机窗口，逐步突破自身的创新壁垒，大力发展数字经济。

第二节　数字商业

计算机的出现产生了一个新兴的生产要素——数据，互联网让数据光速传播和运用，接着产生了大数据、人工智能、区块链技术等。数据的渗透，重塑了商业环境，引发了商业模式的变革和进化。数字技术的精进提升了数据的真实性、适用性、经济性和可获得性，奠定了数字商业模式的出现和发展。数字商业模式的特征主要表现为以客户为中心、以数据和技术为核心战略资产、以数字平台为连接点。

一、商业价值发现

以线下销售渠道为主的企业产生了留客能力弱、经营模式单一的问题。一方面，第三方支付方式不仅融入客户生活的各个方面，同时也已植入企业端全产业价值链。随着云计算、大数据、AI、物联网等科技手段的精进和积累，以第三方支付为着手点的金融科技创新正在展现强大的生命力。另一方面，线上经营模式发展速度惊人，线上经营模式的兴起离不开分享交易，主要表现为产品所有权和使用权的分离，提高了交易速度，无缝衔接了双方的供给与需求，使闲置资源在所有者和需求者之间实现了高效共享。总的来说，在数字经济下，社会产生了一系列全新的交易关系、供需产业链、供给模式，社会产品和服务的供需达到了平衡，充分发挥了商品的内在价值。

因此，数字商业的巨大潜在价值开始被众多企业挖掘。数字商业的价值大致归为以下三个方面：

首先是经济效益。数字商业促使新的业态形成，缓解了严峻的就业形势，给社会经济的发展注入了新的动能，由于相应的软件开发和网络技术的创新，如智能终端、移动网络、云计算、网络安全系统等，共享网络平台得以产生。

其次是社会效益。随着消费升级，大众对产品品质有了更高的追求，而数字商业彻底改变了商品交易行为中的供给模式、交易关系、社交模式和生活模式。

最后是生态效益。数字商业通过整合社会资产和资源，使闲散资源得以重新创造价值，减少了资源的过度消耗，从而实现了绿色低碳环保发展。

所以，有一定数字化程度的企业也真实地感受到了线上线下一体化经营模式给其带来的优势。一体化运营模式中的多渠道获客、会员权益等综合经营能力在对外部风险的抵御效果上十分显著。数字经营帮助传统商家实现了业务场景信息化、业务环节数字化，突破了单一线下经营模式，实现了业务拓展、O2O(Online to Offline)的商业模式升级。

二、商业价值创造

数字商业价值的创造是指广泛运用数字科技，利用组织内部和组织之间的资源进行新价值的再造，携手客户共同搭建价值共创平台，加速构建高水平的运营流程。数字商业的价值创造可以通过以下几种方式实现。

(1)数字化转型并非仅针对产品和技术。目前，互联网搜索功能日益强大、商品价格趋于透明化、产品性能同质化，未来市场竞争优势极大概率来自商业模式改变。因此，数字化转型使企业引入了需要定制服务的新数字客户，而不是生产更多的实体产品。从实体产品到数字服务的转变要求很高，需要新的技能、梳理好价值链和以客户为中心的理念。

(2)数字化转型使企业能够更好地知晓客户需求，并根据他们的需求提供新的价值服务。在传统商业中，边缘客户往往会被企业忽视或者选择战略性放弃，而数字化创造了更有效的服务方式与机会，边缘客户的需求也会被满足。

(3)数字化转型使企业能够通过智能制造与客户共同创造价值。数字化价值创造的变化要求企业的核心能力、心智模式、流程和管理随之变化。企业要理解新科技的趋势与核心逻辑，有效应用并创造出客户认同的价值。

因此，数字化转型使企业能够以多种方式实现新价值的创造，新价值的创造为企业在数字化转型中遇到的难题提供了解决方案，并增强了其前进的信心。

三、商业价值实现

企业数字商业价值的实现过程实则是一个价值交换的过程，价值交换管理的关键是让每项组织活动都有助于强化企业所主张的价值。数字时代的价值主张将指引数字化战略的制定与转型升级的方向。

在数字化转型下，数字化竞争环境对企业的商业价值变现能力提出了更多更高的要求。第一，需要明确自身的组织核心竞争力，以适应向数字化、新服务方式的转变。第二，数字化转型意味着企业流程的变化，传统的企业价值交换流程分为三个步骤：一是研发新品，二是产品生产制造，三是产品销售与推广。虽然这套流程对制造型企业很受用，但如果想强化一个令人信服的价值主张，企业就需要让业务流程向客户的方向靠拢，即选择价值、提供价值以及向客户交付价值，在此过程中，企业要保证价值交换关键节点，努力让所有人能认同价值主张，持续创造价值，实现价值交付。

客户价值等于产品和服务的交付价值与客户购买成本（精力成本和金钱成本）的差值。客户通常会从他们认为能够提供最大交换价值的公司购买产品。交付给客户的价值可以由产品、利益、情感等多样化的形式构成。在数字化的大背景下，任何为客户创造价值的流程都需要融入数字化新价值交付体系。当然，客户价值有期望价值和感知价值两个方面。期望价值是指客户对产品或服务的期望，而感知价值是客户相信在购买产品后从产品中获得的利益。基础客户价值更多停留在产品属性，在更高的层次上是情感回报和愿望类价值。

此外，数据的激活让数字化转型带来的价值增值进一步得到体现，意味着企业的数字资产得到了最大限度的"厚待"。任何一个商业场景都有其强大的后台引擎——数据，因此，数字化转型进程与数据的应用程度紧密相关。所以，将数据运用到商业业务闭环中，将为企业打造核心优势，收获更大的商业回报。同时，随着生态系统中新参与者的到来，企业需要迅速转变角色，构建数字化动态核心能力，打通价值发现、价值创造、价值实现的全流程。

● 专栏 4-2 ●　新瑞鹏集团：宠物经济业态升级

一、企业简介

新瑞鹏宠物医疗集团有限公司（以下简称新瑞鹏集团）于 2013 年 11 月 26 日在深圳福田区成立，成为宠物行业新兴浪潮中的一股强劲的力量。新瑞鹏集团是中国规模最大、运营管理能力最强、服务意识和医疗水平最高、资本最为雄厚的连锁宠物医疗平台之一。随着公司各方面能力的提升，品牌不断被公众所认可和知悉，并获得了"2021 品牌强国——宠物医疗行业年度影响力企业"的荣誉称号。

二、商业价值发现

随着人们生活水平的提高和社会人口老龄化现象的加剧，客户对宠物的热衷程度也日益提高，宠物是他们的情感寄托和休闲娱乐的首要选择，不仅弥补了内心的情感空白，而且大大地提高了幸福感。由此可见，如今的宠物行业是一个朝阳行业，整个行业正在规模化发展。因此，社会各界对宠物行业给予更多的关注，大量的资本涌入，以自己独特的优势快速抢占客户市场，宠物行业的发展浪潮由此掀起。宠物行业呈现的新趋势是越来越多的年轻人开始养宠物，甚至将宠物视为自己的"家人"，希望可以用便利、高效的方式喂养宠物。比起传统的商店、宠物医院，年青人更青睐互联网、线上的购物体验，于是，新瑞鹏集团以此为突破口，探索出了"互联网+宠物"的数字商业价值创造思路，为客户提供便利、多元化的宠物消费体验。

三、多领域整合，创造数字商业价值

新瑞鹏集团在经营业务上做到了最大限度的资源整合，其经营业务主要包括宠物医疗保健、宠物商品零售、宠物文化传播、远程诊疗、宠物美容美发等，涵盖了宠物行业的整条产业链。宠物医疗是宠物行业的重要板块，是宠物经济的重要链条和载体。通过云计算、人工智能、大数据、移动平台等技术创新，新瑞鹏集团以用户的需求为导向，建立了有效的医疗网络系统，积极满足用户的需求并提升了服务体验。新瑞鹏集团拥有互联网医疗、直播电商等业务，实现了24小时为用户在线接诊、互联网养宠等服务。新瑞鹏集团开启了线上线下相结合的自营销售模式，开拓了多种销售渠道，形成了多元化的销售模式，为企业的品牌宣传构建了一个强有力的平台，实现了精准营销。

除了宠物医疗，新瑞鹏集团旗下还拥有润合供应链集团有限公司（以下简称润合供应链集团）和铎悦教育科技集团有限公司（以下简称教育集团）两大分公司，为宠物业务提供服务。润合供应链集团以宠物贸易及物流服务为主营业务，建立多个区域中心仓和实现1小时到达的本地化生活服务前置仓；教育集团则主要从事宠物医生的职业生涯培训和咨询、宠物行业的商业教育等业务，充分发挥了人才效应。此外，新瑞鹏集团分为八大事业部，分别从事诊断、海外业务、信息化互联网等业务，其集团化管理和明确的部门分工更好地利用了人才，提高了工作效率，降低了沟通成本，进而以更优质的服务质量吸引了客户，创造了价值。

四、增强客户黏性，实现规模效应

新瑞鹏集团提供了全方位与宠物相关的服务，满足了不同客户的差异化需求，实现了规模效应。目前，我国宠物行业以小规模的个体经营户为主，专业的连锁店较少。而新瑞鹏集团的连锁业务在全国绝大多数省份都有所覆盖，同时分别开设不同类型的宠物医疗机构，数量达到1400多家，职工人数将近16000人，为客户带来了极大的便利。新瑞鹏集团的全国连锁店拥有规范化的管理模式和统一的经营模式，市场定位清晰，可以轻松地实现后续跟踪和反馈，且拥有优质的服务和精湛的医疗技术，因此，新瑞鹏集团在客户心目中树立了良好的品牌形象，增强客户黏性。

新瑞鹏集团拥有高端的医疗设备设施、专业的管理人员和创新的商业模式，快速地抢占了市场份额，形成了自己的品牌竞争力。但是要想在资本不断进入、资源进一步整合的宠物市场站稳脚跟，还要不断提高服务意识和从业者的专业素质，可以通过定期培训大力培养人才，更加精细化地切分市场，将市场上的客户按照各自的需求细分为若干个客户群，单个客户群便构成一个子市场，公司要积极满足每个子市场客户的不同需求，并进行服务的后续跟踪，进而形成更加标准化、多元化、专业化的业务模式。

资料来源：

[1]蒋永霞，冉隆楠，张涛．宠物经济或将全面"爆发"[J]．中国商界，2022(5)：38-41.

[2]冯果烨，杨丽雪．新时代宠物经济的发展研究[J]．中国市场，2022(9)：66-67.

第三节　数字财务

在企业任何一次转型的过程中，财务始终都有着不可或缺的重要地位。

在信息化、数字化、智能化的转型浪潮下，"数据"要素成为升级的必要基础。然而，对于多数传统企业来说，数据管理最为完善和最为成熟的业务部门是财务部门。同时，财务数据本身就是衡量与判断企业运营状况的关键指标和高层进行决策的依据。因此，在数字化转型背景下，数字财务是企业经营业绩发展的必经之路，也是企业数字化转型的重大突破口。

一、推动财务精细化管理

开展财务精细化管理就是指企业通过优化财务管控手段、深化业财融合（以下简称业财融合）、细化业务标准，推动财务职能从核算型向经营管理型和决策支持型转变。在开展财务精细化管理过程中，以企业生产经营实际情况为出发点，利用信息化手段，运用管理会计知识，促进企业效益增加，有效降低成本费用，促进企业平稳有序发展。财务精细化管理的重点主要体现在以下四个方面，如图4-4所示。

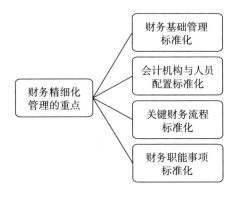

图 4-4　财务精细化管理的重点

1. 财务基础管理标准化

财务基础管理标准化主要是针对与财务相关的表格单据、费用报销、应收应付、会计核算、总账报表结算、管理台账、会计档案等财务工作的内容及要求实行标准化。

2. 会计机构与人员配置标准化

会计机构与人员配置标准化是指按照公司两级本部定岗定编相关要求，根据共享中心建设方案，结合各岗位、各单位工作量，对会计机构人员配置、岗位职责、会计人员队伍建设和会计人员培养、会计工作交接等管理环节进行的标准化。

3. 关键财务流程标准化

关键财务流程标准化主要是对费用报销、现金及银行存款支付、票据办理、财务印章、内部贷款、涉税业务等财务工作的办理流程、资料清单、审核标准、审核时限进行的标准化。

4. 财务职能事项标准化

财务职能事项标准化主要是对预决算管理、资金管理、筹资管理、投资管理、资产管理、债权债务管理、备用金管理、成本费用管理、税务管理、兑现审计管理、科研经费管理、重大财务事项管理、项目财务管理、会计信息化管理等流程每一环节的操作标准和管理规范进行的标准化。

财务精细化管理的重点随着社会生产力水平的提高在组织结构、处理流程、工具手段等方面发生着重大而深刻的变化，机遇与挑战并存。在公司层面，随着公司规模的不断扩大，集团总部对掌握重点项目基本情况的诉求越来越大，但管控手段缺乏的现状又客观存在，因此，需要通过一系列管控实现财务职能的转变，财务信息化建设、公司主数据库建立应运而生。在建设过程中，精细化管理理念广泛运用，财务精细化管理从制度化、流程化、表单化、标准化着手，统一财务语言，不断与业务结合，逐步建立一套符合公司发展的业财一体化标准管理语言，用以保障经营管理的平稳和持续。另外，引入财务精细化管理，企业的管理层和经营层可以实时知悉企业运营的动态，为企业重大决策的制定提供有效依据。

二、实现财务共享化布局

近年来，越来越多的企业管理者开始意识到打破"信息孤岛"，进行系统集成与共享在企业运营中的重要作用。财务共享化是通过财务和业务的全方位连接，助力全价值链数据的贯通。财务共享服务中心转变为企业财务数字中心，可以依赖目前计算机能力、模型算法的不断革新，塑造新的发展机遇和竞争优势，完成财务共享平台建设，搭建好数智化转型的数据基础。统一优化现有财务信息化系统，打通财务内部以及业务系统之间的衔接，完成"业财资税档"一体化平台构建和财务管理体系建设。通过流程标准化、系统自动化、与业务对接、移动端审批和数据分析推送等，财务工作实现了及时高效、互联互通。总结企业建立财务共享中心会给其带来的预期收益，可大致归纳为以下四个方面，如图4-5所示。

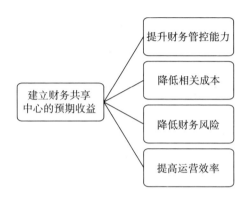

图 4-5 建立财务共享中心的预期收益

1. 提升财务管控能力

财务共享中心能快速达成合规和风险管控目标，实现集团与子公司财务制度、会计科目、财务流程、财务核算的统一，有效防控全球业务发展带来的运营风险。标准化、规模化的信息加工能提供更高效的信息支持，同时确保财务部门可以准确、完整地核算和上报财务及业务信息，为企业高层呈现实时的营业收入信息，从而助力战略、预算目标的达成及优化。财务共享中心能进行更高水平的创新增值，通过对预算及绩效的支持和信息的反馈，借助集中、高效的财务服务平台，及时发现运营流程及效率层面的不足之处，整合公司整体能力和资源，并升级优化财务流程，保障整体资源运用和业务支持的最佳效率和效益。

2. 降低相关成本

在成本降低方面，可以从两个方面体现：一方面，降低了人工成本，具体表现为之前一人或者多人的繁重工作量可以得到批量处理解决；另一方面，构建财务共享中心有效地节约了资金成本。集团总部通过建立资金池，使集团内部公司的资金得到统一调配，有效解决了资金占用的问题。同时，共享服务使异地审批、异地支付可以高效完成。

3. 降低财务风险

在传统的运作模式下，实时跟踪子公司的财务状况非常困难，可能会因为时间节点的延迟、数据的不完整而无法作出合理的决策。然而，在成立财务共享中心后，各子公司或关联机构的财务数据可以汇聚在一个系统中，便于集团管理层获取有效数据，发现子公司运营过程中可能存在的风险，并对经营风险进行有效管控。

4. 提高运营效率

财务共享中心将各关联机构的财务中心安排在一个较为集中的办公区域，当工作出现问题时可以及时进行讨论与沟通，共同商讨得出解决方案，极大地消除了传统财务中沟通困难、审批手续烦琐和时间过长等问题。同时，财务共享中心加快了财务报表出具的时间和分析速度，管理层可以获取最新、最全的财务数据，从而针对市场趋势的变化迅速转变原有的战略布局。

三、着力财务智能化发展

财务是以数据为核心要素、完成无条件输入和输出的环节。财务数字输入新时期，借助数字化转型和数字经济的推进，财务管理的基本职能得到很大程度的拓展，智能财务管理在企业可持续发展中发挥着举足轻重的作用。财务智能化是借助人机深度融合的方式，实现数字经济背景下财务模式的转型。概括来说，企业的财务管理模式经过了以下三个进程的变化，如图4-6所示。

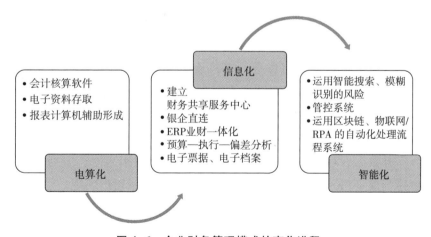

图4-6　企业财务管理模式的变化进程

总之，企业要进行财务智能化发展，需要经过以下几个方面的转变，如图4-7所示。

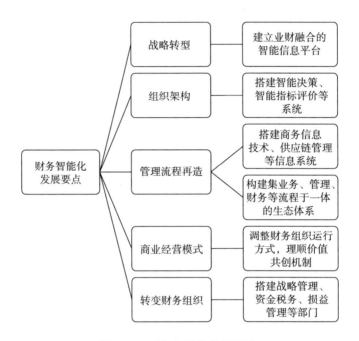

图 4-7 财务智能化发展要点

此外，企业在财务智能化的进程中，应当高度聚焦这三个核心要素——数据、算力和场景的基础建设工作。

1. 数据要素

（1）数据从财务层面拓展至业务层面。在实现业财融合的进程中，财务核算数据要求能够明确复原至业务交易过程，同时通过全面审阅业务信息的记录，从而对财务数据信息进行多维度补充。此外，收集间接关联的业务数据对财务核算结果的重要性也不容小觑。

（2）数据从企业内部拓展至外部。在财务智能化的背景下，内部数据可能会给管理层分析预测、风险管控造成思维的禁锢。因此，当用户调研数据、合作方数据、行业发展数据等大量外部数据被引入时，企业财务预算的风险控制模型得到了建立和优化，使更多应用场景得以实现。

（3）数据从结构化扩展至非结构化。在传统模式下，无论是内部的财务数据还是外部的业务数据都趋向于结构化，然而实际上，非结构化数据大量存在于企业生产、交易、业务和客户的信息记录中，覆盖了更为广泛的内容。然而，非结构化数据形式多样、数据存储难度大、种类繁杂，会造成数据标准无法统一、缺少横向数据端口，使"数据孤岛"现象更加严重。

如果可以通过智能化、安全化、平台化的技术手段，如影像识别、自然语义识别，将非结构化数据进行结构化的转变，从而释放非结构化数据的应用价值，让财务智能化的基础数据创造出新的价值。

2. 算力要素

在算力方面，云计算是核心解决方案。云计算本身拥有多种形态，不同形态的云计算可以解决不同问题。简单来说，SaaS 是指用户租用系统中的应用软件层后直接使用，应用不需要自己安装，弱化了云服务对使用者专业能力的要求；PaaS 是指用户租用系统中的平台软件层，自行开发或者安装程序；IaaS（基础设施即服务）是指用户租用系统的基础设施层，需用户自行安装操作系统、数据库、中间件和程序。因此，企业自建或使用云计算的各种形态，可以高效解决算力当中的各种问题，从而为财务智能化进程注入强大的动力。

3. 场景要素

第一，需要理解业务场景，明确业务交易中的各种痛点问题。第二，通过各种专业学习，知悉各种智能技术的特征、优势和劣势，才能将其更好地与业务场景深度融合，解决原先业务中各种难点和痛点问题，促进新的场景出现。因此，专业人才在场景打造、数据发现和提炼过程中的作用是不可小视的。

数据、算力、场景三大核心要素共同建构起了财务智能化的整体框架。在企业朝着财务智能化方向发展的进程中，需要广泛地引入自动化、智能化工具作为其催化剂，利用多种信息技术广泛连接外部数据资源，进一步优化业务流程，在数据采集、清洗、加工处理等方面应用更多的自动化、智能化工具，为财务数据中心的建设、全面预算管控提供平台数据支撑。

财务智能化的发展势头不可抵挡，随着企业财务智能化团队的成立和发展，各种财务智能化的应用场景不断涌现，将会提高企业进行决策时对复杂风险的预见能力、全面控制风险能力、动态决策能力，从而保障企业业务交易的稳定性和安全性，实现财务运营的自动化、数字化。

● 专栏 4-3 ● **华为：财务转型，助力企业价值创造**

一、企业简介

华为技术有限公司（以下简称华为）成立于 1987 年，主营业务包括智能手机、云服务、网络设备等产品的研发、制造与销售，同时提供与此相关的解决方案。华为是全球领先的信息与通信技术供应商，其产品和通信方案服务于全球170多个国家和地区。华为以"让每个人、每个家庭、每个组织都享受到数字科技的优势"为初心和愿景，致力于将世界打造成为一个实现万物互联互通的智能世界。近年来，华为积极与上下游合作伙伴开展合作，产品类别逐渐多元化，产品涉及的行业领域也逐渐拓展，同时也为客户提供了安全可信、灵活、可持续演进的基础设施产品和云服务。

二、华为的财务管理模式

1. 建立财务共享中心，加速产业战略布局

如果集团内部组织关系复杂，对每时每刻产生的海量财务数据处理较为困难，将会给企业的运营管理带来巨大的挑战。然而，华为适时把握企业组织管理模式创新与变革的节点，及时调整了企业战略目标。在启动转型的进程中，华为将财务处理过程智能化，以加速公司业财融合。华为实现业财融合中的"业"包括供应链、后勤、行政、销售、基建、研发等业务，"财"则指财务。从销售和采购合同开始，再到企业项目的经营管理、责任中心经营管理，使公司的财务和业务之间的距离缩小，进而建立了成熟的以业务为导向的财务管理系统。财务共享中心的建立打破了传统模式下集团总部对其子公司的链条式的财务管理模式，通过建立流程化、标准化的财务共享模式，大幅提高了会计处理效率以及监控质量。

此外，在推动业财融合的进程中，华为将业务财务集成系统细分到最小单位，设计出与材料采购、产品研发、产品生产、成品销售等价值链中的各个环节相匹配的财务岗位。由于不同的价值链环节注重的财务数据大相径庭，因而各个环节的财务人员都有着自己独特的职责。例如，在采购部门，在保障材料和成品质量的前提下，财务人员会更多地聚焦采购成本的管理、材料供应商的选取以及货款的支付方式。

2. 明确财务共享中心的职能，统一系统运行的标准

集团总部赋予财务共享中心以下职能：审计内控、财经管理和会计核算。其具体内容体现在：①对会计信息的核算标准进行统一，提高起始业务环节数据的真实性、可靠性，使业务处理环节的数据高效规范。②统一口径，集中处理集团的内外部数据，提高数据的利用率和管理效率。③简化流程，重新细分之前财务运行中的难题，提升难题处理过程的流畅性，

打破信息的不对称，提高业务的透明度，发挥合作协同性。融合财务会计和管理会计的职能，提高账务处理的效率和质量，加快报表的出具速度，可以助力财务预算和战略规划，提供企业经营发展的数据支撑。

此外，进一步明确了财务共享中心的各自职责。深圳、马来西亚、阿根廷、罗马尼亚的财务共享中心主要负责支撑中国、非洲、欧洲、亚太区域、美洲的业务发展，从事监管、销售、核算、报告分析等业务；成都财务共享中心支撑全球业务发展，主要负责应收账款、固定资产的核算等业务；其余两个财务共享中心（毛里求斯和巴西）负责制定关联交易规则及政策、监督及跟踪交易的执行情况、合并集团报告等业务。

3. 财务共享中心集权与分权并行，使企业运营提质增效

七个财务共享中心因地制宜，分别负责管理不同地区的市场业务，不存在隶属关系。总体来看，这种财务管理模式同时融合了集权与分权的模式，因此同时具有两种模式下各自的优势。整体上集团以集权的思维对公司全球业务执行财务管控，并且高效有序地将权力分配给各大财务共享中心，贯彻集权一体化财务管理理念，实时在线统一处理全球各地的业务及账务信息，强化了资金监督管控，实现了财务制度统一、财务信息集成，推进了流程的简易化和标准化操作。因此，近年来华为的经营业绩稳步提升，海外业务版图持续扩张。由此可见，华为以财务共享中心为切入点，充分为公司的全球业务拓展服务，从某种程度上说，华为的全球战略布局的宏伟蓝图已经基本实现。

综上所述，华为借助自身"华为云"先进技术的加持，应用现代化分层建设，满足了产业子公司的独立运作、独立出具财报的核心诉求，实现了流程的简化，提高了公司整体业务的处理效率。在公共应用能力的沉淀方面，华为搭建了核心商业系统，实现了公共技术能力下沉到平台实现共享，弱化了各种业务类型和财务核算之间的信息壁垒，形成了自身的财务核心竞争优势，同时为我国企业财务管理模式开辟了新思路。

资料来源：

[1]宋璇. 华为公司财务管理模式研究[J]. 化工管理，2022(15)：7-9.

[2]陈薇. 企业财务共享服务中心的应用及优化研究：以华为公司为例[J]. 北方经贸，2020(7)：126-128.

第四节　数字金融

数字金融是指运用信息科学技术与传统金融服务业实现互联互通后产生的金融新生态。数字金融积极主动地利用信息技术优化业务流程，拓宽客户渠道，提高服务质量和服务效率，极大地改变了传统金融服务的模式，显著提高了大众对网络化、数字化、智能化金融服务和产品的认可度与满意度。数字金融的普惠性、便捷性已经重新塑造了消费生态。

一、技术融合

在数字经济蓬勃发展的背景下，数字金融横跨了金融与信息技术两个行业，以大数据、人工智能、云计算等为代表的数字技术向金融业逐渐渗透，形成了数字金融新业态。

金融与信息技术的融合过程如图 4-8 所示。

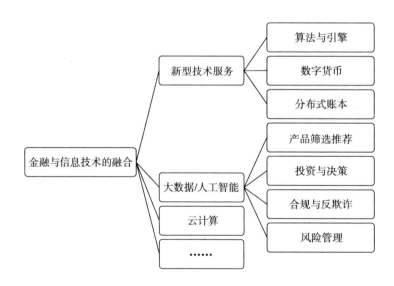

图 4-8　金融与信息技术的融合过程

以区块链、物联网和大数据为例，说明金融与技术的具体融合过程。

(1)提供金融服务的区块链所展现的数据与传统金融数据一致，是一种高度分散的金融数据库。在传统互联网下，因信任成本和信任强度所限而难以进行在线集成场景，但区块链技术的使用对建立全球大数据信用机制的重要性不可小觑，同时使众多场景得以实现。区块链技术在金融领域的支付清算、贸易金融、供应链金融、资金管理等业务中都有所应用。

（2）经过多年的尝试和探索，物联网技术逐渐向智能物联网方向进阶。物联网技术应用在金融领域：第一，能创造新的融资场景，创新业务模式，拓宽金融服务范围；第二，能消除部分信息不对称问题，弥补数据维度单一问题，保障数据时效，形成多维数据校验佐证；第三，能提高管理效率，实现智能管理、动态管理、特殊风险管理与及时处置；第四，能创新信用体系，升级验证与监控方式，在风险体系化管理能力方面显著增强。因此，物联网技术在金融市场上的运用，明晰了金融业的应用场景，支持了金融业服务和产品的创新，为整个金融行业的供给侧结构性改革注入了新的活力。

（3）大数据技术是一组能够汇聚、储存、加工、分析、维护、管理、共享海量数据的技术集合。经过多年的发展，大数据技术日趋完善，大数据能够处理绝大部分的非结构化数据，处理速度甚至能达到秒级响应。因此，大数据与金融业务的融合对金融机构的促进作用包括：第一，通过分析机构内部长期以来积累的历史数据和移动互联网平台的实时数据，充分提炼有价值的信息；第二，数据共享，与交通、公检法、教育、医疗等非金融部门携手共同建立数据池，实现了数据资源的互联互通、价值最大化。

二、业务融合

数字金融的服务主要以线上平台为主，依托数字信息技术的数字金融发展具有高效率、低成本和强风控等特点，至今已实现多层次发展，在转账支付、金融理财、保险服务和消费信贷等领域得到广泛应用（见图4-9）。

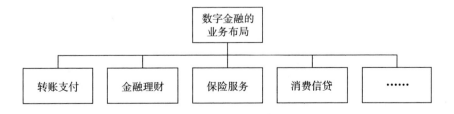

图4-9 数字金融的业务布局

在数字技术的助推下，产生了以网上银行及第三方支付为代表的网络支付，加上移动技术迅速发展和智能手机大规模普及，移动支付成为网络支付市场的主流形式。网络支付彻底打破了传统的支付习惯，改变了大众长久以来的消费观念。简单来说，只需要拥有可以进行联网的终端设备，即使偏远地区的居民也能享受到这项高效、实时、开放、便捷的金融服务。

同时，为了解决在传统体系中小微企业、"三农"领域相关企业融资难、融资贵的问题，网络融资服务应运而生。网络融资是指借助网络借贷平台完成融资活动，一方面，网络融资平台突破了传统信息传播过程中的单向性，极大地弱化了金融机构与借款人之间的信息不对称问题，有效缓解了融资市场中的道德风险和逆向选择问题；另一方面，网络融资平台分散风险，通过多维数据来源对融资者进行全方位的评估，包括生产经营状况、信用状况等，并可以通过智能、实时风控系统动态掌握融资者的信用情况并及时作出反馈。

网络保险是保险机构借助互联网和移动通信技术，通过网络平台提供保险服务、订立保险合同的金融服务模式。保险行业全面拥抱数字科技，不仅丰富了金融产品，也意味着保险行业在精细化运营和用户体验方面持续探索创新。相比传统保险机构，网络保险极大地提高了保险服务的普惠性。利用互联网经济的长尾效应将大量的微型用户集中在一起，从而使在传统保险业运营模式下开展困难的小额普惠保险成为可能。

征信业在金融服务行业中属于小众行业，整体规模非常有限，但征信业在风险管理过程中扮演着至关重要的角色，是金融业发展的重要有力支撑。在逐步完善中央银行征信系统的同时，社会化的征信机构也在不断成长。

三、数据融合

大数据技术的广泛应用，对金融行业各个领域的产品经营、服务质量和效率都产生了显著的影响，同时也指明了未来金融行业的前进方向，扩大了未来的发展空间，提高了金融行业整体的运营效率。大数据与金融行业的深度融合如图 4-10 所示。

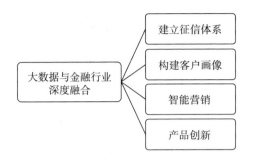

图 4-10　大数据与金融行业的深度融合

（1）建立征信体系。大数据以其独特的优势特征（加强信息的集中度、缩短信息流动时间）在征信体系建设方面发挥了重大的作用。数据的生成速度和流动速度越快，其集中度也就越高，越有利于征信系统实时对客户的还贷能力和还贷意愿作出精准的预判。因此，数据在保障信息时效性、提高资金交易效率的同时，也能在很大程度上预判潜在的各种金融系统风险。数据库除了实现对银行、证券、保险领域借贷信息的共享，同时也强化了对客户替代数据的采集力度，如广泛收集了客户的住房公积金、社会保险、欠税、民事裁决与执行情况等替代数据。

（2）构建客户画像。在数字金融的运用中，客户画像主要是针对有购买金融产品、享受金融服务意向的目标人群进行的面貌特征描绘。客户画像的构建使金融产品的销售活跃率得以提高，帮助金融企业更好地为客户设计产品，同时简化了客户分类的工作，从根源上缓解了买卖双方信息不匹配等问题。客户画像的数据主要来源归为五类：人口属性、消费习惯、信用特征、兴趣爱好、社交记录。由于这些数据大多存储在各自的信息平台中，因此一切与画像关联度较高的数据信息都随时可从自己的数据仓库中提取，通过一系列加工数据和作业程序，生成用户画像的原始数据。

（3）智能营销。当前，越来越多的金融机构意识到，在合法合规、风险可控的前提下，以用户需求为中心、数据驱动为导向，盈利为目标的客户生命周期全覆盖运营才是金融机构数字化营销的核心。因此，金融机构需要通过精准营销来提升数字化转型价值，释放科技潜力。在传统营销模式的基础上，智能营销对数字金融行业的蓬勃发展起到了积极的作用，其融入了大数据、机器学习、人工智能算法等高科技手段，在时效性、准确性、性价比和个性化等方面都展现出了无可替代的优势。因此，凭借这些优势，智能营销模式快速占领了市场，一度成为金融业进行宣传营销的有力法宝。

（4）产品创新。数据驱动产品创新的第一步是获取大规模、全方位、有效的数据，需要建立数据采集机制，拓宽数据来源，关键是做好业内数据采集工作，记录不同产品的设计和运行日志、用户反馈信息，随后进行大规模数据的分类、分析。第二步是数据使用，将海量低价值密度的原始数据进行深度剖析，提高对数据的敏感性，洞悉数据背后的业务所反映的客户需求趋向，从而运用到公司产品更迭换代的进程中，构建将产品转化为数据，再将数据应用到产品上的创新体系，实现数据价值与产品价值之间的闭环转换。

第五节　数字运营管理

虽然在不同行业中，数字运营的具体内容可能大相径庭，但实现数字运营的路径和基础是大致相同的。总的来说，数字运营可以从业务运营、数据运营、技术运营三个方面出发。业务运营是企业与各方之间的连接器，需要结合实际业务场景，包括人、货、场等要素，构建会员、营销、供应链、内容、风控等方面的运营管理体系；数据运营的重心在于围绕数据和智能化开展工作，通过数据分析、算法优化、数据标签体系分析与优化等手段来得到有效的数据分析结果，提高供应链效率，对顾客进行精准营销等；技术运营则是对技术底层平台及此平台上的各类产品开展相关的数字运营活动。

一、数字运营：前、中、后端的协同

在数字时代下，所有企业都期待通过信息化、数字化的方式为产品注入新的活力。数字经营使企业的管理经营变得标准化、精准化。在用户体验层面，通过用户分层，进行精细化渠道触达，提高用户访问公域和私域的频率与延长在线时长，评估整体层面的用户需求、产品易用性和可用性，走出企业业务运营困境，提高运营效率、业务创新水平，重塑产品价值。此外，根据数据流动周期的特点，打造业务闭环是数字运营的基本目标，即创新业务形态，实现数据的多用途使用，促使数字运营的效益在多级业务闭环中呈螺旋式上升。

数字化运营涉及的环节是多方面的，同时贯穿每一个环节，在业务的前、中、后端都发挥了协同效用。前端是连接外界的系统，通过各类互联网工具触达、连接用户，具备"人货场"三大要素。现在，大多数企业都拥有属于自己的公众号、官网、官方微信、电商平台、短视频之类的数字化平台。企业通过各种数据运营方式运营这些前端，更灵活地构建这些前端，能够带给客户多样化的体验。中端能力实际上是企业运营的核心，其打通了前端和后端。前端的丰富变化加上中端强大的处理能力，可以支持客户的个性化操作，中端的数据处理能力是品牌所看重的，因此数据驱动是未来。后端是履约系统，完成用户需求的交付，需要从根本上使每一件商品、每一道生产工序实现数字化，使产品的轨迹可以用数字形式清晰准确地记录下来，为中端运营和前端服务奠定坚实基础。

前、中、后端的数字建设与高效配合，实现了企业运营前、中、后端流程的自动化，将工作流程简单化、标准化，真正赋予了产品数字化的能力，有效释放了额外的生产效率，将人力资源部署到附加值更高的工作任务中，由此不断改善组织整体的运营服务水平。

二、数据采集：从无到有

1. 数据应具备的特征

想要实现数字运营，获取数据是重要的前提。数据的主要来源有物联网、互联网、传统的数据资源等，不同行业的数据资源其收集途径也有所不同。物联网的数据收集在众多行业中都至关重要，因为它能实现实时监测和远程管理。互联网的数据主要包括网络应用数据和手机软件应用数据，主要表现为文本、数据表以及其他无组织格式的图片、音频、视频等形式。传统的数据资源价值较高，绝大部分属于结构性数据，主要包括 ERP 系统、公开出版物、政务系统、各种企业的内部系统等。通过各种渠道获取的数据要具备"大""全""细""时"四个特征。

数据的"大"，一方面要追求数据规模的"大"，要充分考虑公司规模和数据规模的增长趋势，做好数据信息积累的前提准备工作；另一方面则更多指的是大数据宏观意义上的"大"，企业需要从系统的视角考虑数据的采集。

数据的"全"是指全量数据，即要从各个维度去收集各种数据基础和方法，并非抽样或者只有部分环节的数据，数据需要贯穿企业与客户关联的整个生命周期，强调多种数据源，包括前端、中端及后端的数据，实现打破"数据孤岛"的目标。

数据的"细"是指收集多维度的数据，包括商品、事件的各种维度、属性、字段等，从而使积累的数据质量更高，最终实现交叉贯穿、进行高效的数据分析。

数据的"时"是指要及时、连续地进行数据采集，为后续数据模型的建立奠定基础。

2. 获取有效数据的方法

获取有效数据的关键是强调以组织的实际需求为出发点，简单来说可分为两步：一是梳理应用场景，建立对应的指标体系；二是设计数据采集方案。如图 4-11 所示。

图 4-11　获取有效数据的方法

第一，梳理应用场景建立对应的指标体系，前提是需要针对公司企业战略规划和业务人员进行产品调研，整理归纳数据需求场景、数据运营难点、项目整体目标。第二，设计数据采集方案，规划数据采集范围、数据打通方案与数据导入内容。总之，随着科技水平的提高和长期的实践，各类数据的收集方法不断优化，逐渐成为企业开展用户研究与分析的关键组成部分。

三、数据可视：从存在到看见

企业不仅需要对数据进行搜集整理，还需要运用计算机图形学和图像处理技术，将海量复杂的数据进行可视化处理，将数据转变为各式图表、图形、列表以及联动图像等，从而可以自庞杂混乱的数据堆中获得需要领域的信息和知识，加强对数据信息的理解和解释，让大众从数据中获取见解变得更加容易。数据可视化具有以下三个方面的应用价值。

1. 降低数据理解难度

数据可视化极大地降低了数据的理解难度。传统的文字表达可能会受到文字属性的制约，因而传递出的信息量十分有限，信息种类单一，而经过数据可视化处理后，信息的表达并非只有文字这一单一的形式，而是每个数据项都可以单独作为图示元素来表示，最终海量的数据汇聚成了数据图像。在探索每个数据各自代表的含义时，我们无须放大整个图像，只需要去从不同的维度洞悉数据，即通过观察每个数据图像的颜色、位置差异，感知到数据与数据之间的细小差异，最后总结归纳出信息的特征。因此，数据可视化让信息展现得更加直观具体，同时使信息的可读性也更高。

2. 发现数据潜藏的规律和价值

在同样的内容表达中，数据可视化可以更加快速直观地发现数据潜藏的规律和价值。一方面，数据的变化趋势更直观。数据可视化可以将所有元数据通过"线条"的形式进行连接，从而呈现一个整体。这一整体需要我们从整体的视角去观察其变化方向，从而明确数据的变化趋势。另一方面，数据的大小差异更显著。在此情形下，之前需要利用计算数字大小才能得出结论的判断，转变为利用肉眼就可见的点与点之间的差异。

3. 提高信息的传播效率

数据可视化提高了信息的传播效率，促进了企业与组织内部的协同。可视化数据是经过一系列复杂分析后，通过选择生成的具有高度可视性和可共享性的直观信息。数据可视能够助力组织内部交流和信息互通，让每个内部组织和项目团队洞悉数据事实，更迅速、更精准地作出反应和预判，当企业进行宏观规划时，单个组织的内部协作和多个组织之间的协作也会更为敏捷。

综上所述，如何高效利用数据资产，最大化发挥数据价值成为企业数字运营工作的有力支撑。数据可视化通过图形要素提高信息的表达效率、减轻大脑潜意识的过度处理来帮助人们更迅速、更容易地知悉数据背后潜在的信息，同时留给决策者更多的时间来进行理性思考，二者的协同提高了整个决策流程的效率和决策结果可行性。

四、数据分析：从洞察到复用

数据分析和挖掘就是从海量的、模糊的、随机的数据库中探寻潜藏在其中的有价值的知识和信息的过程。数据分析需要借助市场部门、运营部门、研发部门等的支持和帮助，才有可能实现以数据驱动业务并最大限度地开发数据的价值。想要实现数据的洞察到复用，大致需要通过以下几个步骤。

1. 明确数据分析的目标

实现数据分析的目标，可以让数据发挥最大的效用，这是投入巨大资本进行数字化转型企业前进的最大动力。目标大致归纳为两个方面：一方面，在业务运营层面，找出业务运营的痛点和难点，进行业务流程的优化，提高业务运行效率，进而降低企业运营的成本。另外，需要通过数据分析进行精准化的数字营销，精准匹配客户和商品，吸引新用户，提升老用户黏性，从而提高企业的营业收入。另一方面，对于大型企业来说，其或多或少都存在决策链条过长、管理结构流程错综复杂、决策依据不充分等弊端。因此，从管理决策视角，通过数据分析，有利于企业高层更好地进行业务管理和决策，使企业运营提质增效。

2. 选择合适的数据分析方法

常用的数据分析方法有以下五种，如图 4-12 所示。

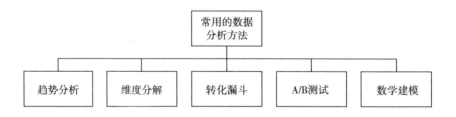

图 4-12　常用的数据分析方法

在海量的数据中，我们可以通过直观、易于理解的数字或趋势图表，快速掌握行业走势、产品供需情况、各类企业业绩完成情况等，从而判断公司战略决策的准确性。但有时只看数据整体，我们很难注意到数据内部各个部分之间的差异，此时就需要对数据进行维度分解，如图 4-13 所示。

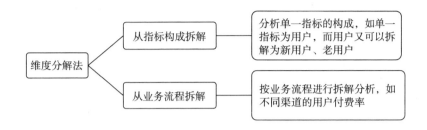

图 4-13 数据维度分解法

转化漏斗也是现实生活中最常见的数据分析手段之一，主要应用于流程较长、环节较多、同时随着流程环节的进行留存用户越来越少的情景。使用转化漏斗分析需要进行三个步骤：首先，建立漏斗框架，即列出所有环节，对各个环节进行分层；其次，对漏斗各个环节进行数据收集；最后，通过数据分析，明确从第一个环节到最后一个环节整体的转化效率、每一步的转化效率，进而得出在哪一个环节流失用户最多，找出其中的原因，总结没有留存住的用户的共性特征。

在公司数据规模较大时，产品在上线过程中使用 A/B 测试往往能够更加精准地测试出不同产品或者功能设计的效果，从而更快得到结果。此外，市场运营活动也可以通过 A/B 测试来完成不同渠道、广告创意、内容的效果反馈评估。但是，执行 A/B 测试需要具备两个因素：一是要有充足的时间进行测试，二是数据量和数据密度要高。

当组织的商业目标与画像、行为等多种个体信息相关联时，运用数学建模、数据挖掘等手段进行建模就成了通用工具。数据模型强调从业务、数据存取及使用角度合理储存数据。例如，在分析用户行为轨迹和用户留存率时，需要将用户的在线场景、在线时间、关系链等各种关系考虑在内，再利用数据建模的手段进行数据分析，可以解决事务处理中数据冗余和一致性的问题。

● 专栏4-4 ● **浪潮卓数：掀起"大数据+"的浪潮**

一、企业简介

浪潮卓数大数据产业发展有限公司（以下简称浪潮卓数）是浪潮集团旗

下成长最快的大数据公司，主营业务包括数据的采集、治理、分析、流通、安全等领域。浪潮卓数始终坚持数据价值的充分开发与挖掘，积极探索运营新模式。截至目前，浪潮卓数已经拥有了完善的大数据技术和先进的产品体系，助力数字化社会、数字经济和数字政府的快速发展。

二、强大的后台运营，实现实时海量数据监测

浪潮卓数的大数据技术底座，可以对各行各业的海量数据进行采集汇聚、筛选加工、应用分析、交易流通及后续的安全管理，从而充分挖掘与提升数据要素的经济价值，使市场建设中的数据要素交易变得规范化，助力企业提高业务效率。

此外，浪潮卓数还开发了以"互联网+商务"的新兴模式为导向的电商数据服务应用——商务万象，该应用可以监测主流电商平台数据，提供一站式电商数据的实时监测、历史查询、数据统计和分析等服务，具体包括网络零售额、平台店铺数、主播数、直播场次指标、品牌榜、农产品榜等，助力各级政府部门精准执行决策、制定扶持政策、进行行业监管。总的来说，商务万象对规模、增速、趋势、结构等多维度数据要素进行对比，分析网络零售市场态势、市场特征和问题，为商务主管部门在电子商务监测、运行分析、决策评估等领域提供了关键的数据支撑。

三、发挥数据驱动，实现多场景应用

1. 涉足金融行业，充分释放数据价值

浪潮卓数的成功真正诠释了公共数据要素化流通的实现路径和应用场景，向社会提供了一份解码数据要素从"数据流"向"价值流"转变的方案。

金融行业是典型的数据驱动型行业。目前，在大数据技术和企业征信能力的助力下，浪潮卓数已在无锡、宁波、济南、青岛等地构建了综合金融服务平台，从征信、供应链金融等多个维度，建立了区域内多方协同参与的金融平台，该平台能够实现线上化、自主化流程监控，融入保险、财产质押、担保等业务，分散业务交易过程中的潜在风险，降低了金融机构服务企业过程中的信贷风险，推动了企业需求与社会金融资源的高效匹配。同时，从中小微企业的视角出发，综合金融服务平台帮助中小微企业走出融资难、融资贵的困境。

2. 聚焦基层，致力于打造智慧社区

自创立以来，浪潮卓数始终秉承集团的大数据整体战略方向，坚持以技术为核心驱动力，着眼重点行业的大数据应用需求。近年来，浪潮卓数经历了大量的实践和谋划布局，包括整合互联网数据资源、构建智慧平台、建设大数据产业生态等举措，利用行业大数据提供了以"平台＋数据＋应用"为模式的综合解决方案。

其中，浪潮卓数在"互联网＋基层治理"项目上的表现尤为突出。该项目覆盖多个地域和多个层级的基层治理区域，包括市、区县、镇街。浪潮卓数打造了智慧一体化的基层治理平台，是一个集社群互动、党建活动、民生服务等功能于一体的服务体系。该项目极大地为基层工作者降压减负，释放了繁重的人力物力，为基层治理提质增效，提升了民生服务水平。

未来，浪潮卓数将持续优化数据的处理和开发利用能力，进一步夯实技术积淀，聚焦主业赛道。此外，浪潮卓数还将持续深耕基层数据治理，助力产业数字化转型升级、实体经济的高质量稳定发展，深度挖掘数据要素价值，推动数字中国建设。

资料来源：

[1]曹亚菲. 对话浪潮卓数：云行数治 激活数据"池水"[J]. 软件和集成电路，2022(7)：40-45.

[2]曹亚菲. 打造信用服务的"数字引擎"[J]. 软件和集成电路，2021(11)：47-49.

五、数据应用：从场景到产品

数据应用以大数据技术为基础，广泛应用于电商、传媒、金融、交通、电信、医疗等众多领域，同时贯穿于企业的生产经营全流程，从产品设计到产品生产加工，再到商品售后服务，无处不体现数据的应用场景。因此，数据对各行各业与大众的生产生活方面都提供了有价值的决策参考。

1. 由批量生产到按需生产

数据应用使企业从批量生产供给模式转向按需生产的个性化定制模式。在数字经济时代下，基于互联网、人工智能、大数据的C2M（用户直连制造商）新型生产模式对传统生产模式造成了巨大的冲击和挑战。现在，用户可以绕过中间渠道商，直接向制造商提出自己对产品的个性化需求，继而厂家根据用户需求制订具体的生产计划，进行反向生产制造，打破传统的"生产—库存—销售"模式，转向以销定产。此外，用户还能直接参与到产品的设计、生产、服务等各个环节中，甚至可以通过终端实时监控产品生产情况。因此，企业依托大数据、智能化等技术，实现以数据驱动的柔性化生产、模块化生产，不仅冲击了传统刚性的流水线生产模式，而且解决了大批量生产和小批量定制之间的矛盾，实现了端到端的大规模定制生产。

2. 实现精准营销

大数据助力企业向用户个性化推荐，实现精准营销。精准营销系统具有四个部分的功能：第一，精准营销系统需要将线上线下所有渠道的营销活动在系统后台进行统一管理，通过数字化系统工具对营销活动的全过程进行监控；第二，基于用户数据分析和用户标签画像管理进行用户分群、分组，有效定位活动各个阶段最终的目标用户群；第三，对各用户群组的卡券进行不同规则的定义、发放、核销，并且能够根据用户的需求制定策略，保证营销服务的个性化和人性化，提高成交转化率和用户转化率；第四，支持动态分析营销活动执行的进展和营销活动效果的监控，形成数据资产，为后续营销活动规划做数字化支撑。

3. 应用于智能化生产线

数据可以应用于智能化生产线。于生产制造过程中，在生产线上安装小型传感器，能够实现实时采集机器运转时的振动、变形、磨损、温度、压力等细微数据，随后进行深加工处理，测算出产品制造过程中的能耗、次品成因等信息，最终基于分析报告对生产线进行预测性修理维护。此外，可以从物料可用约束、产能约束、人员技能约束等方面，实时采集和上传生产过程中的原材料耗费和留存情况、中间产品生产情况的数据，借助智能算法，合理安排生产计划，随后测算计划与实际的偏差，从而达到动态调整生产规划的目的。综上所述，利用数据进行预测性修理维护和动态排产，可以完成对工业生产线的智能化管理。

总的来说，数据是实时流动的、变化的、迭代的，想要实现数据与现实生活的无缝衔接，就需要在实际业务场景中灵活应用在线数据，驱动下一个新的数据应用场景的产生，构建良性循环，建立数据价值的回流闭环。

【章末案例】

天虹数科：传统零售"数字化"转型的样本

一、企业简介

天虹数科商业股份有限公司(以下简称天虹数科)创立于 1984 年。经历 30 多年的长期尝试，目前成功入围中国连锁百强企业，从起初的"百货+超市"的形式转变到"百货+超市+X"的运营模式，再发展成如今集购物中心、超市、便利店等于一体的新业态新零售模式。近年来，为应对市场需求，天虹数科的运营模式不断进行变革，开始主动拥抱数字科技，进行数字化转型探索，打破了客户对于传统零售行业的固有认知。如今，天虹数科已经实现了门店、业态、流程全面数字化覆盖，搭建了顾客中心、数据中心和产品中心，成为零售行业的领先者。

二、商业模式变革

天虹数科的商业模式变革历程可划分为四个阶段：2013～2014 年的商业模式转型探索准备阶段、2015 年开始进行商业模式重构的单点突破阶段、2016 年进入多业务整合的打通阶段、2018 年继续进行深化商业模式转型的生态互联阶段。

1. 探索准备阶段

在最初的准备阶段，网络支付业务和智能手机开始兴起，众多头部电商开始崛起，严重压缩了传统零售业的销量和利润空间。天虹数科为了应对此次前所未有的压力与挑战，积极顺应时代发展趋势，主动拥抱数字科技。其具体做法是与第三方技术团队、电商平台展开合作，构建数字化系统，打通线上业务，实现线上线下多渠道销售的场景。在此次变革中，天虹数科从商业模式角度提升了价值链整体性能，资源得到了合理配置，供应链得到了重新整合，成功完成了电商整体转型布局。

2. 单点突破阶段

经过多年商业模式的探索，天虹数科开始重构商业模式，主要表现为建立了与数字化转型领域相关的技术团队，以销售环节为此次变革的重心，构建全渠道触达、数据驱动的销售模式，实现数字化单点突破。以线上的微信服务号、天虹微店、天虹 App 为主要渠道，深度融合线上线下销售模式，全方位搭建移动电商平台，同时开通天虹超市到家、数字会员系统等线上业务，实现产品数字化、服务智能化、营销投送精准化，完成了电商的整体布局。以天虹 App 为例，这并不是简单用于网络营销的工具，而是同时为用户提供便捷操作与数据采集服务的工具。该平台拥有数以万计的粉丝，海量的数据为产品的筛选和决策提供了有力的保障。

3. 多业务整合打通阶段

2016 年，天虹数科的网上销售渠道基本建成，该阶段数字化转型实践的方向主要是将线下流量和在线流量整合形成"双流量池"，同时整合多个数字化业务数据系统，打通从前台到中后台的多渠道价值链。数字化业务中心的建成，助力了天虹数科的高层进行数字化决策，综合评价数字化投入成本、数字化与业务整合后的总收入、业务转型等风险。其具体做法包括两个方面：一是实现线下门店数字化转型，提升线上线下的留客能力。天虹数科对原有实体店进行了改装升级，开通了上线自助支付、智能泊车等服务。实体店的数字化转型是为了更好地连接线下客户，提高用户的重复购买率和积累完善流量池。二是打通采购、营销、销售、库存、会员管理等不同业务板块的数据，实现供应链流程再造、全链路数字化，提升了数据耦合价值。

4. 生态互联阶段

互联网生态圈通过协同效应提出解决方案，助力中小型企业加速实现数字化转型升级，加快产业结构的调整。对于企业来说，互联网生态圈最大的作用在于提高了其在"互联网+"时代潮流下的核心竞争力。企业只有建立属于自己的互联网生态圈，才能实现真正的信息化、数字化、智能化。

从 2018 年开始，天虹数科逐渐从自有生态发展到开放生态。在这一阶段，天虹数科的数字转型实践路径主要在于利用不同商业链的前期数字积累，构建互联互通的生态系统，打造服务品牌商的数字化工具，享受互利共赢的增量效益。一方面，天虹数科开发了插件式的数字化工具，涵盖直播、门店信息化管理等数百种功能，并且对达成合作的品牌商进行免费开放，从而助力品牌商提升实体资源的价值；另一方面，天虹数科将自己的平台系统与品牌商、利益相关者进行流量资源输出、技术能力输出，助力品牌商多渠道触达客户，完善围绕天虹数科的数字化生态。

三、打造新消费服务平台

天虹数科坚持以客户为中心，通过线上线下一体化融合的消费服务平台，打破了客户需求的时空限制、地域限制和差异需求限制。其中，在线上业务层面实现了优化交互、持续升级和交付体验，从而形成了商品各区域流通的分销模式，打造了企业第二增长曲线。

1. 建立购物中心的私域流量

客户流量对于任何购物中心来说都是至关重要的，但一直以来，天虹数科旗下的购物中心与客户并没有进行直接连接，客户只是集中留存在各大品牌商户的系统中，导致天虹数科的购物中心在实现系统化、布控式的业务运营的转变升级中遇到了难题。近年来，天虹数科提出了自建"天虹App+微信小程序"的线上线下一体化的本地化消费服务平台的战略，并努力践行这一战略。为此，天虹数科携手支付宝、抖音、微信，融入了大数据平台算法，通过专属宣传视频与公私域流量紧密结合，与顾客产生了更多互动，实现了高效的引流销售，同时弱化了购物中心和品牌跨越线上线下的边界，实现了组织化的全域精准营销和在线数字化、点对点的互动场景。因此，购物中心的建立在提升消费频次、企业经营业绩的同时，将大量公域流量的顾客成功引流到私域会员体系中，逐渐建立并沉淀私域流量，创造了新的业绩增长区间。

2. 丰富线上平台功能

与传统百货的经营模式不同，天虹数科旗下的购物中心涵盖的业态较广，为客户提供了集休闲娱乐、购物、餐饮于一体的服务体系，同时细化了各服务板块下的功能特性，加入了预约、外卖、排队等号、快速积分、会员券包等服务。

四、成功经验

1. 改变客户价值要素

客户价值要素的转变，代表企业对客户需求的重视与提供产品方式的深层次改变。传统的零售业态几乎把货品都整齐地陈列在货架上，静心等待顾客挑选购买，这被称为被动式购物模式。在商业模式转型的进程中，天虹数科进行了用户重构。其以传统零售为基础，从多个维度和视角进行重新定位，提升了产品吸引力，增强了用户黏性。此外，在客户定位方面也发生了巨大的转变，也就是对"人"进行重构，即利用大数据进行客户画像。具体来说，客户画像是通过运营模式和业务需求的结合，对客户产生的数据特征进行深度分析和挖掘，将每个 ID 打上标签，形成辨别客户的主要标识，最终形成客户全景信息的视图。在以往的业态中，对于零售百货行业而言，或许仅存在少部分销售者可以凭借个人记忆对部分熟客拥有浅显的了解，而在数字化商业模式下，可以轻松实现"千人千面"。

加上平台上可视化的用户，天虹数科拥有数千万的会员，公司通过用户购物行为来打上特定的标签，建立了用户线上线下相互打通的"购物"档案。这样可以精准迅速地识别账号信息、实时洞悉用户需求，然后将它们进行高效连接，完成由零散信息到完整档案的质变，同时使客户画像实现从模糊到清晰的精准转变。因此，借助大数据和物联网技术，天虹数科实现了从最初销售商品到目前服务顾客的企业价值跨越。总的来说，天虹数科从顾客体验的提高和精准供应两个方面出发，极大地转变了客户价值。

2. 转变资源能力

概括来说，天虹数科的商业模式转型主要是从传统零售百货销售进阶到零售平台服务商。对于目前的零售企业来说，主要有三种销售途径：一是传统的线下百货销售；二是借助已经搭建成熟的平台，实现货物销售，这些头部电商平台包括淘宝、京东等；三是构建属于自己的平台，建立以自己为核心的线上线下为一体的销售模式。天虹数科就是径直走向了第三种途径，从而成功实现了销售渠道的进阶。

天虹数科的价值链主要围绕两个方面展开：一方面是公司借助数字化价值链，发挥多店、多部门的协同效应，利用公司自身平台进行直播，同时运用数字化工具实现线下门店智能泊车、信息化管理等；另一方面是持续免费向品牌商、供应商等利益相关方输出自身积累的资源，包括"双流量池"、海量用户数据信息等，打破了时空和地区限制，极大推动了其盘活实体资源。

3. 改变组织架构

在天虹数科的商业模式转型后，从组织架构来看，其设置了四个专业事业部，即购物中心、自营、超市、便利店，并且专门成立了数字化经营中心，此举充分展示了其对商场的转型升级、建设数字化平台的高度关注和重视。同时，天虹数科在各个门店开展数字化转型培训与宣讲，通过优化流程、制定具体标准，推动各个门店真正融入企业集团的数字化进程，加强了集团与各个专业事业部之间的联系，便于集团管理层及时知晓数字化转型的需求。

由此看来，天虹数科的商业模式转型催生了组织架构的创新，实现了大至各业务部门，小至单个门店都能各自开展实体零售的数字化运营活动，并能实时反馈到集团的后台运营系统中。

数字化的出现使企业的经营管理迎来了新的机遇，同时也带来了新的挑战。总体来看，天虹数科从最初的数字化转型探索尝试到转变数字化战略思维，建立自己的数字化团队，搭建自己的数字化系统，提升企业成员数字化转型的意识，成长到如今可以实现点对点数据整合、线上线下双平台互通、设立智慧新零售等生态场景，可以说其成功地将数字化带来的挑战完美转化成了促进公司业绩增长的助推器。综上所述，在数字化浪潮下，天虹数科率先完成了数字化转型，实现了公司价值提升、企业服务创新、客户黏性增强等目标，同时也为同类零售行业企业的数字化转型提供了可借鉴的经验。

资料来源：

[1]蒋秋霞.天虹股份：转身智慧新零售[J].经理人，2022(1)：62-68.

[2]王子阳，魏炜，朱武祥，等.商业模式视角下的天虹数字化转型路径探索[J].管理学报，2020，17(12)：1739-1750.

第五章

数字管理

　　简单来说，数字化管理就是利用数据、数据思维进行企业事务的管理，而非凭借感觉判断。具体来说，数字化管理要求企业转变管理思维，注重管理过程的"柔性"，将企业的人力资源管理、财务管理和行政管理模式都转型为数字化管理模式，提升企业的机会识别能力、组织学习能力和协同能力。所有数字化转型战略的提出、数字化运营模式的设计都是为了使企业能够轻松应对数字实战，在数字化浪潮中站稳脚跟。

在数字化时代人是主体，而不是数字化是主体。

——海尔集团创始人　张瑞敏

【学习要点】

☆柔性管理架构变革

☆业财一体化的内涵

☆创新要素的跨区域流动

【开篇案例】

中创新航：数字管理彰显数字技术魅力

一、企业简介

中创新航科技股份有限公司（以下简称中创新航）是国际范围内领先的新能源科技企业，其以成为能源价值创造者为己任，旨在打造全方位能源运营体系，为以动力及储能为代表的新能源全场景应用市场服务，为市场提供完整的产品解决方案以及全生命周期管理方案。2015年，中创新航前身成立，设立了江苏产业基地，加快拓展传统产业及数字产业布局。2018年，中创新航进行战略重整，开始快速发展，其重塑了企业文化与发展战略，随后推动数字战略转型，逐步将数字动能赋予市场、产品及客户，运用数字协同能力集中优势资源，重点聚焦乘用车市场，不断加深与战略客户的合作，对重点产品的创新成果能力进行深挖，为公司跨越式发展奠定坚实基础。2020年，中创新航的乘用车聚焦战略成果显现，装机量排名国内前三、增速全球第一。2019~2022年，中创新航先后在厦门、深圳、成都、合肥等地设立分公司及研究所，加速数字产业布局，数字战略布局稳中有进，发展势头强劲。

二、数字变革

1. 管理模式变革：核心价值观激活员工潜力

2018年，中创新航新任董事长刘静瑜对企业的管理模式、管理思路进行了变革，以塑造企业文化、核心价值观为出发点，提出了"真诚、高效、共赢"的核心价值观，并将"持续创新，造福人类"作为企业的使命。企业管理者重视"结果导向"，用业绩的达成程度评价结果，企业中的每个团队都做到群策群力解决问题，互帮互助，积极补位，推动每一项工作顺利完成。在这样的价值观驱动下，中创新航员工的能力被激活，企业发展进入快车道。

2. 管理架构变革：高效柔性

对于内部"数据孤岛"问题，中创新航规范并打通数字采购平台与办公自动化（Office Automation，OA）、企业管理软件（Systems Applications and Products in Data Processing，SAP）、仓储管理系统（Warehouse Management System，WMS）等系统接口，避免相同数据重复录入，并通过接口传递业务数据，减少了人工录入工作。由此，中创新航构建出了一个集线上化、自动化、智能化、数据化、电商化、可视化、移动化于一体的数字化采购管理模式。

作为国内锂离子动力电池领域的头部企业，中创新航携手上海甄云信息科技有限公司打造的数字化采购管理平台成功上线，该平台借助数字技术构建起全新的采购管理体系，实现了企业内部、企业与供应商之间的高效协同，并催生了新的采购场景。未来的竞争是供应链与供应链之间的竞争，在全球供应链大变革的趋势下，动力电池行业的变革更加显著。中创新航作为国内头部动力电池企业，具有前瞻性战略眼光，积极进行数字化变革，升级供应链采购模式，最大限度地为采购降本增效，同时，面向未来，提升供应链采购的韧性和柔性，以满足企业不断出现的新的发展需求。

三、数字实战

1. 机会识别能力

2018 年，中创新航毅然聚焦乘用车领域，乘用车基本稳定后再重启商用车，后续又布局储能等，看似每一步都未卜先知，完美踏准节奏，但其背后是在洞察行业本质、充分了解市场与政府补贴政策间的正确关系后的果断决策。在走访行业专家、分析国家产业政策、充分了解市场动态和市场需求之后，结合企业的发展历程和技术实力，中创新航作出了聚焦乘用车市场的选择，不断更新数字化手段，为乘用车市场积极开拓市场。在创新成果能力的支撑下，中创新航打造了"高能量密度、高安全性、长寿命、快充/高功率、全气候"为主的核心产品竞争力，同时与一线品牌主机厂具备配套车型能力。此外，中创新航还联手国内外领先乘用车企业，配套多款首发车型，打造了业内领先的量产开发及交付能力。

2. 组织学习能力

动力电池市场具有技术密集、人才密集的特点，市场迭代速度快，这要求企业必须加强组织学习，重视技术研发，对市场的发展趋势和变动有敏锐的洞察力，时刻掌握行业最新技术动态，更新对动力电池化学原理的认知，主动进行研发迭代升级。为此，中创新航提出了"无钴化、高锰化、高压化、固态化"的思路，以追求能量与资源、能量与安全性、设计与制造的融合作为其技术创新的核心思路，引进专业人才团队，将知识产权部独立并升级为公司一级部门，集中资源全面保护创新成果，坚持高质量专利布局，开展全面的知识产权风险防控，护航公司实现战略目标。

中创新航依托数字技术优势，不断赋能战略布局，其科研实力、仿真技术、实验能力为企业提供了强有力的支持。在科研实力方面，中创新航打造了十大科研创新平台，包括国家级的企业技术中心、博士后科研工作站和省级工程技术研究中心等；主持制定了国家标准1项，参与制定国家标准1项，行业标准13项，团体标准3项；承接了3项国家重点研发计划项目，6项国家"863"计划项目，1项国家智能制造项目等；累计获得国家级、省级、地市级、国有资本金及建设债券类支持项目110项；核心技术知识产权覆盖率为100%，专利申请涵盖中国、美国、欧洲等多个国家和地区，并荣获中国优秀专利奖。与此同时，中创新航获得了江苏省知识产权管理贯标认定以及河南省知识产权运用示范标杆企业的荣誉，共有22项科研项目通过科技成果鉴定，其中10项被鉴定为国际先进水平，1项被鉴定为国际领先水平；承担了4项中央企业电动车产业联盟共性技术项目，是江苏省动力及储能电池产业联盟的联盟理事长单位、中国电动汽车百人会电池全生命周期联合创新中心联合发起单位，并作为首批国内唯一电池企业加入创新中心。

中创新航的仿真技术全面支持从概念设计到产品交付的全部开发过程，在输入原材料或零部件理化属性、设计参数、测试数据后，仿真系统能够进行电芯、模组、电池包及零部件相关的设计评估和验证。中创新航在安全可靠性仿真、电化学仿真、结构力学仿真和热管理仿真四大仿真领域均有所建树。

四、数字化应用

1. 储能产品应用

中创新航产品的高安全性、长寿命、高经济效益、高度集成率是一大亮点，其储能集成系统服务能够满足多样化需求，数字协同能力的普及也使资源得到了合理配置。同时，中创新航的产品全面覆盖发电侧风光储、电网侧调峰调频、用户侧削峰填谷、备用电源及船用储能等应用领域。作为国家首批储能示范项目的承接者，中创新航的储能产品应用广泛，在近海岛屿、偏远高原、高寒低压等多种场景发挥着至关重要的作用。

2. 特种产品应用

通过优化管理流程，中创新航开发了多元化的电池解决方案，在技术指标、研制难度、需求数量等方面不断发力，满足了特种电源的特殊要求，其产品在特种装备、电动叉车、机场服务车、观光船、无轨胶轮车等应用场景成效显著。中创新航在资源调度和场景上的无缝切换，完美体现了其在管理模式上进行的创新变革。

基于以上分析可以看出，无论是内部管理创新还是全方位数字管理，中创新航的企业变革都彰显了数字技术的魅力。未来，中创新航将打造持久强劲的硬核产品竞争力，从而更好地服务市场、成就客户，以数字协同能力谋求与生态伙伴的共创共赢。

资料来源：

[1]陈秀娟.中创新航登港股立新志[J].汽车观察，2022(10)：11-13.

[2]苗藩.中创新航，危险的新航路[J].能源，2022(9)：51-54.

第一节　数字变革

数字经济蓬勃的朝气，推动了企业商业模式的转变，同时也促进了企业管理模式的变革与创新。各行业的头部企业对于商业模式、用户价值创造的探索都在进行，必然需要培养新的管理模式和管理方法的适配能力，因此，在数字时代下，管理创新是必然的选择。

一、管理模式变革：从控制到激活

在数字变革背景下，企业管理模式的意义在于整合各类信息资源，用以应对企业未来将面临的业务和发展方向，并制订合理的发展计划。随着数字经济时代的到来，企业为了加强与新需求的适配度，就必须对原有的单一管理模式进行革新。因此，对市场经济风向进行准确评估，并且对企业的生存所需有明晰的框架，从而及时调整业务方向和管理模式，是企业的当务之急（石岳，2021）。

相比传统经营管理模式，新的管理模式具有更多的优势。第一，它能够优化传统模式中的不足之处。第二，新的管理模式还能够促进各个区域的经济发展。因此，在新经济时代下，不能局限于各个行业眼前的经济发展水平，而更需要将经济发展同数字时代特征紧密融合，打造创新型、数字型的企业管理模式，并全面推动产业升级改造（魏威，2021）。在经济一体化的推动下，各行各业对数字技术的需求不断增加。为了参与市场竞争并优化管理模式，企业需要引入先进的信息技术，并不断寻找可行的方式以解决传统管理模式的缺陷。

1. 传统企业管理模式的不足

传统的企业管理模式较为单一，强调对员工的控制，企业的领导者具有绝对的权威，领导者下达命令，并让员工按照命令、在规定的框架内工作，这便是传统管理模式。以控制为核心的企业管理模式是由传统企业的性质所决定的。一方面，传统企业以简单的工业、制造业企业为主，主要依靠劳动力和机械进行重复性劳动，企业价值创造的逻辑非常简单，在传统工业企业的背景下，企业只需要按照"产品生产—寻找买家"的思路就可以获取经营利润；另一方面，传统企业的组织结构也比较简单、直接，职能划分明确，对人力资源的需求强调数量而非质量。

随着数字时代的来临，传统的企业管理模式已不能适应新的市场特点。客户的需求复杂多变，同质化产品也越来越多，数字化给企业带来了难以想象的经营压力。仅仅通过传统的"产品生产—寻找买家"的价值创造逻辑，已不能适应当代的快节奏商业环境，客户失去新鲜感，产品设计和成本控制过程简单粗糙，企业因此失去竞争力，走向衰退，同时仅依靠管理者个人的判断和能力，也无法处理复杂的企业经营事务。因此，优化组织结构，向下级分权，不同职能部门之间协作解决问题至关重要。劳动力素质的提高也对工作环境、工作待遇产生了更高层次的要求，"控制"不能让高素质人才充分发挥个人才能，并且过度控制还会导致人才流失。总之，企业需要改变以控制为核心的管理模式，寻找适合数字时代的管理新理念。

2. 现代企业管理模式变革

（1）思想转变激活企业管理。在通常情况下，企业管理模式的选择取决于高管层的管理方法论。然而，若是企业的管理层不能很好地适应经营理念的更替，就将不可避免地影响企业未来的发展。因此，企业接下来需要给管理团队进行"思想武装"，使其在培训中拉近与市场的距离，直观贴切地感受到数字经济带来的沉重压力。通过学习先进的管理理念和模式，不断地对传统的管理理念进行洗牌，能够壮大企业的市场竞争力，为企业的可持续发展铺平道路。思想的转变可以帮助高层管理团队更好地应对当前市场的变化和挑战，帮助企业更好地适应数字经济时代的要求，从而取得更好的业绩和成果。

（2）数字技术激活企业管理。在管理工作中，现代企业逐渐引入数字技术，用先进的数字技术手段辅助管理者作出决策，数字技术的更新迭代，正在赋能企业管理模式，并且一改以人为主的管理模式，逐渐切换至以程序为主的管理模式，使信息资源公开透明，提升了所有人的参与度。例如，利用大数据收集客户数据和生产数据，实时监控优化生产流程，根据客户需求动态调整生产计划；利用物联网技术实现智能生产，提高产品生产、物流环节的安全性，企业能够凭借强大的数字技术优势，加强改革和转型升级，创新企业的管理模式，以更好地适应市场的变化和挑战，提高企业的竞争力和生产效率，从而取得更好的经营业绩和发展成果（于卓和张熙琳，2022）。

（3）人力资源激活企业管理。科学技术的不断发展和进步，离不开先进人才的培养和选拔。在数字经济时代下，企业对人才的需求更为迫切，如何提高企业人力资源质量、激发员工的工作热情成为更加重要的课题。企业应当对人力资源管理体系进行深化变革，加强人才引进和人才团队建设；精准识别员工的个人特点与需求，建立科学合理的绩效考核制度，因人而异设计个性化激励方案。同时，要根据不同的工作岗位需求，实施灵活的岗位轮换制度，让员工从事不同的工作，以提升其全面素质和综合能力（赵曙明等，2019），向员工、企业基层组织赋予更多职权，鼓励员工进行工作探索与创新。

人力资源管理的变革，能够促进员工个人成长和企业发展的良性循环，使员工能够在个人工作岗位上独当一面，根据客户需求和市场动态作出快速反应，发挥个人创造力，优化企业价值创造的各个环节，提高组织敏捷性。另外，在建立健全人力资源管理体系和人才培养机制的基础上，企业还应该做好适应数字化变革的管理者和领导者的培养和储备，建立人才后备梯队。企业应该根据未来发展战略和市场需求，合理规划人才储备，并通过企业内部的培训和职业发展计划，帮助员工不断提高技能和知识水平，培养他们成为企业中的骨干和未来管理者。

● 专栏 5-1 ● 美年健康：管理模式变革开辟发展通道

一、企业简介

美年大健康产业(集团)有限公司(以下简称美年健康)成立于 2004 年，是一家以健康体检为核心业务的医疗服务类企业，向客户提供健康咨询、健康体检和健康管理等一系列健康服务，旗下拥有美年大健康、慈铭、慈铭奥亚、美兆四大健康体检品牌，在全国主要城市开设了数百家体检中心，拥有数万名专业医疗服务人员。依托高品质的医疗服务、庞大的客户规模和海量的健康数据，美年健康在医疗服务领域积累了巨大的影响力，成为健康体检行业的龙头企业。2021 年，为建设全方位、全生命周期的数字化健康管理平台，美年健康制定了"三年数字转型战略"的规划，并采取了一系列举措，将企业的管理模式进行数字化改造。

二、思想转变

美年健康认为，数字化转型以及数字化管理变革必须以思想和意识的转变为起点，提出了以客户为中心、以业务为核心，通过架构牵引、智能化、大数据、云平台技术逐步推进业务转型的思路。与传统的管理思想不同，美年健康数字化转型以目标为指引，分阶段制定详细的数字化建设目标，逐步对企业的管理体系进行数字化改造。其第一阶段的目标是打破系统壁垒，实现企业业务环节和管理数据的闭环，目前这一阶段的目标已经实现，企业建立了全国连锁经营平台和扁鹊体检系统，完成了数据治理方面的基础工作；第二阶段的目标是用数字化赋能管理，基于大数据技术建设经营和决策支持平台，提高企业的经营管理效率；第三阶段的目标是探索和扩展第二曲线，通过大数据驱动新业务，开发新的数据服务，用企业成熟的数字化管理支撑产品创新。

三、技术赋能

为了将客户管理与员工管理有机结合起来，实现高效的客户管理和业务管理，整合企业和下属分公司的资源，打通企业内部信息流动，美年健康引入了 CRM 数字化管理系统，将营销、运营和服务融入系统，对员工工作的每一个具体场景制定了详细的行为规范，并结合管理者的思想，形成标准作业程序，实行标准化管理。

美年健康在全国主要城市开设了数百家医疗体检中心，为了更好地管理不同区域的门店，其将一线城市门店成功的数字化管理经验复制到二、三线城市的新开门店，用数字化管理赋能一线员工，以满足不同区域的个性化需求。美年健康的 CRM 管理系统能够帮助一线员工精准捕捉客户需求，根据多品牌、多区域业务状况对体检客户进行分层、分级、分区域管理，使品牌与客户直连，整合了体检、健康咨询等多种增值服务，形成 360 度客户视图，帮助一线员工向客户精准推荐产品，提升产品销量和服务质量。

此外，美年健康借助 BI 报表分析不同品牌、区域、机构的销售业绩情况，穿透分析数据背后下单量/到检率不足等原因、管控分公司及其他渠道产出 KPI，企业管理者将数据"囊括在手"，可随时随地调取报表，及时准确地了解业务进展、客户经营状态及目标达成率，从而作出业务调整决策。

四、组织结构转变

美年健康的 IT 部门在数字化管理转变过程中发挥了重要的作用。在企业转型前，企业 IT 部门的定位是支持部门、职能部门，支持各个业务部门的具体需求。但在数字时代下，美年健康认为企业所有的运营活动都应该由业务部门和 IT 部门(或数字化部门)组成的融合团队来共同推进，不论是做项目管理还是做项目外包，都应该融合起来共同推进，而整个数字化基础平台、IT 基础设施是数字化部门最核心的基础能力。

基于以上分析，可以看出美年健康通过思想转变、组织结构转变和技术赋能展开管理模式的数字化变革，使管理活动为企业运营赋能，其数字化转型构想正按照企业的战略规划逐渐实现。"健康中国"已成为国家战略，体检与健康管理市场的需求也将逐渐释放，成为民众重要的消费支出，在数字化的赋能之下，美年健康的经营业绩也将迎来快速增长期。

资料来源：

[1]祁豆豆. 美年健康俞熔：夯实"内功"数字化赋能体检新征程[N].上海证券报，2022-08-15(006)．

[2]柴广翰. 做大健康是我的使命：对话美年健康董事长俞熔[J]. 健康中国观察，2022(1)：46-51．

二、管理对象变革：从流程到数据

企业对数字化转型的理解应当是将一个企业的所有业务、客户、供应商、合作伙伴以及企业内部所有资产和用户连接起来，以产生一系列化学反应。这种化学反应可以深入业务的不同层面，对作业模式、客户体验和管理模式进行重构。

在这一化学反应中，首先，需要实现全量全要素的业务对象数字化，只有这样，才能实现围绕对象的精益协同；其次，业务对象的连接就是业务过程，只有将过程数字化才能打通业务的设计态和运行态，实现业务全生命周期过程的协同；最后，业务逻辑中抽象的业务规则可以作为"催化剂"，控制此次化学反应的发生程度，只有将规则数字化，才能利用数据和算法的力量，对化学反应起到"催化"作用。

因此，业务数字化转型的可能性与深远程度，取决于是否实现了管理模式从流程到数据的深度变革。数字化越充分的业务领域，在管理运作模式重构方面越有可能产生更大的业务价值。

1. 流程数字化变革

流程数字化变革的核心目的是通过数字技术来优化或重构业务过程，实现更好的用户体验、更高的作业效率和业务决策质量。这包括将业务过程（全部或部分关键业务活动）由线下转移到线上，以及通过引入数字技术来提升企业对业务的认知、优化或重构流程（雷辉等，2021）。

（1）作业流程线上化。作业流程线上化是流程数字化的最基本要求之一。以投标业务场景为例，企业可以将越来越多的线下作业（文档比对、概算等）搬到线上，一键自动生成，从而大幅提高处理速度和准确率。此外，生成的信息不再存放在个人计算机中，而是全程在线供不同角色按需调用，解决了线下各种信息沟通不畅的问题。这样丰富的信息连接可以使作业系统基于确定的业务规则进行智能决策，从而进一步提高流程的执行效率。

（2）作业流程透明实现全程可追溯。除了将企业的业务流程和输出结果搬到线上，流程数字化变革还要记录业务活动的执行轨迹，以实现流程的透明化记录，这一过程一般可通过观测数据来实现。以上述投标业务场景的文档自动比对为例，需要记录每次比对的结果，而不仅仅是最终的结果。只有经过多次的记录，才能实现可追溯的流程（林雷等，2022）。通过对全流程的还原分析，企业能够精准发现流程设计或业务规则的优化点，从而不断优化业务流程，提高业务执行效率和质量。

（3）作业流程中的信息流、资金流和实物流同步。实物流、信息流、资金流的协同是企业管理的基础（见图5-1）。为实现流程数字化，必须保证信息流与资金流、实物流一致，从而做到"账实一致"，这对业务流程设计和信息化程度提出了更高的要求。实际上，企业之所以经常出现"信息流跑不过物流"的情况，是因为信息流与实物流的作业活动是分离的。为了避免信息流触发的各种延误、遗漏或丢失，流程数字化必须实现信息的实时同步传递，这要求企业整合数据和信息，确保所有的信息在流转过程中都是一致的，从而实现数据和信息的高效共享。

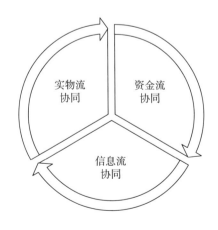

图 5-1　企业管理的基础

（4）从"流程的数字化"到"数字化的流程"。流程的数字化的第一步是实现作业流程的数字化记录。然而，随着对象数字化的深入，利用虚拟世界来模拟作业流程，可以将其反向应用于物理世界，大幅缩短业务响应时延，从而降低作业成本，提高作业质量。数字化手段模拟作业流程的方式越来越受到青睐，如产品设计的模拟仿真、产品制造的产线模拟、装箱模拟、流程仿真等。实现数字化流程需要准确对准实时（Real-Time）、按需（On-demand）、全在线（All-Online）、服务自助（DIY）、社交化（Social）体验，以优化业务过程的每个节点，实现端到端效率和用户体验的提高。

2. 规范化数据管理

在数字经济时代下，对于企业而言，数据不再是简单的信息，而是一种重要的资源和工具，是每一个企业都必须进行处理的管理要素，数据成为管理工作的对象。规范化的数据管理，通俗来说就是将企业日常经营产生的所有数据都有规律、有依据地进行记录和存放，按照规范流程对存储的数据进行增加、删除、修改、调用。规范化数据管理要求企业从数据采集和处理、数据存储和管理、数据分析和展示三个方面设计规范的管理执行标准，每一个环节均配备专业的负责人员，维护数据管理过程的安全高效运转。

数据采集和处理就是建立完善的数据采集和处理流程，并使用合适的工具和技术实现数据的采集、清洗、转换和聚合，保证数据的准确性；数据存储和管理就是选择合适的数据库或数据仓库，并考虑到存储容量、性能和可扩展性等因素，采取措施保证数据安全性；数据分析和展示就是运用相应的数据分析和挖掘技术，挖掘数据背后蕴藏的规律和趋势，然后用数据可视化的方式进行交互设计，使数据更加直观和易于理解。

以数据作为管理对象进行规范化数据管理是企业实现数字化转型的关键，有效的数据管理可以为企业提供准确、完整的数据，为决策制定提供支持。企业可以优化业务流程和操作效率，识别瓶颈、改进流程，并提供实时的业务指标和监控，通过对数据的安全性、合规性和隐私保护进行管理。另外，企业要注意降低数据泄露、安全漏洞的风险，并遵守相关法律法规和行业标准。通过对数据的挖掘和分析，企业可以发现新的市场趋势、客户需求和商业机会，从而创造新的产品、服务和商业模式，保持竞争力和创新能力。

三、管理架构变革：从稳定到柔性

1. 传统管理架构：重视稳定

传统的管理架构更重视稳定，很少在管理工作中引入新的管理要素和新的管理理念，更倾向于对已有的管理体系进行完善和优化，用更多的制度规范员工行为，提升企业的管理能力，以完成企业制定的战略目标为管理工作的任务，降低一切可能发生的风险事件，使企业的各级组织能够平稳运行。传统管理架构的特征具体体现在以下四个方面：

（1）以管理者的意志为中心。这种管理理念通常使用较为直接强硬的管理方式，需要执行的工作命令由最上级管理者下达后逐级传达给基层员工，限制了基层员工的行为范围，其必须严格按照上级命令进行工作。

（2）规范严密的管理制度。建立一系列规范合理的管理制度，包括企业章程、内部管理规定、岗位职责、绩效考核、激励机制等，确保企业的管理和运营都能够有序、高效地进行。

（3）风险控制。在日常经营中，尽可能降低不确定事件的发生概率，对待新事物、新理念持谨慎甚至排斥态度，针对突发事件、经营危机事件，通常提前进行严密的风险预案和演习。

（4）和谐一致的人际关系。通过宣扬企业的组织文化和集体荣誉感，提升企业员工的归属感和对工作的认同感，建立团队合作精神。

传统的稳定型的管理架构有效地维持了企业的正常运行，增强了企业的管理效能和风险应对能力，降低了运营成本。然而，在经营环境日益复杂的数字经济时代，注重稳定的管理架构也暴露出弊端，如企业的规章制度和工作流程冗长复杂，降低了组织的敏捷性，对新想法、创新理念的包容性低，组织间沟通效率低下等。

2. 管理架构的柔性变革

当前，我国企业正处于数字化转型的重要时期，这一转型意味着企业面临着各种管理变革的挑战。这些挑战包括企业从非独立主体转变为独立主体及产权由不明晰变得更加明晰等，给企业带来了新的管理要求和新问题，同时这些问题需要通过管理架构的柔性变革来解决。柔性管理是一种以人为本、具有较强适应性和灵活性的管理模式，更适用于复杂的外部环境，企业可通过分析企业与市场的变化规律来制定有效的管理措施。柔性管理架构的特征主要体现在以下几点：

（1）柔性化管理决策。柔性化管理决策改变了传统管理架构下管理者"独裁""强硬"的形象，管理者在进行决策时更注重倾听员工的观点和意见，并借助一系列科学的辅助工具进行动态柔性决策。

（2）组织结构扁平化。柔性管理只有在扁平化的组织结构中才便于实施，扁平化组织结构缩短了上下级之间的距离，权力分散，信息纵向流动快，保证了员工的自主性和积极性，员工得以直接参与到企业的经营活动中，彰显自己的价值。

（3）有效的激励方式。柔性管理结构更注重对员工的关怀，解决员工在工作中出现的各种问题，在物质激励的基础上，对员工进行心理激励，激发员工的主观能动性，充分发挥员工的内在潜力和创新精神，减少企业内部的猜疑、攀比等不良氛围，提高员工凝聚力。

3. 企业管理柔性变革的途径

企业管理架构变革是全球经济发展和信息技术冲击背景下的产物，也是必然的结果，因此成为数字经济下企业经营的重要手段。企业管理架构变革工程的提出，标志着企业需要从头开始进行塑造。同时，企业管理架构变革工程中体现的管理思想，能够很好地贴合数字经济的要求，并依次提供"改制—改造—改组"的基本思路。

企业进行管理柔性变革可按照以下两个步骤进行：第一步，进行改良性管理架构变革；第二步，基于第一步的基础，实施革命性流程再造。

为了实施企业管理架构变革，可以首先在一些中小型企业中推广和应用相关的原则和方法，尤其是拥有一定发展底蕴的企业。这样的实践可以帮助积累经验，并逐步提高管理水平，为日后开展大中型企业的再造奠定坚实基础。针对那些处于困境、破产边缘或面临兼并的企业，可以采用企业管理架构变革这一策略来"铤而走险"。这种变革不仅仅是为了维持企业生存，更是为了让企业在竞争中处于更有利的位置。相比之下，那些尚能勉强维持生存，但存在各种潜在危机的企业应该未雨绸缪，及时主动地实施企业管理架构变革，这样可以有效地预测并应对潜在的挑战，从而保障企业的长期发展。对于发展势头强劲的企业而言，需要提高竞争标准，使其持续追求更高的业绩和更辉煌的成就，通过不断自我超越，以更好地适应市场竞争的变化，保持企业的持续发展。

● 专栏 5-2 ● **栎皓科技：全新不动产数字管理**

一、企业简介

上海栎皓信息科技有限公司（以下简称栎皓科技）是一家专注于存量资产和不动产数字化创新管理解决方案的高新技术企业，旗下拥有上海栎信网络科技有限公司、金华研发中心等子公司。栎皓科技依托互联网、大数据、物联网、VR 等技术帮助客户实现数字化转型和管理创新，核心业务聚焦于商业地产、商业综合体、产业园区、专业市场、写字楼等领域，为客户提供数字化管理解决方案的咨询、规划、设计、开发、实施以及服务。

二、数字化进程

栎皓科技为资产运营企业构建了高效协同的资管数字化管理平台，围绕企业日常运营工作所需的客户、意向、资源、合同、收款、账单、报表、统计分析等管理需求，实现全方位、全过程的线上管控。栎皓科技通过聚焦专注于行业的成熟的解决方案和产品为企业搭建集"客户管理、资源管理、合同管理、账单管理、收款管理、报表管理、数据分析、预警提示"于一体的数字化运营管理系统。

1. 系统与业务融合，执行与管控并行

（1）客户全生命周期管理。栎皓科技通过系统平台实现了对客户的新增、跟进、意向、合同、账单等全程触点的数字化管理，搭建了一个围绕客户全生命周期的客户库，收集、构建企业全面的"客户资产"。

（2）载体资源动态监控管理。栎皓科技通过软件系统平台实现了管理运营载体资源的统一建档，结合运营过程中的各种数据进行全面动态监控，其中包括客户情况、合约情况、历史客户、历史合同、欠款情况、工单报修情况、出租率、收缴率等过程的数据监控与追溯，实现运营过程的动态跟踪与风险识别。通过统一的资源库，建立基于集团、项目的统一项目档案、资源，实现对资源新增、导入、合作拆分、保留、资产转移的动态管理，并依托多种模式、属性的全面管理，包括面积类与非面积类、多类型、多计价方式、定价管理等，实现对经营性资产的全面动态监控管理。

（3）合约动态管理，过程风险防控。在投资管理方面，栎皓科技搭建了一个涵盖合约编辑、审核、执行、终止全过程的管理平台，将过程管理与控制贯穿于合同执行的各个阶段，快速形成拟稿、签订、履约、标准合约、合同审核、应收预算等各种数据，实现对业务过程的规范、高效管控。通过合同关键信息的设置，自动形成合作关键数据信息，通过标准化和规范化合同、审核与审批模式的支持，为整个业务管理提供可靠的基础管理服务。同时，支持基于合同形成动态的价格数据，包括标准单价、签约单价、合同单价等不同阶段的价格管控数据，以便更好地支持管理工作。

（4）应收账单管理跟踪。栎皓科技基于新一代业务管理思路，以业务驱动、数据驱动以及推送的业务应用理念思路，基于合同自动形成相关应收账单，自动进行提醒、推送，提供多种核销方式（单个核销、多次核销、自动核销等）、减免管理、与财务系统、发票系统实现一键式数据传递，使企业相关的业务人员方便查询、跟踪报表，提高管理效率，进而实现智能化的管理模式。

（5）数据统计报表。栎皓科技根据组织实际需要，支持多维度、不同规则的数据分析统计功能，直观展示集团或载体项目管理的状态，辅助科学决策，同时还通过系统自动计算，实时更新，实现统计分析可视化。该数据统计报表还能够按款项类型、组织、时间等多维度进行统计，不断强化对运营效率以及结果的统计与监督，为经营性资产的集中规范管理提供了数据保障，并最终为领导的决策提供支持。

栎皓科技秉承"聚焦专注专业化全面发展、产业链合作共赢"的经营理念，未来将持续重点投入产品的创新研发工作，同时大力发展生态合作伙伴，全面整合产业资源与生态能力，倾力打造栎皓科技产业链服务生态体系，努力发展成为最具应用价值的数字化整体解决方案服务商。

资料来源：

[1]吕新杰，姜峥超."双碳"目标下的数字化解决方案[J].张江科技评论，2021(4)：39-41.

[2]黄颖豪.数字化解决方案：打造更加智慧的建筑环境[J].智能建筑与智慧城市，2020(2)：17-18.

第二节　数字管理的应用

对于数字化企业来说，科学高效的管理流程不容忽视，其能够极大地减轻工作负担，并全方位减少工作时间。另外，数字化技术还能进一步激活数据的透明可视度，企业随时随地都能清晰地了解当前的进度以及未来的规划，从而进行实时监控和分析。无论是企业的人力资源管理、财务管理还是行政管理，都离不开数字化的赋能。

一、数字化人力资源管理：人力资本价值挖掘

1. 数字化人力资源管理的特征

企业进行数字化管理是大势所趋，在人力资源领域也是如此，但切忌盲目跟风。在企业的数字化转型过程中，人力资源管理业务具有独特性。虽然在其他业务的数字化过程中，人通常被视为"工具"，数字化是结果；但在人力资源领域，数字化是工具，人才是最终结果。因此，在进行人力资源数字化管理时，需要特别考虑该业务的特殊性，主要包括考虑员工的个性化需求、企业文化以及雇用和培养人才的全过程等。在这一过程中，需要解决五个要点，如图5-2所示。

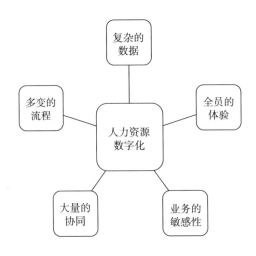

图 5-2　人力资源数字化管理要点

（1）复杂的数据。人力资源数字化管理的前提是企业需要清晰地定义有关人的数据如何统计，以便进行有效的数据分析和帮助决策。具体而言，这需要考虑以下两个方面：一是数据来源。人力资源部门的特殊性在于其并不直接拥有人力资源，而是协助业务部门使用人力资源。因此，很多人力资源数据并非由人力部门产生的，而是需要由使用人力资源的部门直接提供的（任盼盼，2022）。不同公司对员工绩效评估数据的保存方式不尽相同。有些公司将数据存储在人力资源部门的数据库中，而另一些公司可能将其保存在绩效管理部门或人事部门等不同的部门。因此，这些数据是否为人力资源数据取决于公司的定义和标准。二是数据定义的问题。企业与人相关的数据通常都很复杂，而且会不断更新。在跨越多个年度的岗位招聘中，数据的统计周期也需要明确。为了准确描述和定义这些复杂的数据，企业需要制定内部标准和流程，以确保数据的清晰性和准确性。

（2）多变的流程。相比国外企业，国内企业管理的规范性和标准化程度较低，更多地倾向于个性化。因此，许多流程的实施可能会出现多变的情况，这主要是由企业管理制度的多变性所导致的。例如，企业今天可能会采用 KPI 考核方式，但明天可能就会改为 OKR 考核方式，这需要数字化管理系统适应人力业务流程的多变性。

（3）大量的协同。招聘、薪酬绩效、培训、人才发展等每个环节都需要协同工作，这不仅涉及人力资源部门内部的协同，还需要与其他部门的协同。人力资源业务是一个交织在各个环节中的复杂系统，需要数字化管理最大限度地支持工作协同。数字化管理需要具备协作便捷性、过程管理可见性、可控性和可追溯性，如共享同步信息、即时沟通、任务看板跟踪、跨部门人员协作和记录协同信息数据等。为了实现跨部门的协作和整合，人力资源数字管理需要覆盖不同的部门和业务流程。因此，企业需要明确数字管理策略和规划，确保各部门之间的工作和资源分配协调一致，以推进数字管理的顺利进行和有效实施（王涛，2021）。

（4）业务的敏感性。在数字时代下，人力资源管理涉及员工的个人信息、薪酬、绩效、晋升等敏感数据，这些数据需要得到保护，防止泄露和滥用。因此，在进行数字化管理时，必须采取相应的安全措施，包括加强数据的加密和访问权限控制，以确保数据的安全性和保密性。

（5）全员的体验。人力资源数字管理是一个面向全员的系统，所有员工都将成为参与者和使用者。因此，除了提高效率和减少工作量，还需要考虑员工的实际体验和满意度。在数字化转型的背景下，人力资源数字管理应当为员工提供更加便捷、透明和友好的工作环境，从而提高员工的工作效率和满意度，提升员工的积极性和创造力。

2. 数字化人力资源的适用条件

并非任何企业都需要进行人力资源数字管理，判断企业是否适合进行人力资源数字管理需要考虑以下多个因素。

(1)企业规模。通常情况下，只有企业规模较大(通常要超过 50 名员工)时，才能通过人力资源数字管理规划，提高管理效率，获得投资回报。

(2)业务特点。如果企业的业务需要频繁调整组织结构、管理流程、岗位要求等，那么人力资源数字管理就能够更加快速地适应这些变化，提高效率。

(3)数据敏感度。如果企业对员工数据的分析、利用和保护非常重视，人力资源数字管理可以提高数据的准确性和安全性。

(4)目标明确。人力资源数字管理的项目必须有一个明确的目标和预期效果，如提高员工满意度、降低员工流失率、提高招聘效率等，并有可量化的指标来衡量转型是否成功。

(5)预算与投入。人力资源数字管理需要投入一定的成本，包括购买软件、系统维护、培训人员等，如果企业没有足够的预算和资源，则人力资源数字管理可能会增加财务负担，不利于企业的发展。

(6)IT 支持。人力资源数字管理需要 IT 支持，如果企业没有专业的 IT 团队或者能够提供充分支持的 IT 服务提供商，则数字管理可能会受到限制。

(7)系统工具。人力资源管理系统是企业开展人力资源数字管理计划的基础，用于维护组织、岗位、员工数据等，每项数字管理计划的实施都将依赖人力资源管理系统中的组织和员工数据进行操作。

3. 数字化人力资源管理模式的构建

企业的人力资源管理由传统模式向数字化模式转变，应当从思维、场景和工具三个方面入手。

(1)思维。数字管理的根本在于数字化思维。人力资源数字管理不应以事务、经验说话，而是应当一切以数据为基础，由数据体现价值。数字化思维应当基于专业技能和经验，而非以部门和岗位分工为基础，这时需要实现精准的任务分解和人才画像，快速实现人岗匹配，即以任务价值匹配人力成本。如果没有这种思维，那么有再先进的工具也是没有意义的。当然，这也涉及高层的组织定位问题，即人力资源部门在企业数字管理中的定位究竟是作为辅助、事务性行政部门，还是战略、决策性部门。数字管理要求将人力资源部门定位成企业的战略决策部门，并给予部门相应的权力。

（2）场景。人力资源数字管理的最终目的是通过搭建数字场景，直观地展示人力资源管理的相关活动。基于内外部数据的人力资源数据，数字化人力资源生态系统的构建是关键一环。借助智能化的数据分析技术，企业可以对员工进行多维度画像分析，从而深入了解员工的行为、态度、情绪等现状，为企业提供更为个性化、针对性的人力资源服务。这种服务可以丰富企业的工作界面和交流模式，实现更高效的人力资源管理。

（3）工具。工具是人力资源管理数字化和智能化的重要基础，也是人力资源数字管理的核心所在。它可以提供强大的数据、技术、信息和平台支持，使人力资源管理变得更加高效和智能化（Dennis Matthew J & Aizenberg Evgeni，2023）。数字工具可以包括各种软件和硬件设备，如人力资源管理系统、人才招聘平台、员工绩效评估工具、在线培训平台等。

二、数字化财务管理：重构业财一体化

1. 数字化财务管理的特征

数字化技术、工具的使用以及数据管理是数字化管理的最重要特征。在30多年前，伴随着互联网技术的普及，企业纷纷开始运用计算机技术，计算机技术最早的实际应用领域便是财务，因此，业界对这个时期进行了概括，将其统称为"会计电算化"时代。随着时间线再次拉近数十载，ERP系统在各大企业中炙手可热，此时财务管理也就成为ERP系统的核心，为企业的管理升级与优化提供了又一重要手段。随着数字化转型浪潮的到来，企业开始逐步运用基于数字化、智能化技术框架的工具和方法。

当数字化技术得到广泛应用时，企业的日常管理中就会产生海量的数据，企业管理者越来越重视数据资产的价值，数据的意义在于进行预测性分析，洞察企业经营情况和市场的变化，辅助管理者进行决策。数字化管理的核心就是数据，而财务承接着公司业务的核心板块，自然就成为许多

传统企业中数据管理成熟度最高的领域，财务部门逐渐在企业中承担着管理财务数据、财务决策以及业务运营绩效评估等重要职责（潘诗盈，2022）。

在数字化转型的大环境下，财务数字管理是企业发展的必然选择，也是企业数字化转型的重大突破口，它为企业提供了更加全面的财务数据处理和分析能力，帮助企业更加准确、快速地获取和分析财务数据，并助其作出更加明智的决策。

2. 数字化财务管理为企业赋能

传统的财务管理是以科目为核心的，数据的颗粒度往往比较粗，科目数据无法精准还原业务前端的情况。另外，财务报表是静态的准点切片，而业务是动态的，真正需要分析的业务信息恰恰是在业务的全生命周期产生的。

数字化财务管理本质上是将公司业务进行财务视角的数字化。与此同时，可以通过构建场景化应用，来进一步帮助企业实现从财务到业务价值链条的数据智能。以上实际应用可以利用现有的企业信息系统为基础，通过数据技术进行构建，对企业全景数据进行捕捉、计算、分析、预测，把所有业务数据颗粒度降至每一个业务场景的末梢神经，真正从全生命周期财务视角看待业务问题，从而赋能经营管理决策。

同时，数字化财务管理是一个管理会计课题，它要求财务转变自身的职能定位，从单纯的财务会计核算转向关注组织的经营活动，为企业内部的经营决策与资源配置增添动力，推动企业创造价值。实现数字化财务管理需要将业务与财务在多个方面进行融合，包括业务流程、组织架构、信息系统、知识与文化等，其中最关键的是基于信息系统的互联互通。实现业务与财务数据的融合，因为其解决了各系统间的"信息孤岛"问题，保障了所有交易数据反馈于财务信息系统的及时性和准确性，实现了基本的财务信息化建设。

3. 数字化财务管理模式的构建

（1）业务和财务系统一体化。在许多企业中，财务系统和业务系统之间通常是割裂的，从而导致数据不及时互通、"信息孤岛"问题严重。这些问题使企业面临困境，如决策缺乏数据支撑，信息共享困难，以及效率低下等问题。因此，财务数字管理需要着力解决"业财融合"的问题，将业务和财务系统进行一体化（谢达等，2022）。这一问题涉及两个层面：一是人的层面，二是应用数字化技术层面。在人的层面，财务人员和业务人员必须互相了解工作内容，并通过财务组织体系和绩效考核模式的建立来进行融合；在应用数字化技术层面，企业应当统一搭建决策系统，打破"数据孤岛"。

（2）全面构建分析体系，支撑业务决策。实现全面分析体系的构建，财务数字管理的基础应该是对整个财务业务流程进行系统处理。这种方式可以增加财务的透明度和可控性，保障企业在规模运营下的财务管理水平。此外，全面的分析体系还应该包括对财务数据进行深入分析，以便企业在作出决策时有充分的数据支持。

（3）财务管理智能化，全面提高效率。财务管理不仅需要流程化，还需要智能化。针对财务管理的内容和流程特点，采用自动化技术替代传统手工操作，有望帮助财务人员完成大量重复性高、标准化程度高的基础业务。通过这种方式，企业可以将更多资源投放到增值业务中，从而推动财务转型。此外，自动化也可以降低财务人员的工作负担，提高他们的工作效率。

（4）克服财务数字管理的困境。财务数字管理面临的主要困境包括数据困境、业务困境和应用困境，如图5-3所示。

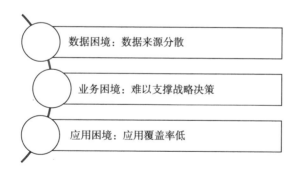

数据困境：数据来源分散

业务困境：难以支撑战略决策

应用困境：应用覆盖率低

图5-3　财务数字管理面临的主要困境

数据困境是指数据来源分散。通常情况下，企业在建设信息化时期会采购多个财务信息系统，但发展到一定程度后，就会发现各个系统之间数据割裂，会出现很明显的"数据孤岛"问题；并且还缺乏数据标准，即业务人员和财务人员之间没有统一的数据规范和指标体系，数据几乎难以互通。

业务困境是指财务数据难以支撑战略决策。首先，企业存在财务数据权限不一的情况，管理层决策很难通过具体的数据和指标进行；其次，问题本质难以定位，当出现问题的时候，难以通过追根分析的方法找到解决问题的抓手；最后，对于风险的预警不够及时，缺乏财务自动预警机制，过度依赖"人找数据"，风险化解不及时。

应用困境是指财务应用覆盖率低。第一，仅靠单一的 PC 端报表无法满足各类财务用户、各场景下的数据查看与分析需求，需要增加其他应用覆盖；第二，自助分析效率低，由于财务人员依赖 IT 部门进行数据采集与整理工作，而这一需求流程过长，造成反复沟通、效率低下等问题，导致自助分析难以开展。

● 专栏 5-3 ●　唯你科技：数字财务践行者

一、企业简介

厦门商集网络科技有限责任公司（别名唯你科技）成立于 2013 年，是一家提供数字财务服务的科技公司，该公司云集了众多财会专家、AI 科学家、IT 专家等尖端人才，并且以 AI、云计算、大数据技术为支撑，深度结合财税行业丰富的实践经验，面向大中型企业及行政事业单位，为其提供智慧财税解决方案。

二、数字化进程

1. 智能核算平台

唯你科技的智能核算平台拥有全自动化的核算引擎，能够实现票据智能识别、场景识别、自动核算、影像数据管理，从而助力企业财务智能化升级与决策。

（1）自动收集原始数据。唯你科技的智能核算平台基于行业领先的智能识别和语义理解技术，可以自动识别各类票据，如通用发票、企业内部单据等，从而实现原始数据采集的自动化。

（2）原始凭证自动审核。唯你科技的智能核算平台采用大数据技术，自动对采集到的原始凭证数据进行具有合法性、真实性、规范性、准确性、完整性的审核验证。

（3）自动编制记账凭证。唯你科技的智能核算平台能够自动根据预设的配置，通过语义理解技术进行会计场景的匹配与解析，自动完成核算。

（4）影像数据电子化管理。唯你科技的智能核算平台可以生成凭证影像，并对凭证相关的数据、影像、关联的原始凭证、业务数据进行归档，方便企业用户对财务影像、数据进行查阅。

2. 智能财务共享中心

唯你科技借助 AI 技术持续赋能，从而推出高度自动化的智能财务共享服务，旨在协助企业加强对财务的管控，并优化整个业务流程，最大限度降低财务成本。唯你科技通过数字化驱动智能财务共享，在三个层面实现了价值创造。

（1）决策层。以数字化的企业资源为基础，实现企业运营增值。唯你科技坐拥全量企业财务、运营数据，并且基于算法与规则的零边际成本沙盘预测模拟，快速准确地找到最优策略与体系，并且在运营过程中跟进数据反馈，持续调优，快速适应市场及经营的变化。

（2）管理层。通过人工智能"深度"学习，促进企业财务精细化管理。首先，人工智能深度学习使唯你科技获得了更多精细化指标的数据支撑，实现了业务场景与会计核算的高度一体化；其次，旨在解决业务财务脱节，保障业务的合理性、真实性、一致性，加强财务监督；最后，大幅削减管理层的工作内容与工作量，将资源与精力投放到运营管理中。

（3）执行层。合理运用机器，代替机械性重复事务。机器代替人工，能够释放财务人员的双手，从繁重的低价值工作中解脱出来，往管理会计转型，从事更高端、更有价值的财务分析和监察设计等工作，推动效率、质量的大幅提高，更能提高财务人员的自身价值和积极性，优化和稳定团队。

3. 智慧差旅平台

唯你科技的智慧差旅平台能够为企业员工解决差旅所需的飞机、火车、酒店、用车等出行预定需求，员工可通过多终端渠道在线完成订票等订单管理，同时支持对员工差旅标准的管控，既提升了员工的差旅预定体验，又有效提高了企业的差旅管理效率。

智慧差旅平台的功能包括：多维度事前差标管控，支持平台内多维度差旅标准管控，提供不合规的差旅订单提醒，事前控制员工差旅支出；全渠道多服务商选择，支持国内机票、国际机票、酒店、用车等服务商接入，一站搞定差旅预定需求，提高员工出差体验；智能比价，择优推荐，根据员工的差旅标准，可在多个服务商之间智能推荐符合标准的预定结果，选择最优方案；公司统一支付差旅费用，集中与各供应商对账开票结算，减少员工个人垫款，提高员工满意度；数据分析优化提升，通过大量行程数据对数据进行有效分析，优化费用结构，降低不合理费用支出，提升财务价值。

综上所述，唯你科技始终秉承发展使命，致力于数字会计的普及，其数字会计业务以及数字平台都将赋能人工会计，为财税市场指明发展方向。未来，唯你科技将加大投入，持续推动行业的数字化发展，努力成为全球数字财务的标杆。

资料来源：

[1]赵丽锦，胡晓明．企业财务数字化转型：本质、趋势与策略[J]．财会通讯，2021(20)：14-18.

[2]亓坤．唯你科技：财务共享服务企业发展[J]．新理财，2019(9)：67-69.

三、数字化行政管理：构建价值驱动的内部客户链

1. 数字化行政管理的必要性和特点

行政管理在企业中的作用不可忽视，通过行政管理能够协调企业内部各部门之间的关系，规范企业的管理流程，提高企业的运营效率和管理水平。同时，行政管理还可以制定并执行企业的战略规划，提升企业的创新能力和应变能力，通过进行有效的行政管理，企业可以更好地利用和管理资源，维护企业的形象和声誉，增强企业的社会责任感和公信力，进而提升企业在市场上的竞争力和影响力(保海旭等，2022)。

传统的行政管理模式由于跨部门工作协调难、办公流程烦琐复杂等问题，弊端越来越明显，制约了企业的进一步发展。在我国，大部分企业由于运用多个管理平台和软件系统，导致跨部门的工作协调变得非常困难，再加上缺少公共平台，各部门的详细工作记录、基础业务资料、历史数据和工作经验都由各自管理。随着时间的推移、人员的更替和组织结构的变化，这些珍贵的资料可能会被丢失或遗漏。为此，各个独立运行的系统需要被整合到同一个公共平台上，而各个部门也需要一个统一的工作沟通平

台。不仅如此，企业的工作流程不明确还会导致以下问题：部门结构不明确会导致企业的工作流程烦琐，各部门之间缺少协调和沟通，工作无法顺畅进行；工作流程缺乏时效性可能导致工作延误，影响企业的正常运营；工作流程缺乏可追溯性可能导致在出现问题时很难找到责任人；工作流程难以达成共识可能导致企业内部权力不明，工作效率低下。

数据决定企业未来，在当今变幻莫测的市场环境下，必须重视数字管理，通过数据进行行政管理系统的创新。企业应该深度结合行政管理领域实践经验和现代化信息技术，将数字化分析与企业行政管理深度融合，打造基于多部门协调的办公流程优化系统。数字化行政数字管理基于流程引擎，逐步梳理企业管理流程，让企业的各项管理流程更加高效并规范化，通过实现流程审批电子化，避免了烦琐的纸质审批流程；打破了企业部门之间的"信息孤岛"，将各部门的信息整合在一起，为企业员工提供了一个统一的办公平台；实现了企业不同的业务系统和行政管理系统之间的互联互通，从而助力跨职能协同。通过使用该系统，企业可以完成行政数字管理和智能办公的工作变革。

2. 数字化行政管理为企业赋能

数字化行政管理能够有效推动办公流程的运作，规范企业的管理流程，并使企业员工享受到更优质的办公体验。在传统行政管理模式下，行政审批程序烦琐，导致管理低效，而将企业各项审批事务转移至数字化平台能够节省大量的时间，促进跨部门资源共享，改善不同部门间的信息交流，为企业提供强有力的帮助，同时也解决了行政管理办公流程上的断点和痛点，为流程数字化转型提供基础，进而加快企业行政管理模式进行数字化升级。

数字化行政管理为企业智能行政管理模式提供了颠覆性的思路。与传统的单一化管理模式相比，行政数字管理可以更高效、更快地推进资源整合，提升公司效益，提高市场竞争力。而对于行政数字管理领域，我国各行各业正处于数字化转型的关键期，要想成功突破，行政管理系统同样必须跟上时代步伐。

数字化行政管理带来的最大的潜在价值是可以使行政管理脱离传统的具体事务性管理，打造价值驱动的内部客户链，从本质上激活行政管理给企业带来的应有价值。

行政管理要想通过数字化打造价值驱动的内部客户链，可以考虑以下五个步骤（见图 5-4）。

图 5-4　行政管理通过数字化打造价值驱动内部客户链的步骤

（1）定义内部客户链。明确企业内部各个部门之间的服务关系和沟通渠道，定义内部客户和供应商的角色和职责（Osborne，2021）。通过这一步骤，可以确立整个内部客户链的架构和运作方式。

（2）确定关键绩效指标。明确内部客户链中各个环节的关键绩效指标，包括质量、效率、响应速度等。这些指标需要与组织的战略目标和客户需求相一致。

（3）采用数字化工具。采用数字化工具，包括客户关系管理系统、工作流程管理系统等，帮助企业内部客户链更好地管理和协作。这些工具可以帮助企业实时追踪各个环节的绩效指标，并及时采取措施来提高效率和质量。

（4）推动文化变革。将内部客户链作为企业文化的一部分，推动企业员工产生相互合作和支持的意识，共同推动内部客户链的价值驱动。

（5）持续改进。定期评估内部客户链的绩效指标，发现问题并及时解决，持续推动内部客户链效率和质量的提高。

通过以上步骤，企业可以建立一个高效、协作的内部客户链，提升企业内部各部门之间的协作和沟通，实现更好的业务绩效和客户满意度。

3. 数字化行政管理模式的构建

行政管理涵盖了企业方方面面的事务，因此，将数字化融入行政管理工作有较多的切入点，本书认为，可以从制度管理、固定资产管理、活动管理和会议管理四个方面构建数字化行政管理模式。

（1）制度管理。数字化制度管理的要点在于将制度和重要信息线上发布、传输，同时为员工进行信息检索与查询提供便利。企业可以采用 EBPM 系统设置文档内容的自动转化、文档条款的共享与协同，实现信息在线发布和查询，同时对不同层级的员工设置不同的信息访问权限，以确保系统的安全。

（2）固定资产管理。数字化固定资产管理的要点在于确保固定资产的真实数额与账目相符，优化固定资产的登记、盘点和使用管理。企业可以对所有固定资产进行条码管理，实现对固定资产状态的即时查询，从而使员工和行政管理人员使用小程序扫码就可以实现固定资产的自助登记、使用和入库。

（3）活动管理。数字化活动管理的要点在于优化行政管理人员与参与活动人员的沟通，提高组织活动参与度，优化企业宣传，走出传统组织活动"形式主义"的困境。企业可以采用线上公告、群组通信的方式进行活动信息发布，灵活地选用多场景直播、移动签到等方式增强员工参与组织活动的积极性，允许员工采用个性化的方式参与组织活动，采用社交媒体、新媒体渠道进行企业文化信息的宣传，拉近与员工之间的距离，用数字化管理方式提高员工参与组织活动的意愿。

（4）会议管理。数字化会议管理的要点在于打破传统的企业会议室资源限制，优化跨部门协调。其常用的方法包括采用数字化会议管理系统，使会议室支持网上预定；将会议室使用时段碎片化，使用会议室的部门或员工严格按照预约时段使用会议室；提高资源利用效率，配备一系列支持线上会议的设备，使部分重要会议能够在线下进行的同时开放线上参与渠道。

第三节　数字实战能力

一方面企业享受着数字化带来的红利，另一方面数字化也给企业管理带来了更多的挑战。那么，企业该如何在数字实战中站稳脚跟？企业可以从机会识别能力、组织学习能力、创新成果能力、数字协同能力等方面来提升自己在数字实战中的综合素养。

一、机会识别能力

在数字实战中，企业家的机会识别能力至关重要。数字时代的商业环境发生了巨大的变化，因此，企业家需要具备敏锐的洞察力和判断力，以识别数字化带来的新机遇。

1. 数字实战中企业应具备的机会识别能力

在数字实战中，企业应具备以下关键能力（见图5-5）。

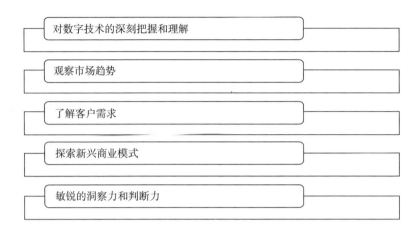

图 5-5　数字实战中企业应具备的关键能力

（1）对数字技术的深刻把握和理解。企业需要对各种数字技术的特点和应用场景做足功课，如人工智能、大数据、云计算等。只有对数字技术有足够的把握和理解，才能更好地识别数字化带来的机遇。

（2）观察市场趋势。企业需要不断关注市场的变化和趋势，以及竞争对手的行动和战略。只有真正了解市场趋势，才能更好地应对数字化带来的机遇和挑战。

（3）了解客户需求。企业需要做好市场调研，了解客户的需求和喜好，同时还应掌握客户对数字化产品和服务的实时看法。只有深入了解客户需求，才能在数字实战中脱颖而出，抢占市场先机。

（4）探索新兴商业模式。数字化催生了许多新的商业模式，如共享经济、社交电商、在线教育等。企业需要将这些新商业模式融会贯通，并想方设法将其应用到自己的业务实践中。

（5）敏锐的洞察力和判断力。企业领导层需要具备敏锐的洞察力和判断力，以洞穿数字化发展的本质，并抓住机遇实现商业成功。

2. 数字实战中机会识别能力的内在逻辑

当企业在数字实战中面临机会时，具备的机会识别能力具有深层次内涵，即指合理运用企业的能力去识别、评估和利用有潜在价值的机会。机会识别能力的内在逻辑包括以下五个方面（见图 5-6）。

图5-6　机会识别能力的内在逻辑

（1）审视市场变化。企业需要对市场变化保持敏感，了解客户需求、行业趋势和竞争对手的动态，以便保障、识别和把握机会的实际意义。

（2）精准定位目标群体。企业需要深入了解业务目标群体的个性化偏好，并针对性地提供产品或服务。通过定位目标群体，企业可以更好地识别机会，从而提高把握机会的熟练程度和利用程度。

（3）敏捷响应变化。企业应当做到快速响应市场变化，尽快提升主观能动性，这就要求企业拥有敏捷的业务流程和快速的决策机制。

（4）持续创新。企业需要不断进行创新和改进，以巩固自身在市场中的领先地位。这里提到的创新既可以是产品创新、服务创新，也可以是商业模式创新等。

（5）数据驱动决策。企业需要充分利用数据，通过数据分析和预测来识别机会，并作出更准确的决策。数据分析可以帮助企业发现市场趋势，及时掌握竞争对手的优势和劣势，客户行为等信息，从而更好地识别并把握机会。

3. 数字实战中机会识别能力的发掘

（1）赛道研判：背景和趋势。赛道就是企业想要选择和聚焦的数字发展方向及细分领域，其核心要义在于对趋势的认知，要研判这个赛道和方向是否处在或未来是否会处在一个重大的发展趋势上。顺应大趋势的创新产品或服务，会呈现指数级爆发增长，颠覆和重构现有市场格局，打开新的庞大市场空间。

（2）需求挖掘：人群与痛点。在找准了符合趋势的企业数字化发展方向之后，还要做细致的市场调研，精准定位目标用户群，准确描绘用户画像，确认其刚性需求和强烈痛点。

（3）竞品方案：现状与不足。在明确了目标人群及其需求痛点之后，接下来的一项重要工作就是系统分析市场中现有的解决方案的现状、优势及不足。此时的市场机会，就是具有巨大商业价值和想象空间的亟待解决的社会问题。而市场机会的挖掘（发现、分析和识别）是企业的首要任务和第一战略。深刻认知、准确判断市场和用户，把握行业现状和趋势，是企业在数字实战中得出最佳实践成果、描绘遐想空间的重要基石。

二、组织学习能力

对于数字化企业而言，需要具备四项基本能力，即机会识别能力、组织学习能力、创新成果能力及数字协同能力。在数字化的浪潮下，组织学习能力是企业进行数字实战所需的最重要的能力，企业所有层级的员工都需要学习与数字化技术相关的知识技能，只有这样，才能使企业正常开展数字化运营，并对企业的持续进步和发展产生重要影响。组织学习能力的大小也决定了企业发展的速度。因此，提升组织学习能力对企业进步具有重大意义。

一方面，大部分企业进行的组织学习都是不良的团队学习，企业的组织结构、组织文化与组织学习方案不兼容，经常会产生一言堂、无重点、无序化、无效果、争斗性、不真诚、不发言等问题。这样的学习不仅不能有效地促进企业进步，甚至对企业有不小的破坏作用；另一方面，员工学习数字化技术、提高数字化工作能力是一项难度较大的工作。针对上述难点，本书提出以下四个要点来全面提升企业的组织学习能力（见图 5-7）。

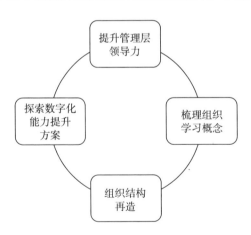

图 5-7　企业组织学习能力的提升要点

1. 梳理组织学习概念

造成企业组织学习能力低下的原因有很多，其中主要原因是企业对组织学习的态度和认知方面存在问题。思想是行动的先导，若企业对组织学习存在认识误区，则会直接影响到企业组织学习能力的提升。掌握数字化背景下组织学习的要点，以及将个人学习与团队学习相结合是企业管理者进行组织学习方案设计时需要梳理的概念。

一方面,数字化背景下的组织学习强调为了适应企业数字化运营的需求,使组织员工开展学习,提高数字化工作能力,培养数字思维,也可以在传统的组织学习流程中融入线上学习、数字化媒介等新形式,提高组织学习的效率。以数字化应用为目标,以数字化技术为工具,二者缺一不可。

另一方面,企业需要梳理个人学习与团队学习的关系,使个人学习促进团队学习的深化。团队学习与个人学习的根本区别在于团队学习需要成员之间进行沟通和协调,而个人学习不需要。因此,决定个人学习的要素主要是个人的思维能力和学习意愿,而决定团队学习的要素除了个人思维能力和学习意愿,还包括成员之间的沟通和协调,以及学习方向的一致性。由此可见,沟通在团队学习中起着至关重要的作用。缺乏有效的沟通往往是导致团队学习困难的主要原因之一。因此,树立起沟通学习的理念非常重要,它可以帮助我们更准确地发现导致团队学习困难的原因,并找到解决这些困难的主要方法(韩联郡和李侠,2018)。

2. 提升管理层领导力

很多管理层的领导力不能满足组织学习的要求也是企业组织学习能力不足的原因之一。企业组织学习能力的提升需要领导者的积极引领和推动。领导者需要在组织中建立积极的学习文化,鼓励员工不断学习和创新,从而促进团队学习的开展。领导者需要对组织学习的重要性有清晰认识,将组织学习与企业的数字化转型方案、数字化战略融合,确保组织学习不偏离数字化转型的主线。此外,领导者必须熟练掌握数字化工具、数字化媒介的使用方式,并具备有效的领导技能和方法。因此,要使领导力获得突破,就必须通过开展有效的学习,其具体步骤如图5-8所示。

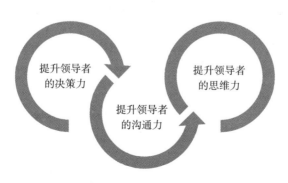

图 5-8 领导力突破步骤

3. 探索数字化能力提升方案

不同企业的性质不同，员工的层次结构也具备多样化的特点，因此必须根据企业的实际情况，探索最适合企业员工的数字化能力提升方案，其中常见的方式包括建立知识管理系统、优化员工培训等。企业可以建立完善的知识管理系统，在该系统融入员工培训、学习记录、知识技术分享、知识讨论、员工协作与交流等功能，从而实现知识与技术的总结、分享、讨论与提升功能。员工培训是提升员工个人能力最高效的方式，在数字化背景下需要提升员工培训的质量，可以将企业经营过程中自主总结的经验与知识整理总结为课程，也可以从外部引进课程，弥补企业培训资源的缺口，基于企业实际的需要，将各种自主开发课程、外部引进课程、培训过程记录等文档、音频、视频资源进行保存，形成企业的数字化资源库，在培训过程中注重以数字化应用为导向，使用数字化平台对员工的学习进度、绩效改善情况进行监控，使用排行榜、奖励等方式调动员工参与培训的热情，优化企业的组织学习氛围。

4. 组织结构再造

企业组织学习面临的主要障碍源于其组织的体制和机制。科层制是占社会主导地位的一种管理形式，这种形式会给企业带来组织学习方面的阻碍，其特征是将权力按照职能和职位进行划分，通过打造规则主体进行管理。该管理体系具有以下特点：①科层制的上下等级森严，各级别之间的权力关系严格界定。②不同职能和岗位之间的工作没有直接关联和联系。③科层制动点少而集中，即在该体系下，权力的决策集中在少数几个高层管理者手中。④科层制的行为机械简单，这种组织结构天然地造成组织内部沟通不畅，官僚主义风气导致效率低下，在形成时间长或规模庞大的组织中尤为严重。

基于以上原因，需要对这种落后的组织体制进行重构。企业的团队学习是在沟通下的学习，因此，将不利于沟通的组织结构改造成能够有效沟通的组织结构，是提升企业组织学习能力的方法之一。

（1）依靠组织结构再造克服组织障碍。自20世纪90年代以来，为了适应信息时代的发展，许多企业开始进行组织再造活动。在这一过程中，通常把单向作用联系形成的科层制组织机构，转变成相互作用联系形成的系统联动和扁平化组织机构，这一手段已十分常见。

（2）两种典型的管理结构变革。因为数字技术发展，所以企业面对不断变化的社会变革，就要适应环境变化，加强内部沟通协调，充分利用各种资源、灵活机动、快速地应对各种状况，总体思路如下：一方面从管理结构纵向上减少层级，即扁平化；另一方面从横向上促进各部门的沟通联系，即联动机制。在变革实践中，有以下两种典型的管理结构变革形式：一是权力结构转换，即正金字塔式结构变为倒金字塔式结构；二是弹性系统，即组建灵活性较强的跨职能、跨组织团队。在企业内部，建立弹性系统通常采用矩阵式结构，这种结构不仅可以保持纵向职能部门的固有结构，而且可以通过横向的弹性项目组织，使不同的部门能够联动，形成一个整体。

三、创新成果能力

企业既是推动经济和科技深度融合的核心助力，也是创新的主体和生力军。当今社会，数字化企业具备强大的创新能力、创新实力和创新优势，在创新领域中扮演着重要的角色。数字化企业具备充足的能力和条件，能够在创新引领方面发挥更大的作用。由此可知，为了推动数字化企业的发展，需要对体系进行完善创新，同时培养创新成果能力，最大限度地激发创新活力。充分发挥数字化企业在创新中的引领作用，不仅有利于推进经济高质量发展，还能够服务国家重大战略并构建新发展格局，这对于我国未来的经济发展具有重大的现实意义。

1. 创新成果能力的优势

（1）加强数字化企业在创新中的领导作用，促进科技自强壮大。从发达国家的经验可以看出，数字化企业能够有效推进科技强国的建设进程。因此，加强企业的创新成果能力，推动科技成果的产业化水平，不断强化产学研协同创新，是我国科技创新发展的关键。

（2）数字化企业能够促进创新要素跨区域流动，并且发挥强大的集聚作用，为发展新格局赋能。

集聚创新要素是一项大工程，这一项目会催生更优质的资源和更丰厚的经济效益。创新不仅是单一主体的过程，更是一个多主体、多环节、周期长的系统工程，需要协同作用来满足提高产业发展水平、减少政策风险、增加研发投入以及优化产业配套等方面的要求。如果创新要素和商品服务市场之间形成条块分割，就会影响区域协调发展和国内大循环。此时，数字化企业通过整合企业的优质资源，使区域间的生产要素实现了高效集聚，有助于培养全球创新要素资源的强大向心力（韩璐寻等，2021）。

2. 数字化企业创新的不足之处

然而，目前我国数字化企业仍有一些创新上的不足，其在战略支撑和引领方面的作用还未被完全激活，主要表现在以下三个方面。

（1）创新制度供给不足。在企业层面，由于创新动力不足，导致研发投入不足，研发成果转化率也有待提高。与此同时，关键技术和原创技术方面的创新引领作用尚未完备，这也成为制约创新的因素之一。

（2）创新要素集聚效果不明显。这意味着企业在各个地区和不同产业之间的布局还不够协调，企业还没有完全做到因地制宜、因时制宜。

（3）创新激励对企业的作用并不明显。部分企业在进行研发方面存在一些问题，如研发投入强度不够，研发投入与产出之间的比例有待提高等。

3. 数字化企业创新成果能力的激活举措

数字化企业是经济发展的中坚力量，同时数字化企业的创新成果能力也非常重要，这种能力能够帮助企业不断提高产品和服务的质量，从而更好地满足市场需求；与此同时，还能依靠创新成果能力服务国家重大战略。为了推动经济高质量发展并取得新的突破，未来数字化企业需要不断提升其创新能力和核心竞争力。为此，企业需要加大对基础研发的投入力度，致力于打造新的产品。企业在数字实战中可以通过如下措施激活创新成果能力：

（1）深化技术创新、管理创新与商业模式创新。数字化企业应该积极开展技术创新。技术创新是数字化企业持续发展的重要保证。数字化企业需要时刻关注最新的技术发展趋势，积极引进前沿技术，并将其应用到企业的产品开发中。只有这样，企业才能够在市场竞争中保持优势地位，满足客户日益增长的需求。另外，数字化企业还需要开展管理创新。随着企业规模的扩大和市场的变化，传统的管理方式已不再适应现代需求，数字化企业需要积极探索新的管理方式和方法，以提高企业的运营效率和管理水平。管理创新包括流程创新、组织创新和人才管理创新等，这些方面的创新将为数字化企业的发展带来更大的效益。商业模式创新也是数字化企业不可或缺的一部分。随着市场竞争的加剧和客户需求的变化，数字化企业需要不断探索新的商业模式，以满足不同客户群体的需求。商业模式创新包括营销模式创新、销售模式创新和服务模式创新等，这些方面的创新将为数字化企业的发展注入新的活力。

（2）完善企业创新成果转化制度。为了促进数字化企业的科技创新，需要建立符合数字化企业发展要求的科技创新考核、分配、激励机制，探索将股权激励融入激励体系的模式，在每一个重要的创新成果转化节点中都引入一定的激励手段，将创新成果的转化率、销售额、收益率等作为科研人员的绩效考核指标，建立技术类资产转移、转化的收益分配机制，赋予科研员工一定的使用科技成果的自主权。

（3）行业协会推动创新成果标准化。不同行业的行业协会可以为创新成果转化建立较好的平台，使创新成果的转化过程标准化，有据可依。一方面，企业可以加入与自身定位相符合的行业协会，与行业中的其他企业共同制定技术标准，促进创新成果的产业化应用；与行业协会中的其他企业沟通协作，分享资源，提升自身的创新能力。另一方面，行业协会的存在增强了协会内企业的市场知名度，使企业获得了宣传的渠道，能够扩大企业的市场占有率，吸引合作伙伴甚至是投资人的关注，获取大量的资金助力创新成果的转化。

（4）拓宽融资渠道。创新成果转化既需要大量的资金投入，也需要较长的转化周期，企业对项目的投入与支持直接决定了创新成果转化的成功率，因此，企业应当努力探索使用多层次的融资渠道，密切关注科技企业的投融资政策，与银行等金融机构保持沟通，积极参与国内、国际的技术、资本交流会，对接国内外优秀的企业与投资机构，主动争取优质资本的投资。目前，市场上存在众多进行创新成果转化、科技市场资源配置与评估、创新咨询的科技中介机构，企业应当与它们进行对接，提高其在资本市场的曝光度，利用资本市场多渠道筹集资金。

● 专栏 5-4 ● **极智嘉：智慧物流独角兽**

一、企业简介

北京极智嘉科技股份有限公司（以下简称极智嘉）是一家成立于 2015 年的"机器人互联网+"公司。极智嘉眼光独到，以智能物流为出发点，利用 AI 技术，配之以大数据、云计算，打造极具智能化的移动运输机器人产品。

目前，极智嘉通过搬运、挑选及分拣等智能机器人产品组合，实现了工厂和仓储物流的全流程无人化作业。

二、数字化进程

1. 机器人自主学习：决策效益最大化

极智嘉的自我定位为智能物流机器人公司，其在机器人研发方面的创新成果能力具有相当的优势。在进行包裹分拣时，其分拣机器人具备一定的学习能力，其会根据外来信息进行自我决策，并随着获取越来越多的外界反馈信息，其会持续吸收反馈并综合进行考量。分拣机器人的自主学习能力取决于其强大的算法支持，极智嘉的机器人会依靠算法进行分析，保障系统方案的收益最大化。同时，在分拣机器人进行协作活动的情况下，其会发挥集群效应，根据环境的变化从不同端口接收反馈信息，作出效益最大化的决策。

2. 终点动态调整：降低系统复杂度

在物流管理中，一旦物流终点进行了动态调整，就会给人工集包管理产生阻碍，而这种牵一发而动全身的效果，最直观的就是更加复杂化的人工集包操作难度，随之而来的就是整个物流过程中的错误风险。因此，极智嘉提出了创新解决方案，推出了自己的搬运系统，在基础的人工集包工作中解放人的双手：对各类型的集包容器进行归类整理，分位置调整记录，方便进一步的人工清点装载工作，在很大程度上杜绝了因集包容器布局混乱、缺乏记录而产生的出错风险。推出搬运系统和调整集包容器这两个方案，从本质上就是在原有工作程序中增加中间环节，整体上优化系统，增加人工集包管理的便捷性和可操作性。

3. 先进技术：优化系统效率

在 AMR 技术的研发中，极智嘉在全球占据领先地位。在其高效的智能物流管理中，极智嘉能够充分发挥机器人的集群效应，不仅在规模上，同时还在技术上表现卓越。极智嘉在海内外拥有 400 多项公开专利，创新成果能力不容小觑；极智嘉的机器人水平业界领先，凭借其强大的导航遥感技术以及独创的伺服控制，在很大程度上打造了机器人在运动方面的突出性能；极智嘉拥有智能化的系统支持，深度挖掘与系统之间的互通性，并且结合云端系统管理的优势，使其业务全过程达到智能自动化水平；极智嘉的 AI 智能算法也十分先进，将 AI 算法植入机器人、业务软件，提升其数字资产的价值，依靠数据的智能化对其进行驱动，对具备复杂性的业务进行优化，提高系统效率。

4. 创新产品：打造核心竞争力

极智嘉持续培养创新成果能力，丰富其产品种类，在研发与服务技术方面不断更新优化，最终打响企业的招牌，强化自身的品牌影响力，同时作为一家智能物流机器人企业，其能够基于全场景、全种类提供智慧物流解决方案。在国内，能够提供智慧物流解决方案的公司极其罕见，而极智嘉能够得到客户的高度认可，完全得益于其拥有业内高标准、优品质的产品及服务，其自主研发的技术与产品，使客户的工作效率得到了保障，降低了成本损耗，对客户的生产活动进行了全盘优化。

5. 多重合作：助力生态赋能

极智嘉高度重视生态赋能，积极寻求与众多行业巨头的合作，以生态合作伙伴的身份，携手打造行业顶尖的创新型智慧物流产品，提供智能化的物流解决方案。极智嘉联合其他行业引领者，共同推出了一系列的物流搬运智能产品，并且顺着播种、复合机器人组合的研发势头，提出了对应的工业领域解决方案，印证了极智嘉生态赋能的方针。

综上所述，极智嘉不仅拥有电商领域的宝贵成果，还拥有科学合理的智慧物流领域布局，这些成就取决于其在机器人技术和 AI 方面强大的创新成果能力。极智嘉在诸多相关联领域独树一帜，以高水平的创新成果能力赢得了客户的信赖，为公司未来的发展创造了更大的效益。

资料来源：

[1]极智嘉全柔性拣分结合智能机器人方案[J]. 物流技术与应用，2023，28(1)：75.

[2]任芳 .5G 技术推动物流机器人行业变革：访极智嘉联合创始人兼机器人部副总裁陈曦[J]. 物流技术与应用，2021，26(6)：110-112.

[3]极智嘉科技 . 极智嘉分拣系统落地　部署全柔性智能 AMR 分拣系统[J]. 起重运输机械，2020(17)：18-21.

四、数字协同能力

随着数字技术和数字化生存手段的不断发展，涌现出越来越多的商业模式，这些创新不断加速企业的数字化转型。企业逐渐认识到，挖掘数据价值可以为业务决策提供重要的指导。然而，对于许多企业来说，高效流畅的数字化协同能力却成了组织管理和数据驱动的瓶颈。在数字时代下，企业的数字协同能力可应用于三个层级，如图5-10所示。

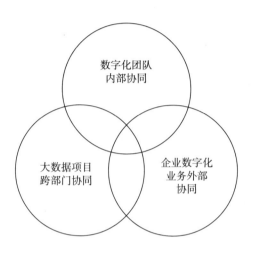

图5-10　企业数字协同能力应用的三个层级

1. 数字化团队内部协同

数字化团队内部协同是指企业数字化部门在进行数据分析建模时，需要协作、共享和管理数据流程、生产要素以及资料成果。在数字时代背景下，企业利用"数据科学+"能力来赋能业务决策，并在数据研发团队内部建立起横向协同机制，以提高团队工作效能，这也已经成为业界的共识。

数字化团队需要支持多个业务条线，并且这些业务条线的发展目标可能各不相同。因此，团队成员通常会专注于各自独立的板块上开展工作。然而，随着企业数字化转型需求的不断增加和复杂化，许多基础性工作可以通过共建来实现。此外，数据的应用已不再局限于简单地展示和挖掘，相反，越来越多的数字化团队开始积极寻求新的突破，以更为综合和交叉的方式开发利用数据，提高整体效率。

2. 大数据项目跨部门协同

具体而言，数字化部门与业务部门需要在模型构建、业务应用、迭代优化的全过程中，对任务拆解、流转路径以及协同机制进行系统性的管理，以实现企业数据驱动业务模式的成功。

通常来说，解决业务问题可以从一个痛点开始突破。企业能够通过建立预测模型来预测某个产品的销售业绩。另外，有些业务问题需要采用体系化的方法持续解决，如提升客户的整体满意度。数字化部门的工作也应该与具体的业务背景相结合，并且需要随着业务场景的发展而不断更新。

3. 企业数字化业务外部协同

企业数字化业务外部协同指的是企业与外部机构和人员建立业务联系并进行合作的过程，该过程需要满足协同需求，包括对外价值输出的渠道和形式的确定，以及合作时兼顾资产公开性和安全性的平衡管理。

企业在构建数字生态圈时，除了依靠内部协同，还需要借助外部力量来实现。为了统筹处理与外部合作相关的利益关系，打造一个健康的外部协同机制是首要任务。因此，不仅需要确保边界柔软以求技术的高度渗透，同时还要保证边界的清晰，以确保资产的安全。

为了培养企业的数字协同能力，提出以下几点建议：

（1）要想让企业数字协同能力得到有效提升，首先需要建立数字化文化，使员工对数字化工具和协同工作方式形成共识。企业可以通过加强培训、倡导数字化办公、建立数字化协同的示范案例等方式来推广数字化文化。

（2）企业可以采用协同平台来促进数字协同。协同平台是指为协同工作提供技术支持的软件平台，可以提供多种协同工具，如在线文档协作、任务管理、视频会议等。通过采用协同平台，企业可以实现各部门和员工之间的信息共享和协同决策。

（3）在数字化办公环境下，企业信息安全管理显得尤为重要。企业应加强信息安全意识培训，采取有效措施确保数据的安全性和保密性，如采取加强密码管理、限制敏感信息的访问权限等措施。

（4）建立数字化工作流程可以有效提高企业数字协同效率。数字化工作流程是指将企业的业务流程和决策流程数字化，形成标准化的工作流程，通过协同平台和数字化工具实现各部门和员工之间的协同工作和信息共享。

（5）数字化协同需要配备具备数字技能和协同能力的人员。因此，企业应加强数字技能和协同能力的培训，招聘适合的人才，建立数字化协同团队，优化人员配备，以实现数字协同的有效实施与推广。

成功进行数字化转型的企业可以充分发挥数字技术的潜力，将其转化为实实在在的经济收益。在这一过程中，数字技术的对外应用无疑是最具变现潜力的途径。为了与客户建立联系，企业需要通过适当的媒介不断传递自己的核心能力和创造价值理念，这不仅是吸引目标客户的重要起点，也是营造企业品牌形象的关键一步。企业在合作过程中，不仅需要寻找合适的合作伙伴，还需要建立高效的合作渠道，以降低合作的成本。为此，企业需要为合作搭建快速通道，消除中间壁垒，从而实现更加顺畅和高效的合作。

综合来看，数字技术正以惊人的速度影响着世界，如今的世界更加互联互通，数字化的程度也更加深入。为了深度挖掘数据价值，企业迫切需要培养出优秀的数字协同能力，并建立完善的数字协同机制，以适应这一快速变化的环境。

【章末案例】

华峰测控：积极变革，玩转数字实战

一、企业简介

北京华峰测控技术股份有限公司（以下简称华峰测控）作为国内最早进入半导体测试设备行业的企业之一，已在行业深耕近30年，其始终聚焦于模拟和混合信号测试设备领域，是国家级高新技术企业，同时还是国内领先的集成电路自动化测试设备供应商、科创板上市公司。华峰测控有着深厚的技术积累，其产品主要与美国、日本等国外企业产品竞争，多次打破国外厂商针对我国集成电路测试设备领域的技术垄断，实现了同类产品在国内市场的领先地位。

二、数字管理方案

华峰测控是中国半导体测试设备行业的开拓者，是专业从事半导体测试设备研发、制造和销售的企业。在公司数字管理领域，华峰测控积极布局数字战略，推动数字化转型，通过多种手段为公司的数字化管理提供支撑，提高了公司的管理效率和竞争力。

1. 智能制造

智能制造是华峰测控进行企业数字变革的重要内容，在这一领域，公司采用了多项智能制造技术，实现了数字化管理和智能制造。

首先，华峰测控引进了 MES 系统，通过数据采集、监测、传输和分析，实现了生产制造全过程的数字化管理，提高了生产效率和质量。其次，在设备上实现了自动化、智能化控制，通过数字化技术对设备进行远程监控和故障诊断，极大减少了设备维护成本，提高了设备的稳定性和可靠性。最后，在生产车间中使用自动引导车(Automated Guided Vehicle，AGV)等物流自动化设备，使物流效率得到了提高，降低了人工操作的失误率。

2. 数字化管理

华峰测控注重数字化管理的全流程链条，通过科学合理地运用信息化手段，为公司的数字化管理奠定了坚实基础。华峰测控建立了企业资源计划系统，对企业资源进行全方位统一把控，其中包括销售、采购、库存、生产等多环节；建立了办公自动化系统，华峰测控能够通过该系统进行全盘管理，对各部门实现包括财务、人力资源、市场营销等方面的数字化管理；建立了客户关系管理系统，华峰测控对客户信息进行了有效记录，同时还将销售记录、服务记录进行了互联互通，提高了客户管理的效率和质量。

3. 数字化营销

华峰测控采用了多种数字化营销手段，深耕营销环节多年，实现了数字化营销的普及。华峰测控建立了官方网站和微信公众号，通过这些数字化媒体进行宣传和推广，提高了品牌知名度和市场份额。华峰测控在各大半导体展会上积极参展，并通过数字化手段进行展示和宣传，扩大了品牌影响力和市场覆盖范围。华峰测控采用数字化广告和搜索引擎营销等手段，提高了品牌的曝光率和搜索引擎排名，进一步扩大了市场影响力。

4. 数据分析

数据分析是华峰测控进行企业数字变革的关键一环，其采用多种数据分析手段，对公司进行了全方位数据分析。华峰测控建立了商业智能系统，通过数据仓库、数据挖掘、数据分析等多种手段，实现了对公司各项业务的数据分析，赋能销售经营、生产制造、库存仓储、财务管理等方面，提高了公司数字管理的精细化和科学化。此外，华峰测控还采用大数据分析、人工智能等先进数字化技术，对公司数据进行深度挖掘和分析，帮助其发现问题、优化流程、提高效率。

三、数字战略布局

竞争加剧正是集成电路产业受到重视的表现。对于华峰测控而言，除了要与国内其他优秀的公司开展竞争，还要和广大海外市场的国际知名厂商展开正面竞争。面对这些现实，华峰测控始终坚持以下数字战略，确保能够一直具备强大的竞争实力。

（1）华峰测控成立近30年，一直致力于做好一件事，即专注集成电路自动化测试，这也是公司能够快速发展的根本动力。现阶段，华峰测控能够依靠数字手段进一步增强研发力度，未来公司将一直保持这颗初心，专注发展。

（2）要想在激烈的市场竞争中获得一席之地，具备坚实、充足、可靠的技术基础必不可少。自华峰测控成立之日起，便始终坚持所有产品自主设计，所有技术自主研发，确保掌握完全自主的知识产权，这为此后的数字技术创新与发展指明了最为明确的前进方向。华峰测控从零开始，依靠一点一滴的技术探索与积累，在从研制出第一台样机到生产并推出三代产品的过程中，多次打破国际巨头的技术封锁与垄断，一次次地推倒壁垒，创造了无数个具有里程碑意义的技术突破。

（3）华峰测控高度重视产品的可靠性与稳定性，这两项指标在集成电路大规模量产测试环节中至关重要，同时还要确保测试设备经久耐用、故障率低、生命周期长。此时，公司数字管理的优势凸显出来，华峰测控的三代产品都很好地实现了市场对测试设备的性能要求，并且大额装机量是市场及客户对其产品高度认可的表现。

（4）华峰测控把握最新的数字技术发展方向并追求创新。不论是针对已经成熟的技术与产品，还是对于刚刚兴起的测试领域，华峰测控都追求新的数字技术创新以实现测试效率的提高。同时，华峰测控非常重视与全球领先客户开展多种数字技术交流与合作，高度关注这些客户在新领域的测试需求以及对原有测试能力提出的新的测试要求，把握并分析测试产业的发展方向，跟踪新型测试领域的发展动态，结合自身发展实际，积极布局数字研发战略，以保证在第一时间占据技术与市场的领先地位，并推出可在最短时间内实现大规模生产的、独具特色的测试产品。

（5）华峰测控通过数字管理严格把控客户需求。华峰测控始终将"追求极致、创造价值"作为公司发展理念，将不断提高测试效率、降低客户成本作为公司的重要管理理念。华峰测控在成立之初就已经确定了平台化、标准化的机台设计理念，在无须另行采购新产品的前提下，通过替换测试板卡、增加测试组件等多种方式，对已投入量产的测试设备进行升级，以实现增加测试数量，提高测试效率，实现新的测试功能。

四、数字管理转型之路

1. 管理架构变革

为了适应市场和公司的发展需要，华峰测控在管理架构方面进行了变革，具体内容如下：

（1）建立新的管理体系。华峰测控在管理架构变革中建立了新的管理体系，从以前的传统的机构式管理模式转向现代化的流程式管理模式。华峰测控以流程为中心，打破了以往的部门间隔，将公司的管理划分为6个流程，分别是市场流程、研发流程、生产流程、供应链流程、客户服务流程和财务流程，每个流程都设立了流程负责人，以确保流程的顺畅和高效。此外，华峰测控还引入了 ERP 系统，实现了信息化管理，优化了管理流程和决策层级。

（2）加强人才培养和选拔机制。华峰测控在管理架构变革中加强了人才培养和选拔机制。华峰测控成立了人力资源部门，实现了科学的人才资源数字管理；引进了一批高素质人才，通过员工培训和轮岗实践等方式，提高员工的技能和综合素质。同时，华峰测控建立了完善的选拔机制，通过内部晋升、聘任优秀人才等方式，为公司的长远发展和战略目标提供了人才保障。

（3）推进公司文化建设。华峰测控积极推进公司文化建设，始终秉承以创新、专业、共赢为主流的价值观，提倡以人为本、团队协作的公司文化，不断弘扬公司的精神文化。与此同时，华峰测控还注重员工参与，通过丰富多彩的文体活动、员工培训和团队建设等方式，增强了员工的归属感和凝聚力，营造了和谐的文化氛围。

2. 财务数字管理

华峰测控是中国半导体测试设备行业的先驱单位，其在实现业务快速增长的同时，也注重财务数字管理，以确保公司经营的稳健性和可持续性。

（1）注重财务预算和成本控制。华峰测控非常注重财务预算和成本控制，以确保公司的经营活动能够按计划进行并保持稳定增长。每年年初，华峰测控都会根据上一年的经营情况和市场状况，制定当年的财务预算。此外，华峰测控还会对研发、销售、行政等各项费用进行严格控制，确保这些费用的合理性与可控性。通过制定合理的预算和精细的成本控制，华峰测控能够更好地规划公司未来的发展，提高公司的经济效益。

（2）财务数字管理精细化。华峰测控通过精细化的财务数字管理，实现了公司财务数据的精确、及时和透明。同时，华峰测控还会对内部管理进行不断完善，包括内部控制、风险管理、审计等方面。通过精细化的财务数字管理和内部对象管理，华峰测控能够运用公司实时的财务数据进行合理的决策，进一步增强了公司的财务数字管理效应。

（3）合理的投融资决策。华峰测控通过合理的投资和融资决策，为公司的业务发展提供必要的资金支持。同时，华峰测控还会根据市场情况和业务发展需要合理分配资金，进行合理的投资，涵盖技术研发、生产设备更新等方面。华峰测控同样看重融资管理，以保证公司资金的流动性和稳定性。通过投资和融资管理，华峰测控不仅为公司业务的快速发展提供了必要的资金支持，还为公司的市场竞争力和盈利能力注入了动能。

综上所述，华峰测控在财务数字管理方面的做法是全面有效的。华峰测控注重财务预算和成本控制，凭借合理的预算计划，以及精细化的费用控制，确保公司的经营活动能够按期平稳地有效增长。华峰测控在财务报表和内部管理方面的努力，使其能够严格把控公司的财务数据，做到了时效性和透明性的有机结合。华峰测控的投资和融资管理，是公司业务发展的有力支撑。财务数字管理的成功实施，为华峰测控的长期稳定发展打下了坚实的财务基础。

3. 行政数字管理

华峰测控在行业内拥有较高的知名度和影响力。在公司的经营管理方面，华峰测控始终围绕数字化管理开展公司的活动，通过数字化手段对公司各项业务进行监控和分析，打造了高效率、高水平的决策能力。

在行政数字管理方面，值得一提的是华峰测控的企业资源计划（Enterprise Resource Planning，ERP）系统的应用。ERP系统是指一套集成化的管理信息系统，可以帮助企业实现对各项业务的全面管理和掌控。华峰测控在早期就引入了ERP系统，通过对各项业务的数据采集和分析，帮助其实现了对资源的高效利用。在华峰测控的数字化管理中，数据仓库和数据分析也起到了重要的作用。数据仓库是指一个专门用于存储企业数据的数据库，可以帮助企业快速获取各项业务数据，进行更加准确的数据分析和决策。华峰测控通过建立数据仓库，将各项业务数据进行集中管理和分析，为公司的决策提供了可靠的依据。

华峰测控同样还十分看重公司内部客户链的建设。公司内部客户链是指将公司内部各个部门和岗位视为内部客户，并通过数字化手段对其进行管理和服务。在华峰测控数字管理布局中，公司内部客户链这一环节发挥着举足轻重的作用，并且华峰测控对部门间、岗位间进行严格的划分和管理，实现了公司内部各个环节的高效协作和运转。具体来说，华峰测控可以将研发部门作为公司的内部客户，随后运用数字化手段向销售部门提供最新的产品信息和技术支持，销售部门则可以相应地根据客户需求进行产品定制和销售，这就是内部客户链高效运作的机制。

总的来说，华峰测控的数字管理颇具成效，打造了价值驱动的内部客户链，使公司各项业务的数字协同能力显著增强，为公司的发展奠定了坚实的基础。

五、结论与展望

基于以上分析可以看出，超强的变革意识和决心是华峰测控进行数字化升级的核心驱动力，通过自身的努力并借助数字变革的力量，一定能够探索出自己独特的数字化转型道路，全面提升品牌影响力。华峰测控的数字变革将其打造成为行业转型升级的标杆单位，也为更多离散型制造公司在发展过程中直面机遇和挑战、实现创新可持续发展提供了借鉴意义。

资料来源：

[1]祁豆豆.科创板业绩说明会启幕　华峰测控、迪哲医药领衔报喜[N].上海证券报，2022-03-02(006).

[2]思睿.半导体测试机本土供应商华峰测控科创板挂牌：访北京华峰测控技术股份有限公司总经理蔡琳女士[J].中国集成电路，2020,29(Z3):12-13.

[3]董波.以硬核技术支撑未来广阔市场前景[J].理财周刊，2020(3):39.

参考文献

［1］保海旭，陶荣根，张晓卉．从数字管理到数字治理：理论、实践与反思［J］．兰州大学学报(社会科学版)，2022，50(5)：53-65．

［2］陈虎，陈东升．财务共享服务案例集［M］．北京：中国财政经济出版社，2014．

［3］陈婧．中国传统企业数字化转型中的组织惯例重塑［M］．南京：南京大学出版社，2020．

［4］陈利萍．门户网站分布式数据挖掘云平台架构分析［J］．数字技术与应用，2018，36(5)：184-185．

［5］陈世媛．企业经济管理中柔性管理的运用思考［J］．商场现代化，2022(24)：104-106．

［6］陈旭，焦楷，王鹏飞．从场景到生态：服务型制造的企业运营管理变革［J］．工程管理科技前沿，2022，41(1)：82-89．

［7］陈岩，吴超楠．数字战略构建中国数字经济新格局［J］．科技导报，2022，40(22)：5-11．

［8］程宣梅，杨洋．破解数字化重构的商业模式创新：战略柔性的力量［J］．科技管理研究，2022，42(16)：111-118．

［9］崔志新．我国产业集群数字化转型发展现状、问题与对策研究［J］．城市，2023(2)：3-12．

［10］邓奕军．图书馆用户行为模型的动态更新方法研究与实现［J］．图书情报导刊，2018，3(11)：27-31．

［11］底占源．业财一体化财务信息化建设探讨［J］．财会学习，2022(11)：8-10．

［12］窦凯．中国数字内容产业国际竞争力研究［D］．北京：对外经济贸易大学，2020．

［13］范鑫．数字经济发展、国际贸易效率与贸易不确定性［J］．财贸经济，2020，41(8)：145-160.

［14］方燕，隆云滔．数据变革、数据理论与数据治理：一个简要述评［J］．东北财经大学学报，2021(3)：15-27.

［15］弗雷德里克·泰勒．科学管理原理［M］．马风才，译．北京：机械工业出版社，2013.

［16］高伟．数据资产管理：盘活大数据时代的隐形财富［J］．金融电子化，2016(7)：96.

［17］郜保萍．企业数字化转型与内部控制有效性［J］．会计之友，2023(4)：127-133.

［18］郭刚．加强协同，提升组织效率［J］．中国勘察设计，2022(7)：42-44.

［19］郭晗，廉玉妍．数字经济与中国未来经济新动能培育［J］．西北大学学报(哲学社会科学版)，2020，50(1)：65-72.

［20］郭琳．数字思维、数据知识生产与技术隐喻研究［J］．南昌大学学报(人文社会科学版)，2022，53(5)：87-96.

［21］韩联郡，李侠．研发活动、组织学习与企业创新人才培养［J］．科学与管理，2018，38(2)：15-20.

［22］韩璐寻，陈松，梁玲玲．数字经济、创新环境与城市创新能力［J］．科研管理，2021，42(4)：35-45.

［23］何大安．中国数字经济现状及未来发展［J］．治理研究，2021，37(3)：5-15.

［24］亨利·法约尔．工业管理及其一般管理［M］．周安华，等译．北京：中国社会科学出版社，1998.

［25］洪美玲，葛振峰．中小企业数字化转型的障碍与策略研究：基于浙江省调研样本的分析［J］．科技创业月刊，2023，36(2)：88-92.

［26］胡青，徐梦周．从认知到执行：企业数字化转型的绩效实现［J］．科学学研究，2023(3)：1-18.

［27］江积海，李琴．平台型商业模式创新中连接属性影响价值共创的内在机理：Airbnb 的案例研究［J］．管理评论，2016，28(7)：252-260.

［28］靳曙畅，胡熠，栾佳锐．数字金融赋能企业转型升级：理论分析

与实证检验[J]．统计与决策，2023，39(3)：136-141.

[29]匡红云，江若尘．旅游体验价值共创研究最新进展及管理启示[J]．管理现代化，2019，39(1)：74-77.

[30]蓝文永，黄香华，俞康慧．传统制造企业数字化转型过程的价值创造：以海康威视为例[J]．财会月刊，2023(3)：1-7.

[31]雷辉，唐世一，盛莹，等．流程数字化、供应链信息分享与企业绩效[J]．湖南大学学报(社会科学版)，2021，35(6)：67-79.

[32]李启中．企业财务精细化管理的实践策略研究[J]．中国市场，2020(33)：69-70.

[33]李卫东．数字组织的概念、构成要素与元宇宙结构分析[J]．中州学刊，2022(7)：157-165.

[34]李雯轩，李晓华．全球数字化转型的历程、趋势及中国的推进路径[J]．经济学家，2022(5)：36-47.

[35]李晓华．制造业数字化转型与价值创造能力提升[J]．改革，2022，345(11)：24-36.

[36]李煜华，张敬怡，褚祝杰．技术动荡情境下数字化技术赋能制造企业服务化转型绩效研究：基于资源—能力的链式中介作用[J]．科学学与科学技术管理，2022，43(11)：161-182.

[37]李载驰，吕铁．数字化转型：文献述评与研究展望[J]．学习与探索，2021(12)：130-138.

[38]廖林．加快数字金融建设 助力数字经济发展[J]．现代金融导刊，2022(12)：4-5.

[39]林爱杰，梁琦，傅国华．数字金融发展与企业去杠杆[J]．管理科学，2021，34(1)：142-158.

[40]林雷，乐纳红，陈恺，等．数字赋能，助力"双减"：作业数字化流程再造的探索与实践[J]．中国电化教育，2022(4)：34-39.

[41]刘学涛，刘力夫．数字治理视域下公共服务创新：机遇、挑战与变革[J]．西藏发展论坛，2023(1)：55-61.

[42]刘洋，董久钰，魏江．数字创新管理：理论框架与未来研究[J]．管理世界，2020，36(7)：198-217，219.

[43]刘颖慧，刘楠，蔡一欣，等．数字化转型中不同企业的中台战略

及架构设计[J].电信科学，2020，36(7)：126-135.

[44]刘忠胜.大数据时代企业财务精细化管理[J].全国流通经济，2020(33)：39-41.

[45]陆岷峰.新格局下强化数字技术与实体经济融合发展路径研究[J].青海社会科学，2022(1)：82-91.

[46]罗茜，王军，朱杰.数字经济发展对实体经济的影响研究[J].当代经济管理，2022，44(7)：72-80.

[47]马兆林.人工智能时代一本书读懂区块链金融[M].北京：人民邮电出版社，2017.

[48]孟庆国，李晓方.公共部门数字化转型：供需视角与转型深化[J].电子政务，2022(5)：2-8.

[49]南京大学智能财务研究课题组.智能财务教程[M].南京：南京大学出版社，2019.

[50]牛璐，陈志军，刘振.资源与能力匹配下的中小企业数字化转型研究[J].科学学研究，2023(5)：1-17.

[51]潘诗盈.企业财务管理数字化转型趋势及路径探析[J].文化学刊，2022(8)：35-38.

[52]潘孝珍，许耿熙.企业数字化转型的劳动力成本影响效应[J].人口与经济，2023(1)：26-43.

[53]祁怀锦，魏禹嘉，刘艳霞.企业数字化转型与商业信用供给[J].经济管理，2022，44(12)：158-184.

[54]乔鹏程，张岩松.企业数字化转型、动态能力与创新绩效[J].财会月刊，2023(3)：1-8.

[55]裘林燕.推进我国中小企业数字化转型发展的对策探讨[J].投资与创业，2023，34(2)：120-122.

[56]曲永义.数字创新的组织基础与中国异质性[J].管理世界，2022，38(10)：158-174.

[57]任保平，何厚聪.数字经济赋能高质量发展：理论逻辑、路径选择与政策取向[J].财经科学，2022(4)：61-75.

[58]任盼盼.人力资源管理数字化转型：要素、模式与路径[J].产业创新研究，2022(22)：172-174.

[59]沈鹏熠，万德敏．全渠道零售体验价值共创行为对顾客忠诚的影响：基于服务主导逻辑视角[J]．北京工商大学学报(社会科学版)，2019，34(3)：15-27．

[60]石勇．数字经济的发展与未来[J]．中国科学院院刊，2022，37(1)：78-87．

[61]石岳．大变局时代企业运营管理模式变革[J]．现代企业，2021(7)：53-54．

[62]宋敬，陈良华，叶涛．管理者能力与企业数字化转型：期望落差下的"使能"创新[J]．现代财经(天津财经大学学报)，2023(4)：23-39．

[63]覃龙飞，万克勇．基于业财一体化的新型财务信息化系统构建路径及实践[J]．中国注册会计师，2021(5)：96-99．

[64]田高良，张晓涛．数字经济时代智能财务基本框架与发展模式研究[J]．财会月刊，2022(20)：18-23．

[65]王汉生．数据资产论[M]．北京：中国人民大学出版社，2019．

[66]王佳．企业财务共享服务与数字化转型[J]．上海商业，2023(2)：71-73．

[67]王涛．人力资源管理数字化转型：要素、模式与路径[J]．中国劳动，2021(6)：35-47．

[68]王腾．数字时代的环境社会治理：转型逻辑与挑战应对[J]．理论月刊，2022(11)：119-129．

[69]王天夫．数字时代的社会变迁与社会研究[J]．中国社会科学，2021(12)：73-88，200-201．

[70]王晓光．数字资产管理[M]．北京：电子工业出版社，2013．

[71]王永伟，李彬，叶锦华，等．CEO变革型领导行为、数字化能力与竞争优势：环境不确定性的调节效应[J]．技术经济，2022，41(5)：109-121．

[72]王振宇，李大硕．数字技术赋能企业组织协同的路径分析：以唯品会为例[J]．商展经济，2023(5)：134-136．

[73]韦伯．经济与社会[M]．阎克文，译．上海：上海世纪出版集团，2009．

[74]韦庄禹．数字化转型对企业资源配置效率的影响[J]．技术经济与管理研究，2023(2)：62-66．

[75]魏威．浅谈新经济模式下的企业管理创新[J]．全国流通经济，2021(28)：57-59.

[76]吴玉宁．信息流在数字商业时代的运用[J]．现代商业，2022(26)：24-26.

[77]肖健．数字化转型背景下企业组织结构创新研究[J]．商场现代化，2023(3)：109-111.

[78]谢达，梁荟敏，王实．数字化转型下智慧共享财务管理体系建设[J]．会计之友，2022(1)：145-152.

[79]谢卫红，刘晨露，李忠顺，等．数字商业生态系统：知识结构及热点分析[J]．科技管理研究，2022，42(9)：203-214.

[80]徐梦圆．数字经济下数字商业生态系统的形成探究[J]．上海商业，2022(9)：53-55.

[81]徐翔，赵墨非．数据资本与经济增长路径[J]．经济研究，2020，55(10)：38-54.

[82]徐秀军，林凯文．数字时代全球经济治理变革与中国策略[J]．国际问题研究，2022(2)：85-101，156.

[83]许龙，周嘉怡，刘兵．企业数字化转型影响因素与实施路径[J]．财会月刊，2023(3)：1-7.

[84]亚当·斯密．国富论[M]．谢宗林，李华夏，译．北京：中央编译出版社，2011.

[85]闫俊周，朱露欣，单浩远．数字商业模式：理论框架与未来研究[J]．创新科技，2022，22(9)：11-24.

[86]杨辰．AIOps：从数字化运维、智能化运维到智慧化运营[J]．中国金融电脑，2022(9)：87-89.

[87]叶永卫，李鑫，刘贯春．数字化转型与企业人力资本升级[J]．金融研究，2022(12)：74-92.

[88]易成岐，窦悦，陈东，等．全国一体化大数据中心协同创新体系：总体框架与战略价值[J]．电子政务，2021(6)：2-10.

[89]易加斌，柳振龙，杨小平．数字经济能力驱动商业模式创新的机理研究[J]．会计之友，2021(8)：101-106.

[90]于文浩，何佳绮，巩园园，等．工作场所学习的数字化转型：关

键行动与变革路径[J].现代远程教育研究，2023(3)：1-8.

[91]于卓，张熙琳.数字经济时代企业经营管理创新策略[J].财经界，2022(26)：63-65.

[92]余南平，冯峻锋.数字经济时代的新型国际竞争[J].现代国际关系，2022(1)：35-43，60-62.

[93]遇兴嘉.现代企业财务精细化管理探讨[J].商场现代化，2022(22)：156-158.

[94]曾德麟，蔡家玮，欧阳桃花.数字化转型研究：整合框架与未来展望[J].外国经济与管理，2021，43(5)：63-76.

[95]张海霞，赵景峰.加快推进我国数字金融高质量发展[J].宏观经济管理，2023(1)：61-68.

[96]张晗，毕强，李洁，等.基于用户画像的数字图书馆精准推荐服务体系构建研究[J].情报理论与实践，2019，42(11)：51，69-74.

[97]张虎，高子桓，韩爱华.企业数字化转型赋能产业链关联：理论与经验证据[J].数量经济技术经济研究，2023(3)：1-21.

[98]张静，石丽雯，郭伟，等.面向医疗供应链的新零售平台用户体验研究[J].包装工程，2019，40(4)：42-51.

[99]张鹏.数字经济的本质及其发展逻辑[J].经济学家，2019(2)：25-33.

[100]张晓涛，田高良.基于"数字经济"的智能财务理论与发展新契机[J].财会通讯，2022(22)：22-28，132.

[101]赵曙明，张敏，赵宜萱.人力资源管理百年：演变与发展[J].外国经济与管理，2019，41(12)：50-73.

[102]赵先德，唐方方.区块链赋能供应链[M].北京：中国人民大学出版社，2022.

[103]朱良杰，何佳讯，黄海洋.品牌拟人化促进客户价值共创意愿的机制研究[J].管理学报，2018，15(8)：1196-1204.

[104]朱文菁.企业人力资源管理数字化转型策略研究：以碧桂园公司为例[J].商展经济，2023(4)：162-164.

[105]邹文博.数字化转型，人力资源管理发展路径[J].人力资源，2023(1)：14-15.

［106］Alnuaimi Bader K, Kumar Singh Sanjay, Ren Shuang, et al. Mastering Digital Transformation: The Nexus between Leadership, Agility, and Digital Strategy［J］. Journal of Business Research, 2022(145): 636–648.

［107］Coase R H. The Problem of Social Cost［J］. Journal of Law and Economics, 1960, 56(4): 1–44.

［108］David Goldberg, David Nichols, Brian M. Oki, et al. Using Collaborative Filtering to Weave an Information Tapestry［J］. Communications of the ACM, 1992, 35(12): 61–70.

［109］Dennis Matthew J, Aizenberg Evgeni. Correction to: The Ethics of AI in Human Resources［J］. Ethics and Information Technology, 2023, 25(1): 189–196.

［110］Faraj Samer, Leonardi Paul M. Strategic Organization in the Digital Age: Rethinking the Concept of Technology［J］. Strategic Organization, 2022, 20(4): 831–922.

［111］Helen Meyer. Tips for Safeguarding Your Digital Assets［J］. Computers & Security, 1996, 15(7): 72–93.

［112］Jack Smith. Digital Transformation: Evolution or Revolution? ［J］. In tech, 2022, 69(6): 55–85.

［113］L Ashok Kumar, R Manivel, Eyal Ben Dor. Sustainable Digital Technologies for Smart Cities: Healthcare, Communication, and Transportation［M］. Cadilton: CRC Press, 2023.

［114］Lechman Ewa, Popowska Magdalena. Overcoming Gender Bias in the Digital Economy: Empirical Evidence for European Countries［J］. Gender, Technology and Development, 2022, 26(3): 175–192.

［115］Michael Cooney. Gartner: What to Do to Make Data Centers more Sustainable［R］. Network World (Online), 2022.

［116］Min Luo. Does Digital Transformation Promote the Sustainable Development of Enterprises? ［J］. Academic Journal of Business & Amp; Management, 2022, 4(13): 285–362.

［117］Neikerk A V. A Methodological Approach to Modern Digital Asset Management: An Empirical Study［C］. Allied Academies International Conference,

International Academy for Case Studies, 2006.

［118］Ogochukwu Monye. Digital Financial Inclusion and Regulation［M］. London：Taylor and Francis, 2022.

［119］Osborne Stephen P. Dignity and Equity in the Public Administration and Management Research Community［J］. Public Management Review, 2021, 23（6）：375-462.

［120］CK Prahalad, Ramaswamyv. Co-Opting Customer Competence［J］. Harvard Business Review, 2000, 78（1）：79-87.

［121］R Oosthuizen, D Manzini. Systems Thinking for the Digital Economy：A Sociotechnical Perspective［J］. South African Journal of Industrial Engineering, 2022, 33（3）：83-94.

［122］Rožman Maja, Oreški Dijana, Tominc Polona. Integrating Artificial Intelligence into a Talent Management Model to Increase the Work Engagement and Performance of Enterprises［J］. Frontiers in Psychology, 2022（13）：35-70.

［123］Sándor Gyula Nagy, Tamás Stukovszky. Smart Business and Digital Transformation：An Industry 4.0 Perspective［M］. London：Taylor and Francis, 2022.

［124］Teng Xiaoyan, Wu Zhong, Yang Feng. Impact of the Digital Transformation of Small and Medium Sized Listed Companies on Performance：Based on a Cost-Benefit Analysis Framework［J］. Journal of Mathematics, 2022（4）：95-113.

［125］Toygar A, Rohm JR C E, Zhu J. A New Asset Type：Digital Assets［J］. Journal of International Technology and Information Management, 2013, 22（4）：113-119.